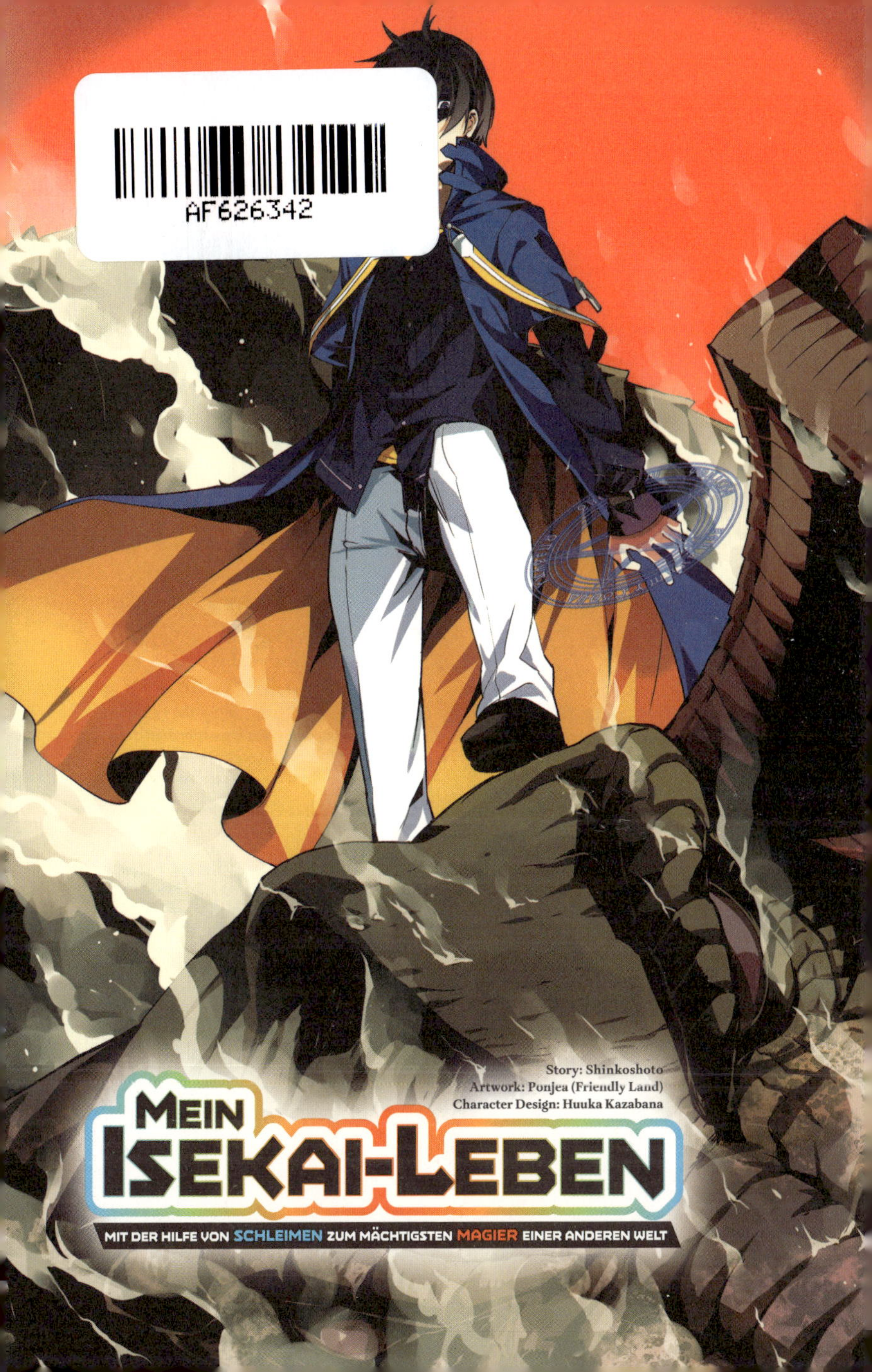
Story: Shinkoshoto
Artwork: Ponjea (Friendly Land)
Character Design: Huuka Kazabana
MEIN ISEKAI-LEBEN
MIT DER HILFE VON SCHLEIMEN ZUM MÄCHTIGSTEN MAGIER EINER ANDEREN WELT

INHALT

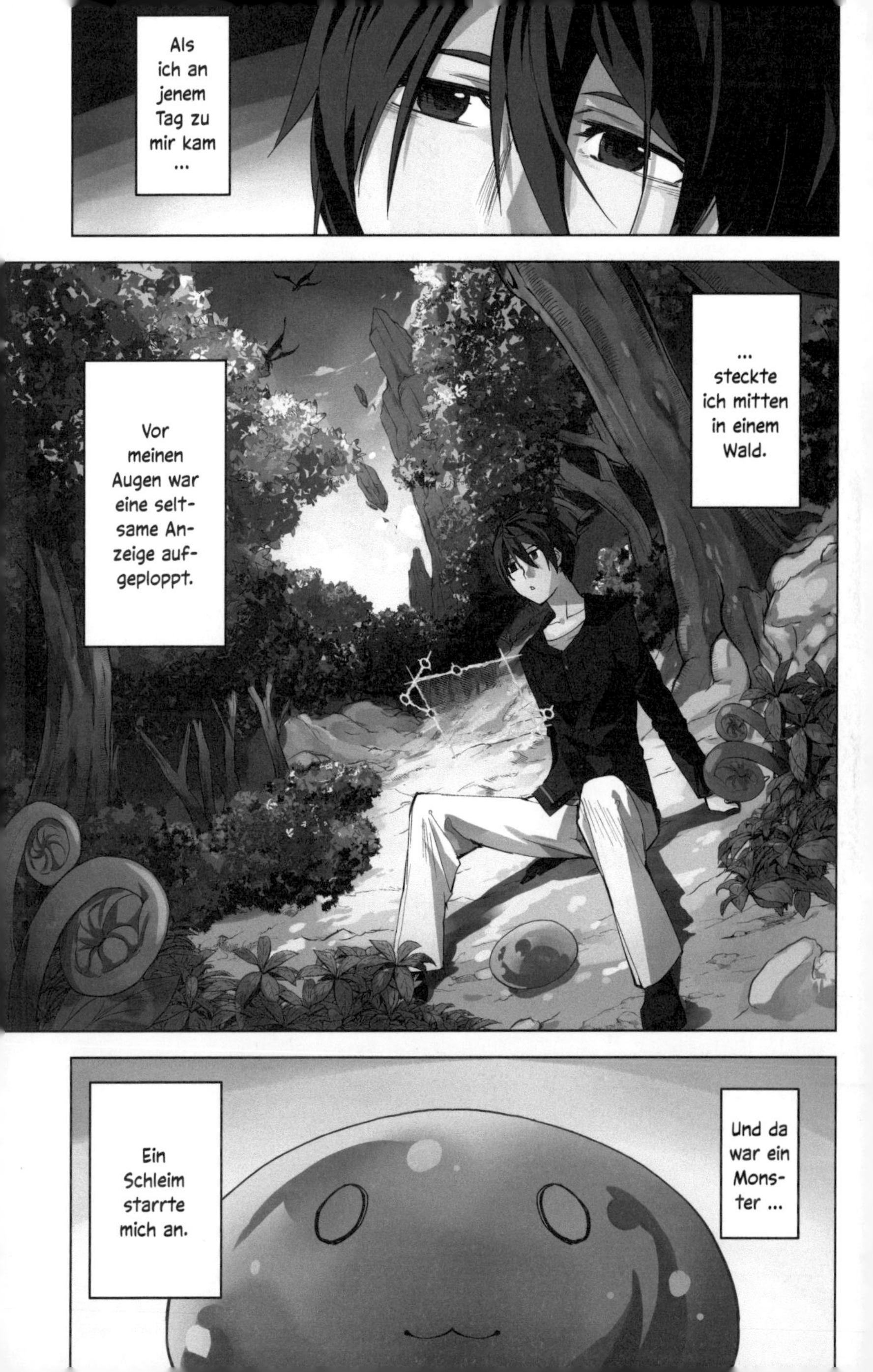
Als ich an jenem Tag zu mir kam ...
... steckte ich mitten in einem Wald.
Vor meinen Augen war eine seltsame Anzeige aufgeploppt.
Und da war ein Monster ...
Ein Schleim starrte mich an.

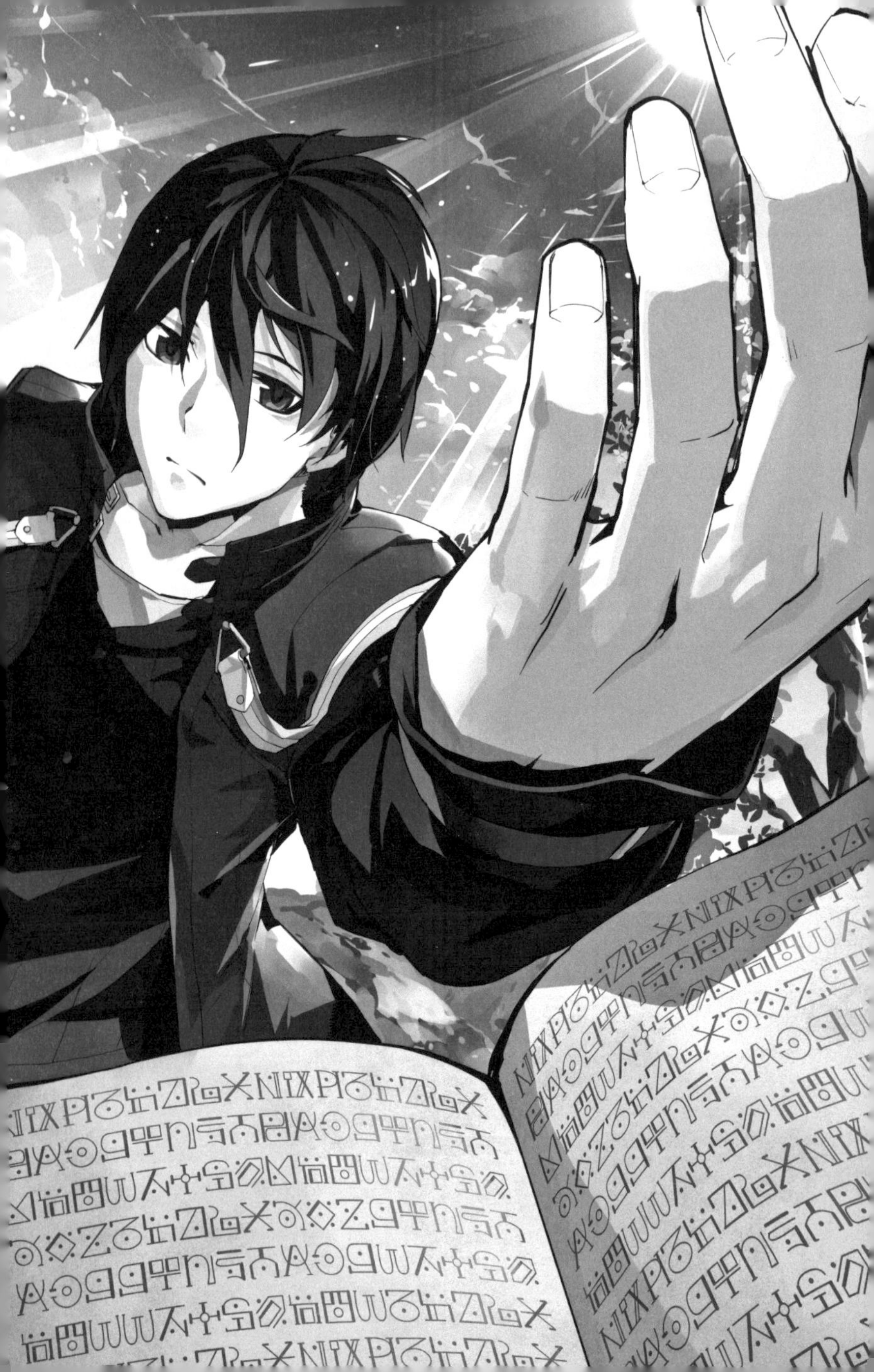

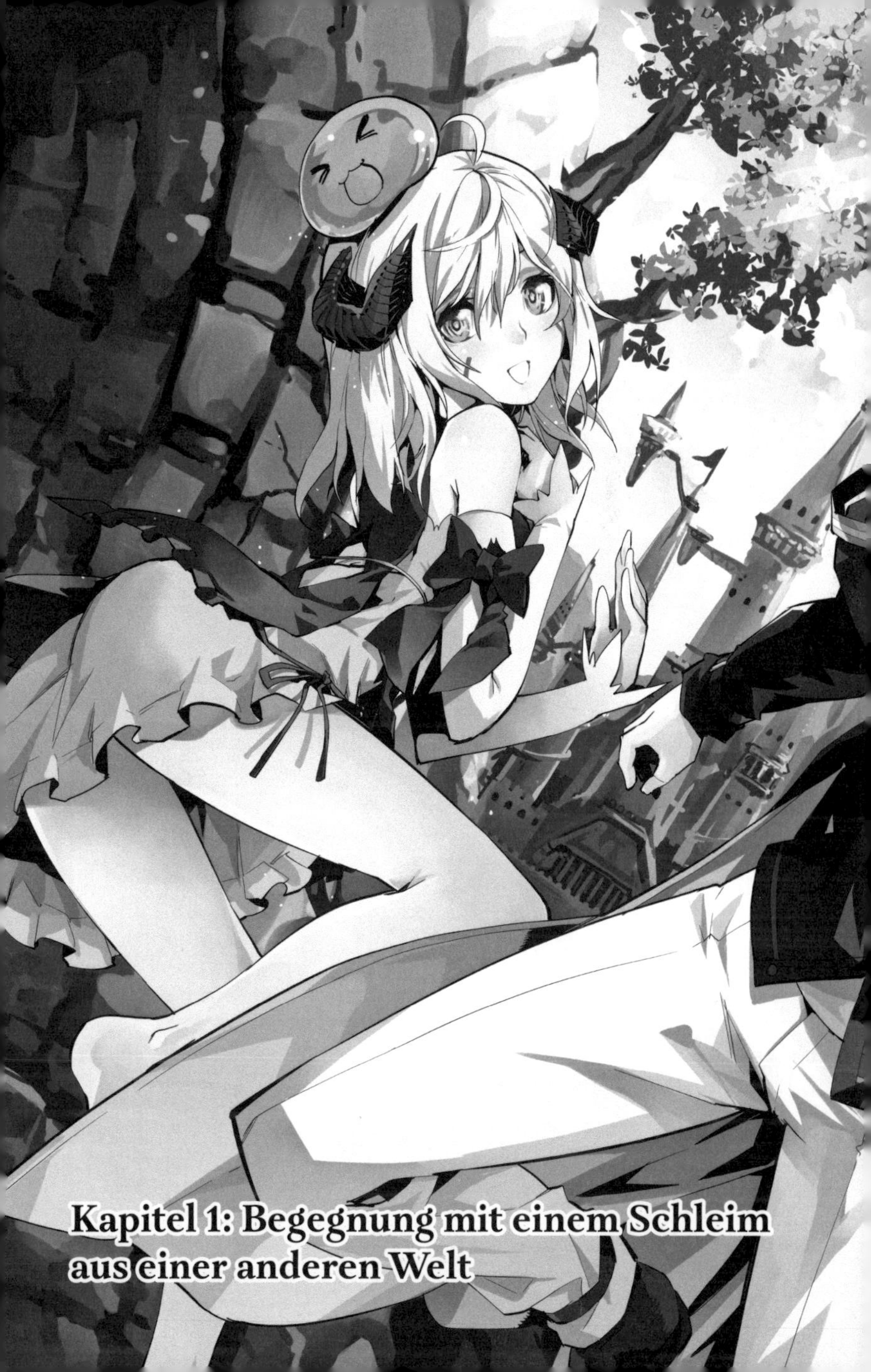

Kapitel 1: Begegnung mit einem Schleim aus einer anderen Welt

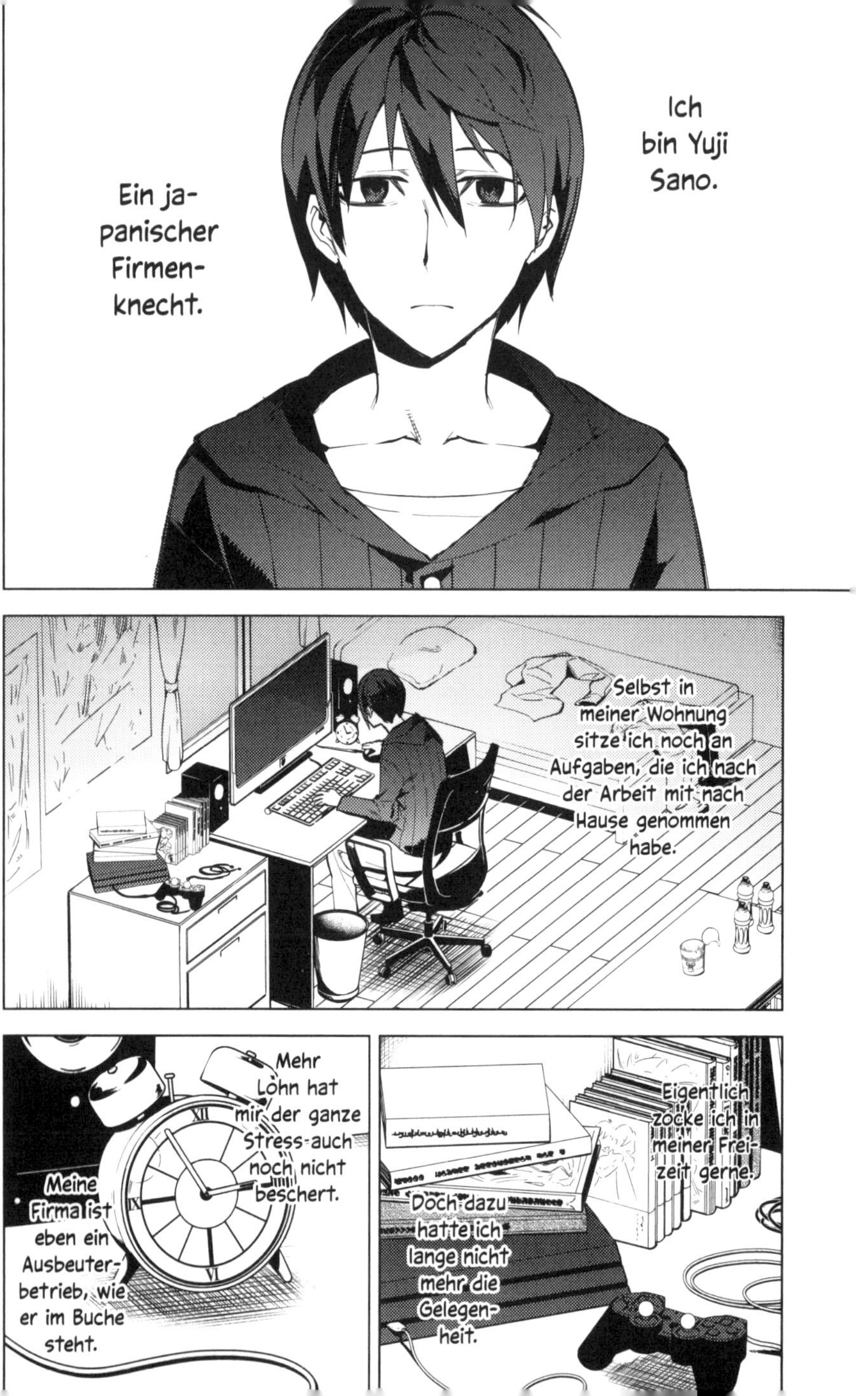
Ich bin Yuji Sano.
Ein japanischer Firmenknecht.
Selbst in meiner Wohnung sitze ich noch an Aufgaben, die ich nach der Arbeit mit nach Hause genommen habe.
Mehr Lohn hat mir der ganze Stress auch noch nicht beschert.
Meine Firma ist eben ein Ausbeuterbetrieb, wie er im Buche steht.
Eigentlich zocke ich in meiner Freizeit gerne.
Doch dazu hatte ich lange nicht mehr die Gelegenheit.

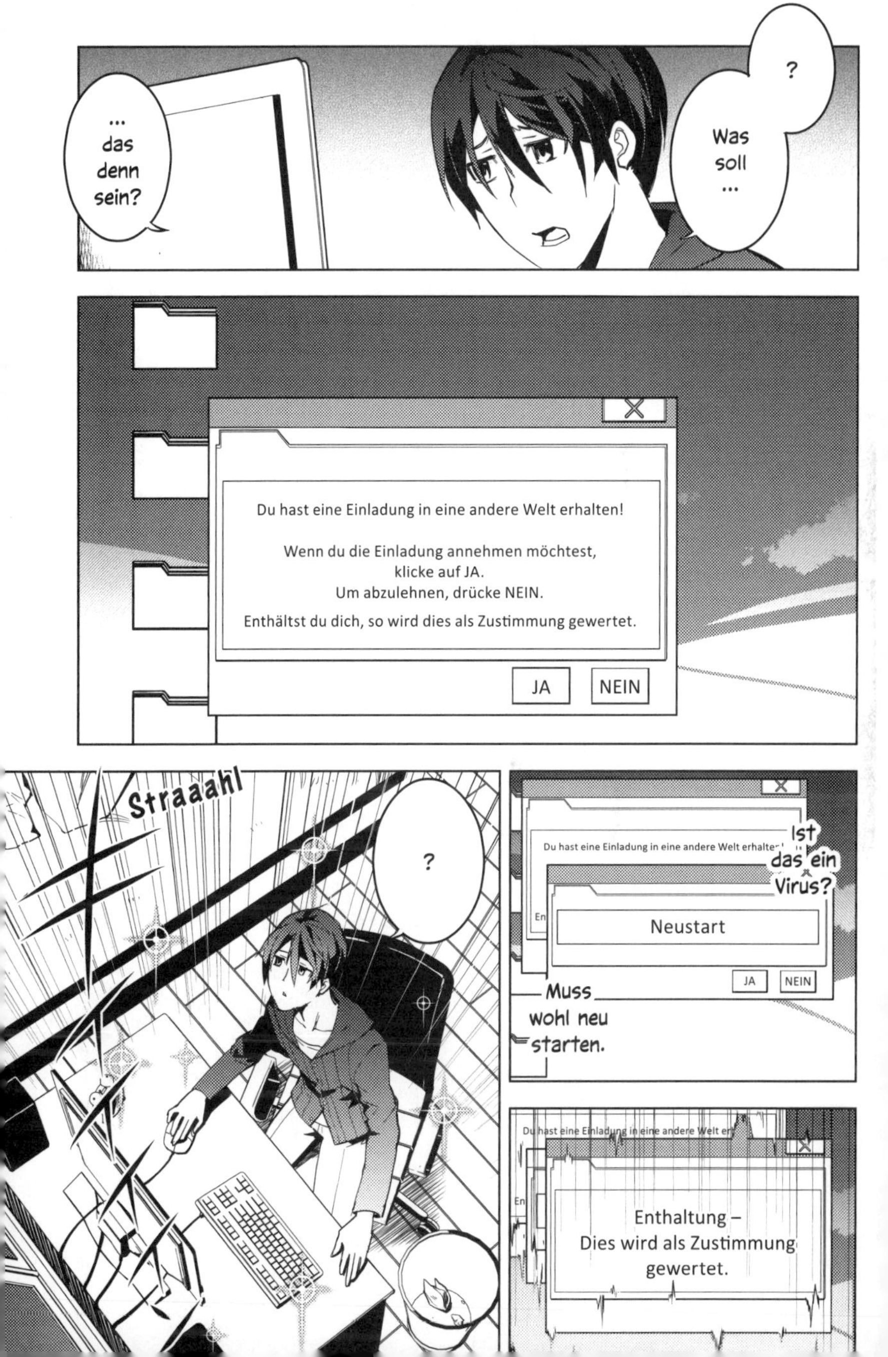
?
Was soll ...
... das denn sein?
Du hast eine Einladung in eine andere Welt erhalten!
Wenn du die Einladung annehmen möchtest, klicke auf JA.
Um abzulehnen, drücke NEIN.
Enthältst du dich, so wird dies als Zustimmung gewertet.
JA
NEIN
Ist das ein Virus?
Neustart
JA
NEIN
Muss wohl neu starten.
Enthaltung –
Dies wird als Zustimmung gewertet.
?
Straaahl

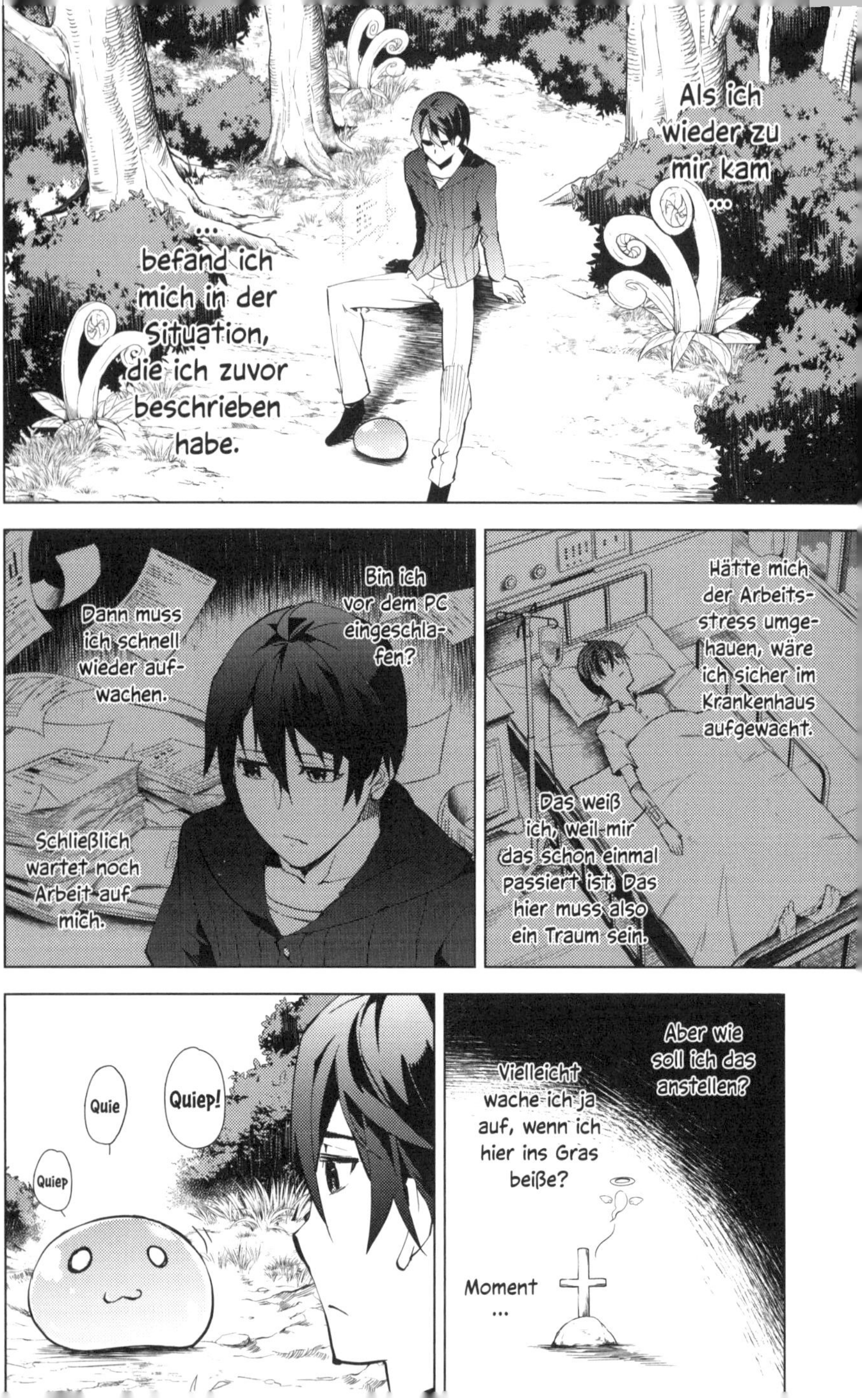
Als ich wieder zu mir kam ...
... befand ich mich in der Situation, die ich zuvor beschrieben habe.
Hätte mich der Arbeitsstress umgehauen, wäre ich sicher im Krankenhaus aufgewacht.
Das weiß ich, weil mir das schon einmal passiert ist. Das hier muss also ein Traum sein.
Bin ich vor dem PC eingeschlafen?
Dann muss ich schnell wieder aufwachen.
Schließlich wartet noch Arbeit auf mich.
Aber wie soll ich das anstellen?
Vielleicht wache ich ja auf, wenn ich hier ins Gras beiße?
Moment ...
Quiep!
Quie
Quiep

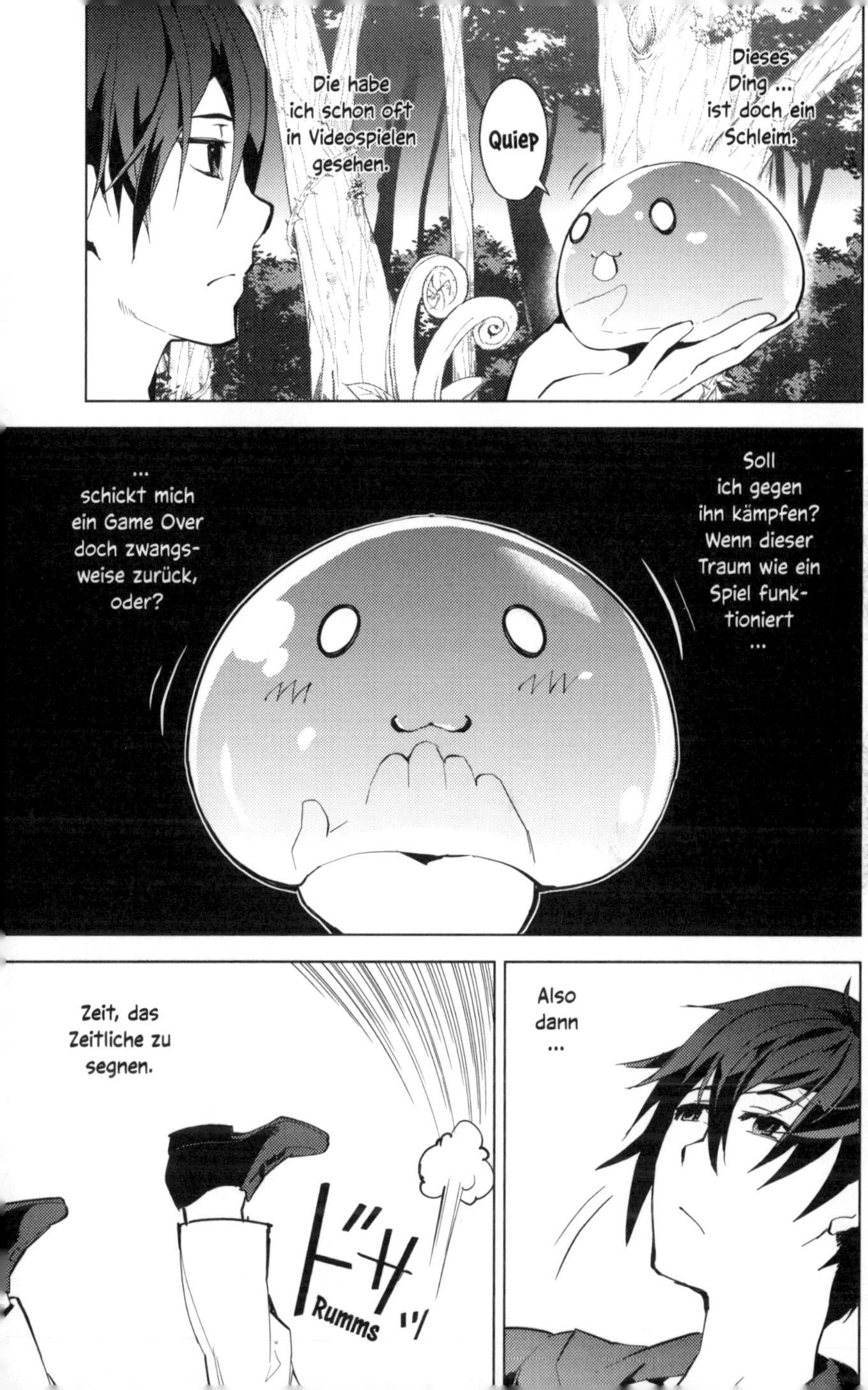
Dieses Ding ... ist doch ein Schleim.
Quiep
Die habe ich schon oft in Videospielen gesehen.
Soll ich gegen ihn kämpfen? Wenn dieser Traum wie ein Spiel funktioniert ...
... schickt mich ein Game Over doch zwangsweise zurück, oder?
Also dann ...
Zeit, das Zeitliche zu segnen.
ドサッ
Rumms

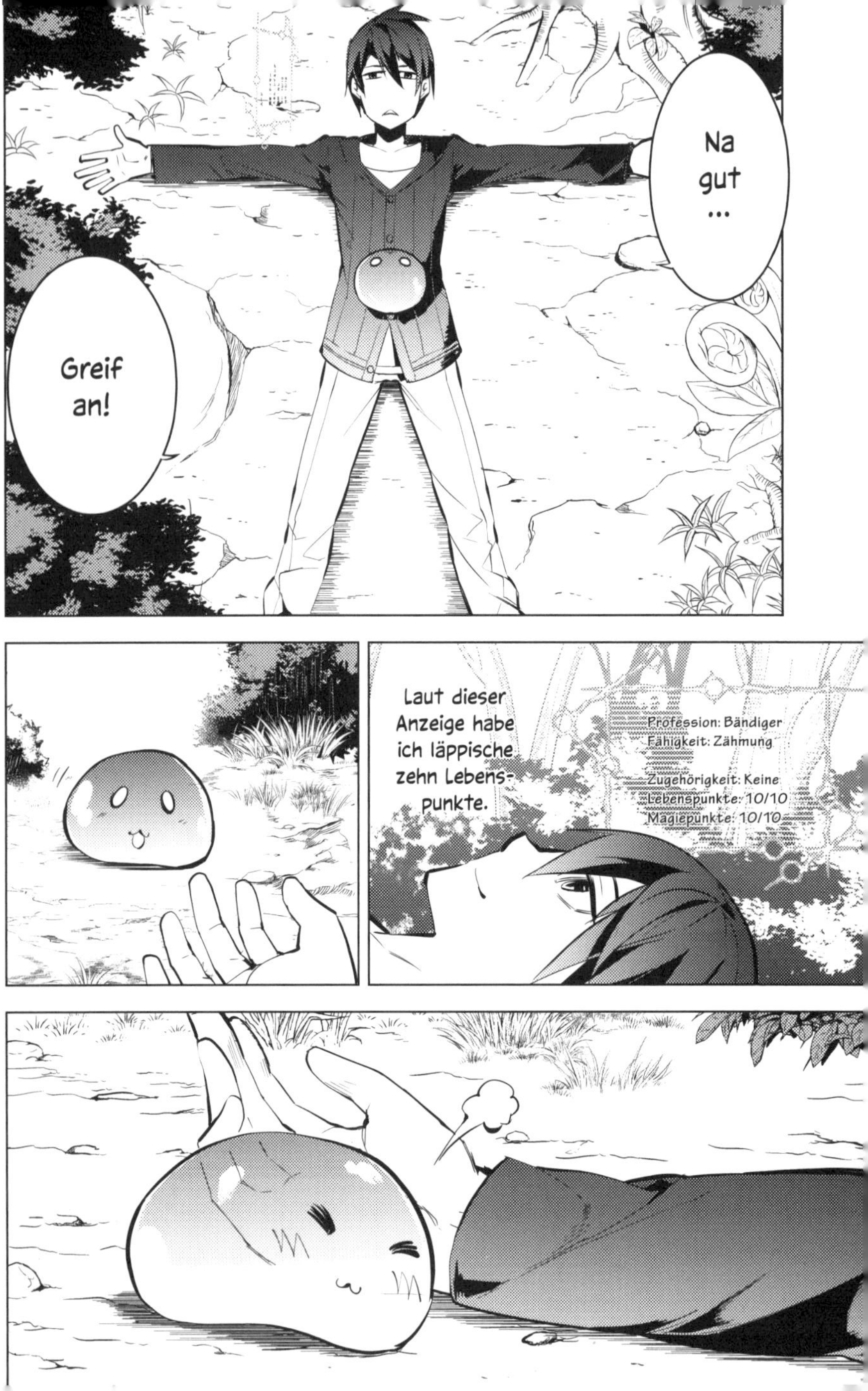
Na gut ...
Greif an!
Laut dieser Anzeige habe ich läppische zehn Lebens-punkte.
Profession: Bändiger
Fähigkeit: Zähmung
Zugehörigkeit: Keine
Lebenspunkte: 10/10
Magiepunkte: 10/10

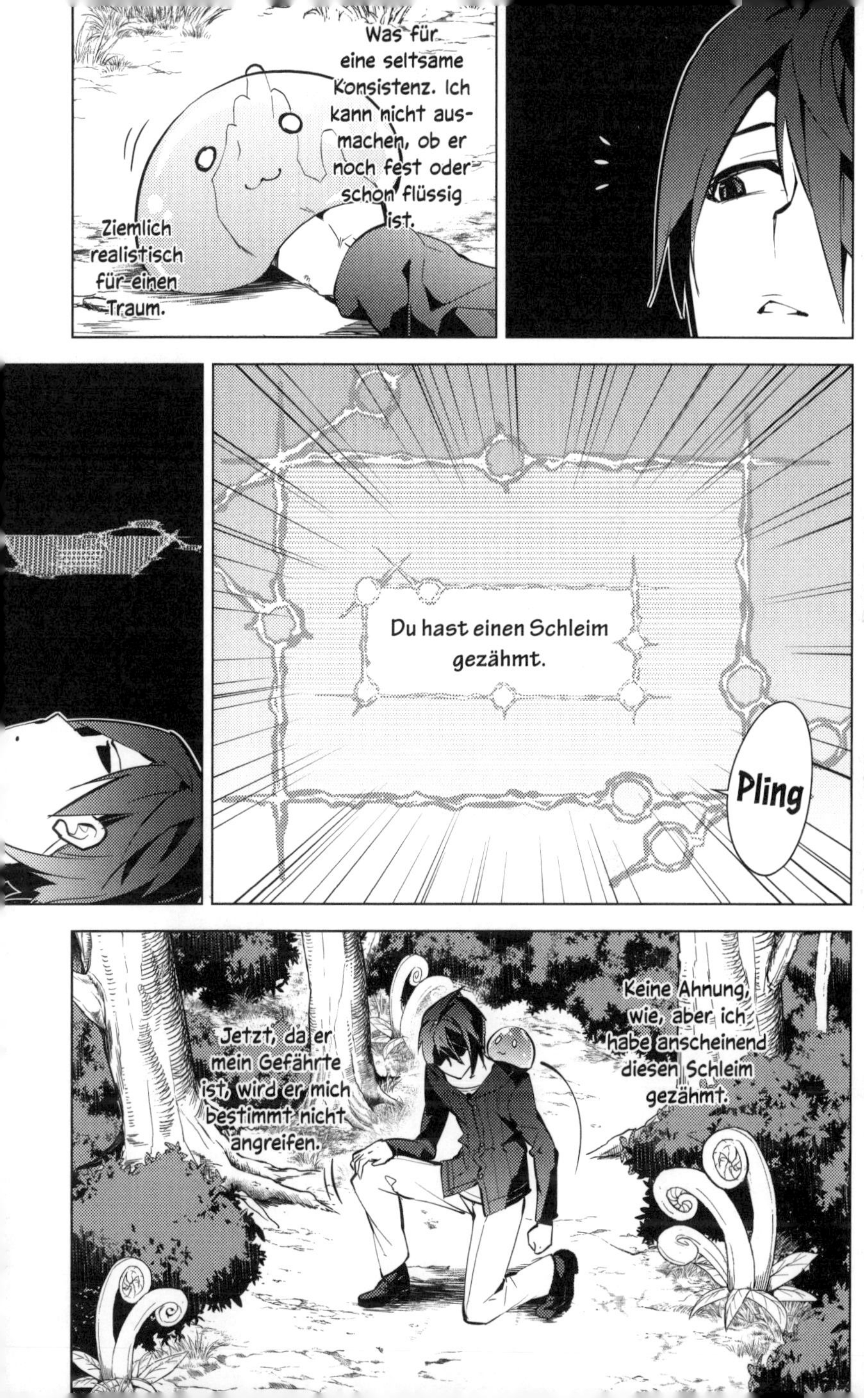
Was für eine seltsame Konsistenz. Ich kann nicht ausmachen, ob er noch fest oder schon flüssig ist.
Ziemlich realistisch für einen Traum.
Du hast einen Schleim gezähmt.
Pling
Keine Ahnung, wie, aber ich habe anscheinend diesen Schleim gezähmt.
Jetzt, da er mein Gefährte ist, wird er mich bestimmt nicht angreifen.

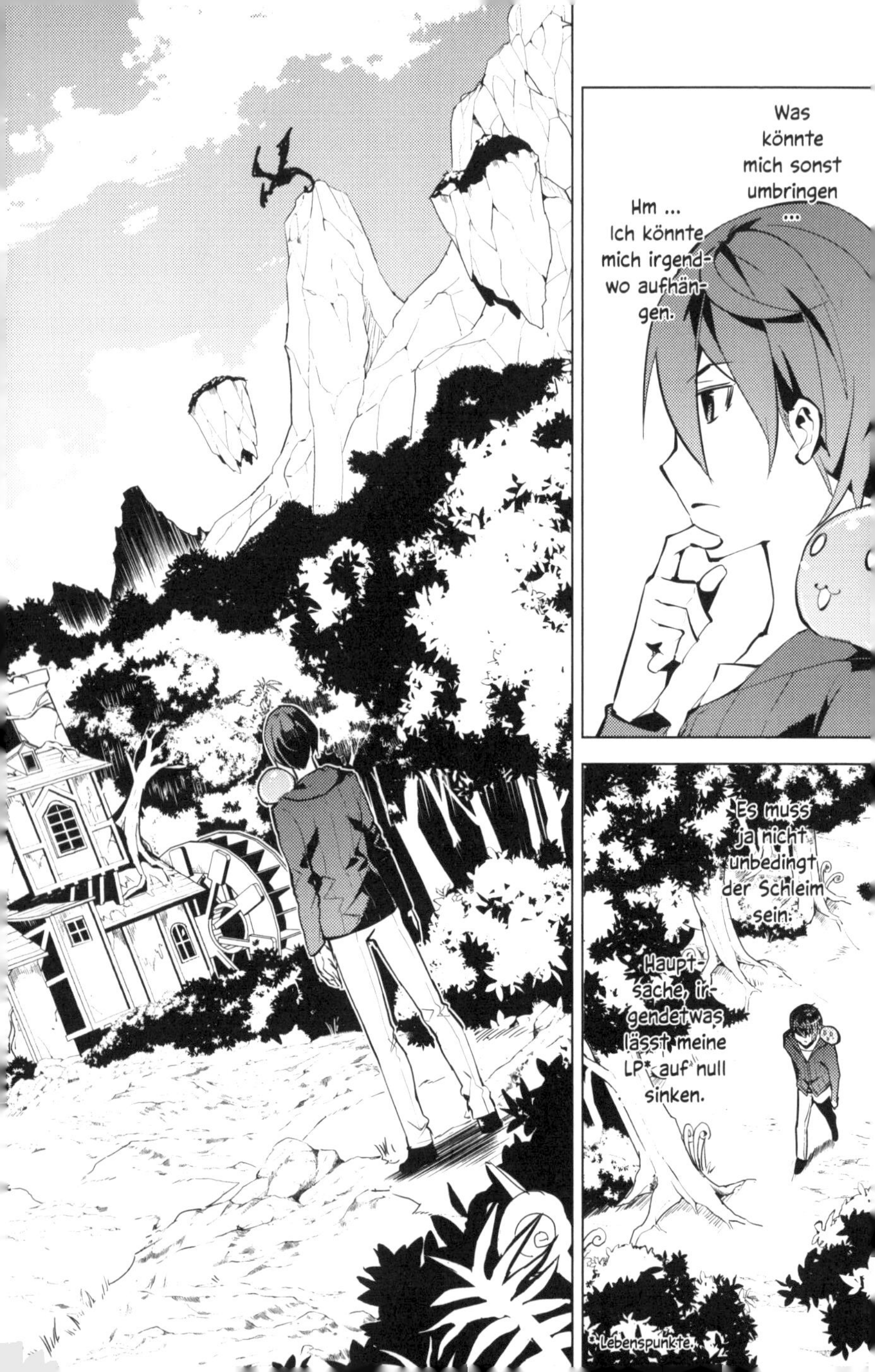
Was könnte mich sonst umbringen ...
Hm ... Ich könnte mich irgendwo aufhängen.
Es muss ja nicht unbedingt der Schleim sein.
Hauptsache, irgendetwas lässt meine LP* auf null sinken.
*Lebenspunkte.

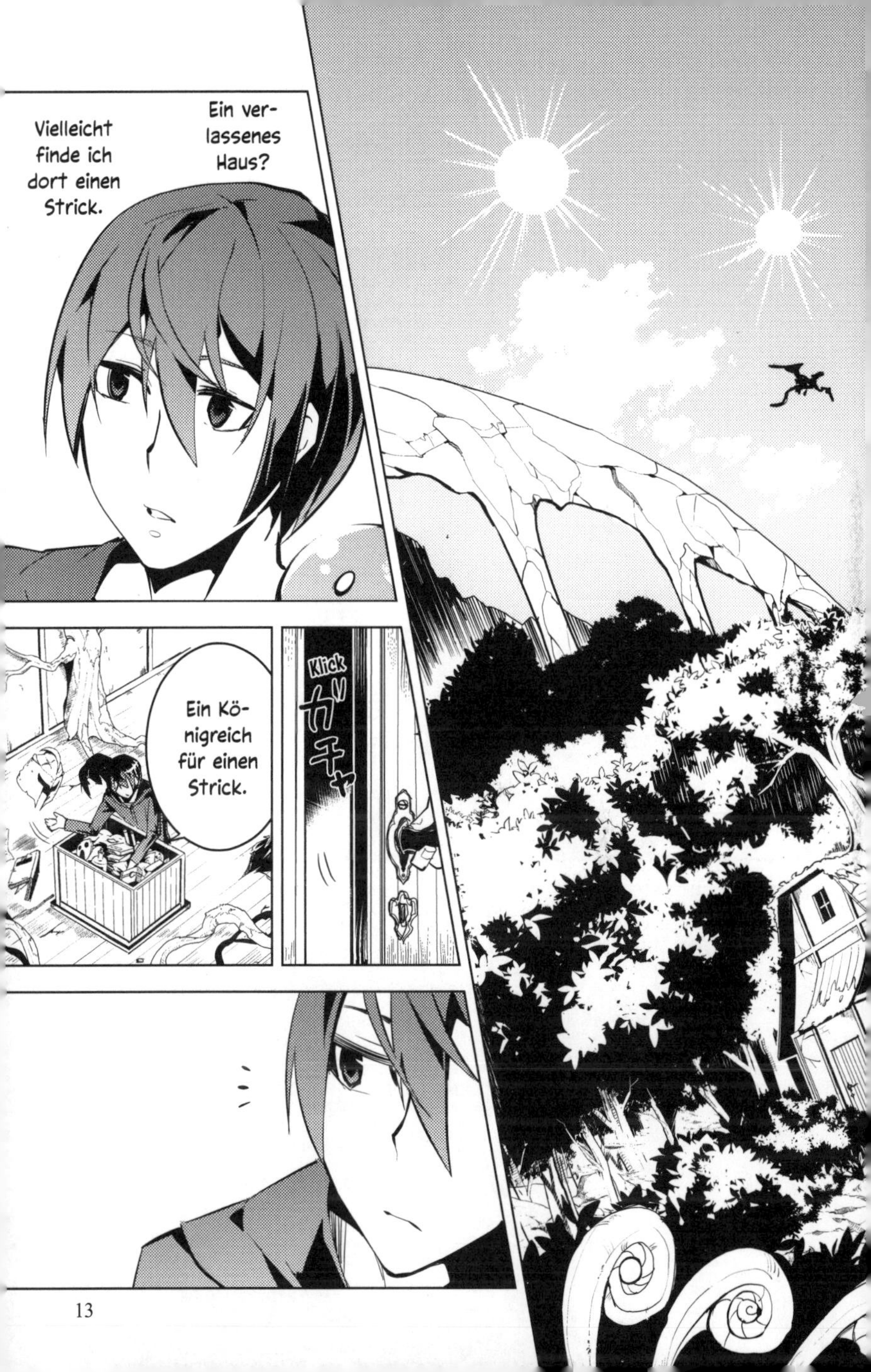
Ein verlassenes Haus?
Vielleicht finde ich dort einen Strick.
Klick
ガチャ
Ein Königreich für einen Strick.

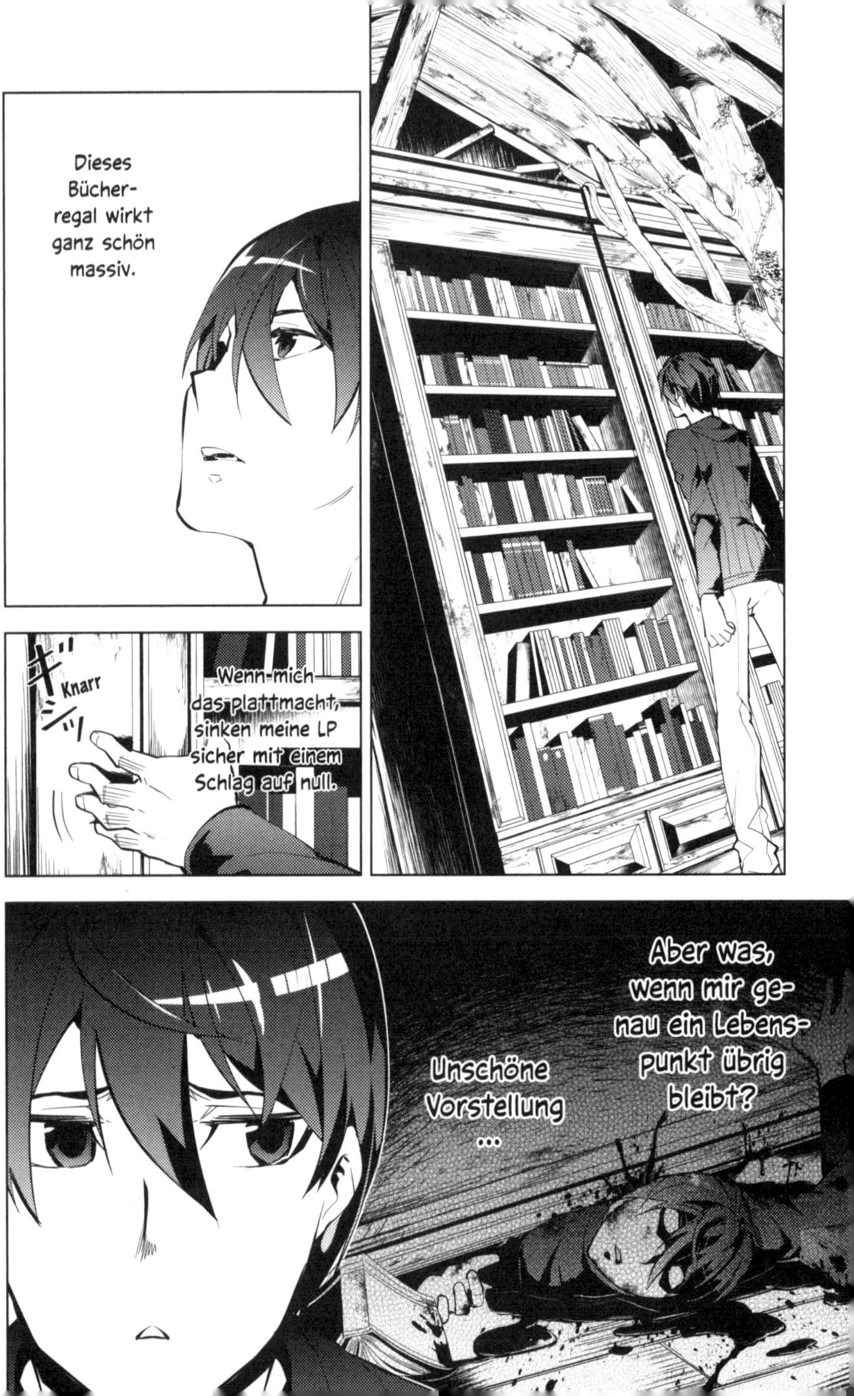
Dieses Bücher-regal wirkt ganz schön massiv.
Knarr
Wenn mich das plattmacht, sinken meine LP sicher mit einem Schlag auf null.
Aber was, wenn mir genau ein Lebenspunkt übrig bleibt?
Unschöne Vorstellung ...

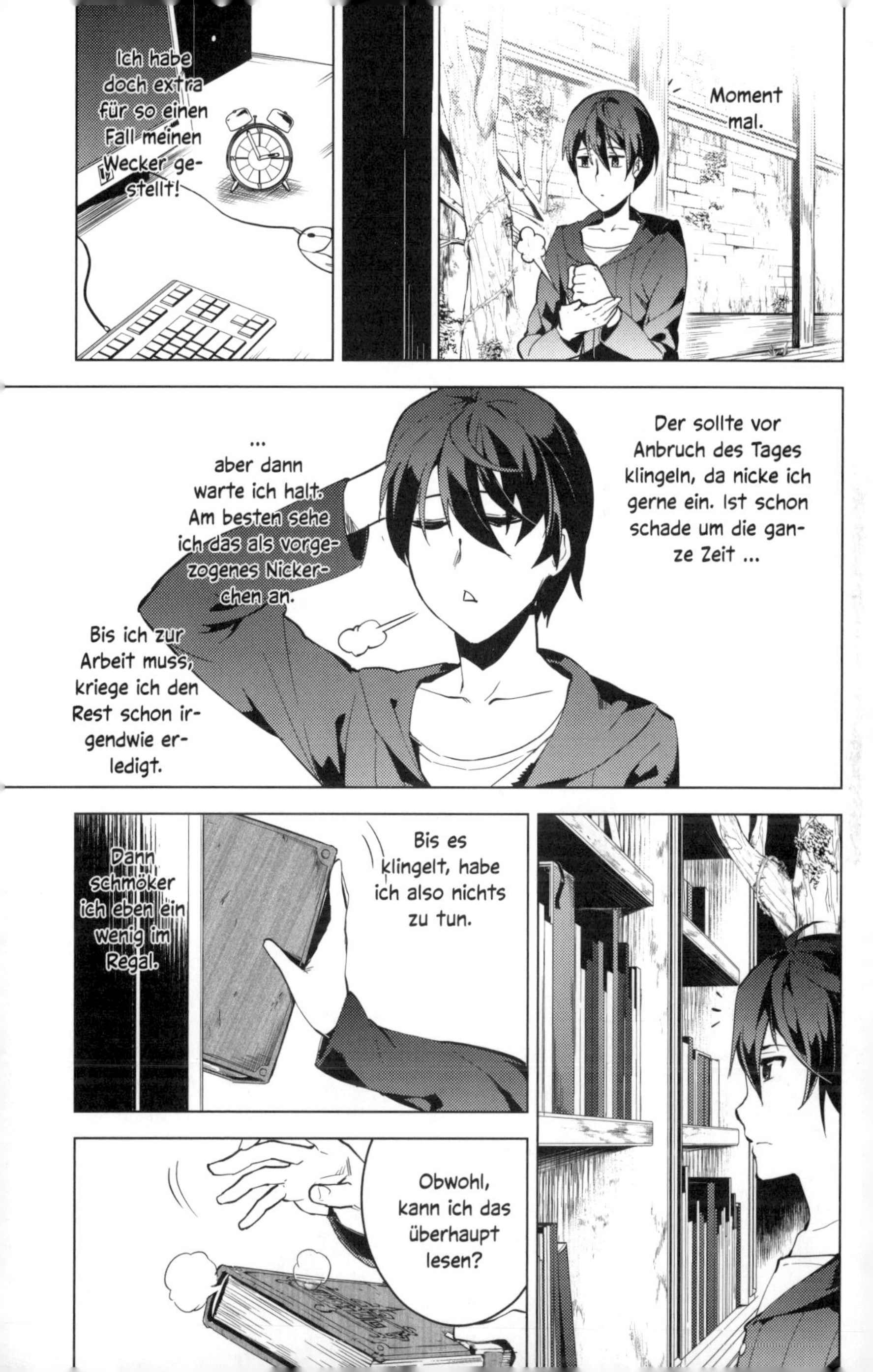
Moment mal.
Ich habe doch extra für so einen Fall meinen Wecker gestellt!
Der sollte vor Anbruch des Tages klingeln, da nicke ich gerne ein. Ist schon schade um die ganze Zeit ...
... aber dann warte ich halt. Am besten sehe ich das als vorgezogenes Nickerchen an.
Bis ich zur Arbeit muss, kriege ich den Rest schon irgendwie erledigt.
Bis es klingelt, habe ich also nichts zu tun.
Dann schmöker ich eben ein wenig im Regal.
Obwohl, kann ich das überhaupt lesen?

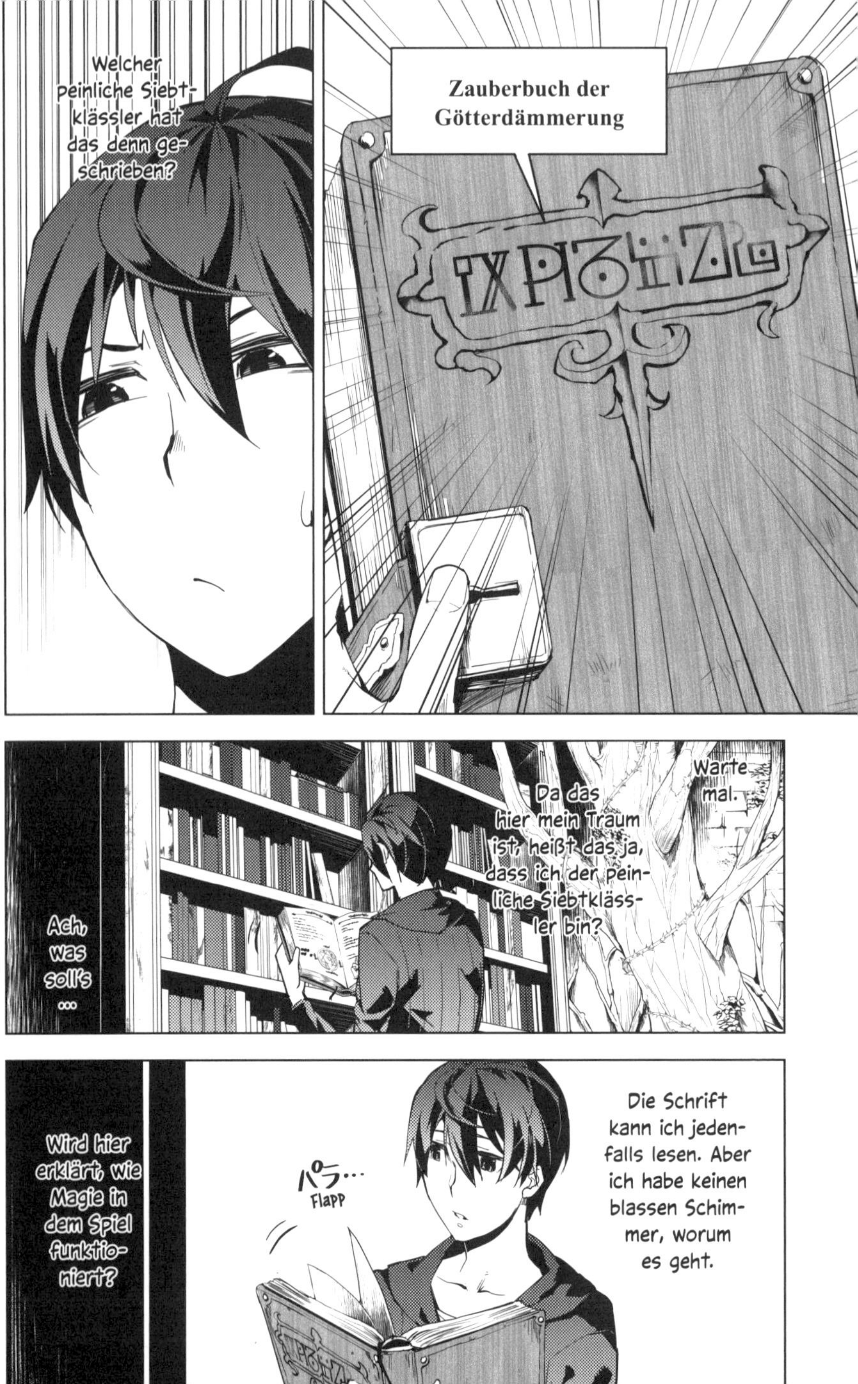

Zauberbuch der Götterdämmerung
Welcher peinliche Siebtklässler hat das denn geschrieben?
Warte mal.
Da das hier mein Traum ist, heißt das ja, dass ich der peinliche Siebtklässler bin?
Ach, was soll's ...
Die Schrift kann ich jedenfalls lesen. Aber ich habe keinen blassen Schimmer, worum es geht.
パラ…
Flapp
Wird hier erklärt, wie Magie in dem Spiel funktioniert?

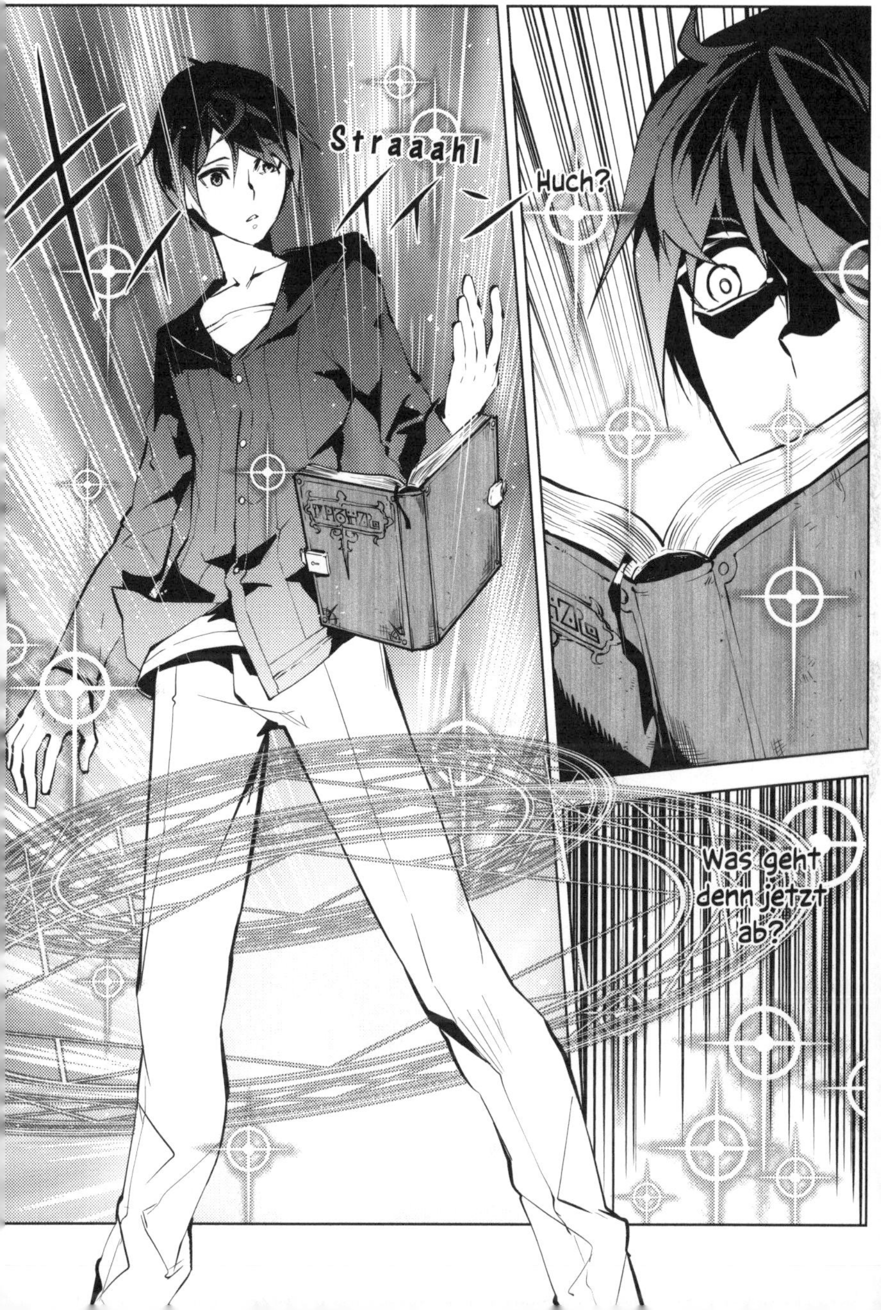
Huch?
Straaaahl
Was geht denn jetzt ab?

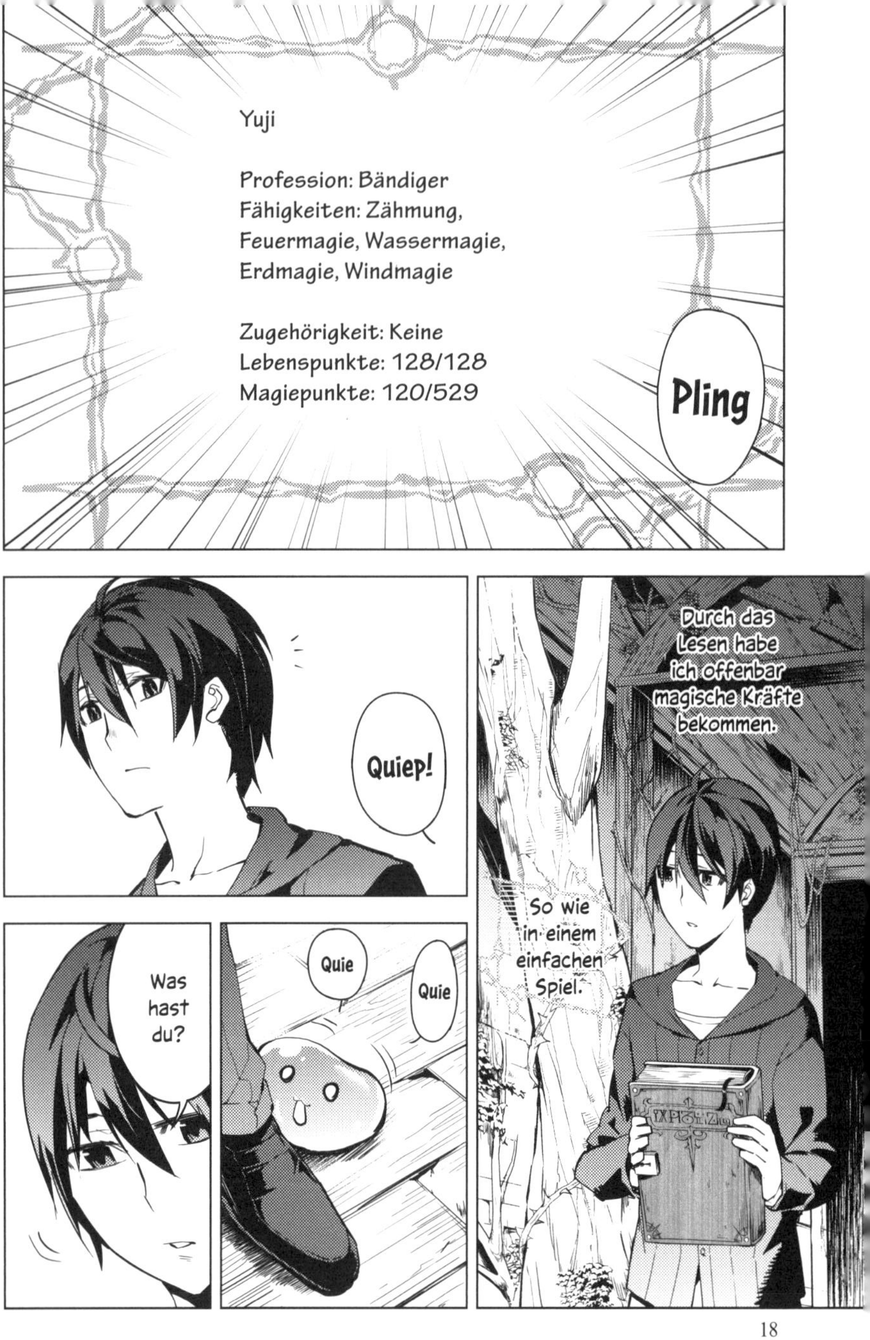
Yuji
Profession: Bändiger
Fähigkeiten: Zähmung, Feuermagie, Wassermagie, Erdmagie, Windmagie
Zugehörigkeit: Keine
Lebenspunkte: 128/128
Magiepunkte: 120/529
Pling
Durch das Lesen habe ich offenbar magische Kräfte bekommen.
So wie in einem einfachen Spiel.
Quiep!
Quie
Quie
Was hast du?

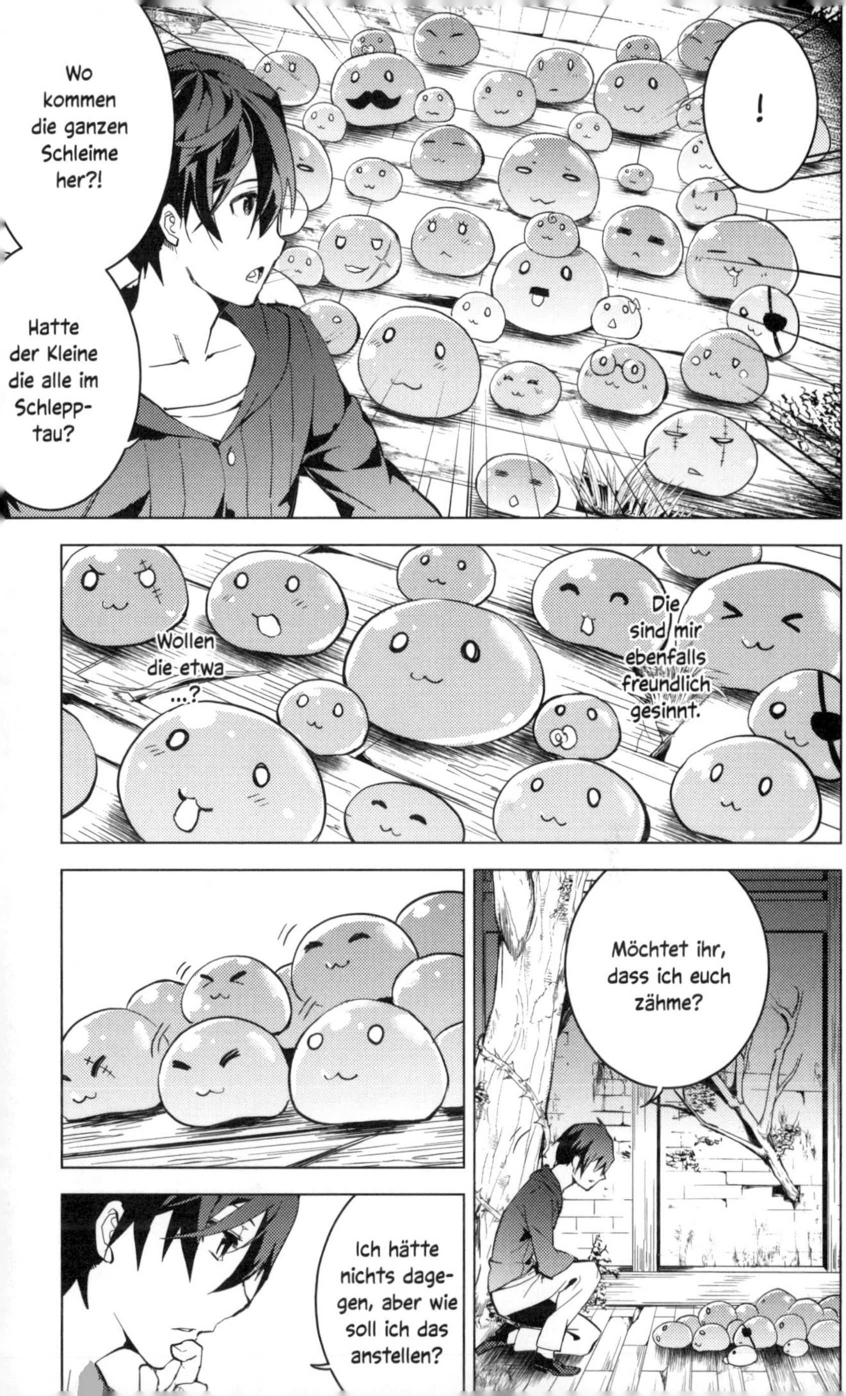
!
Wo kommen die ganzen Schleime her?!
Hatte der Kleine die alle im Schlepp-tau?
Die sind mir ebenfalls freundlich gesinnt.
Wollen die etwa ...?
Möchtet ihr, dass ich euch zähme?
Ich hätte nichts dage-gen, aber wie soll ich das anstellen?

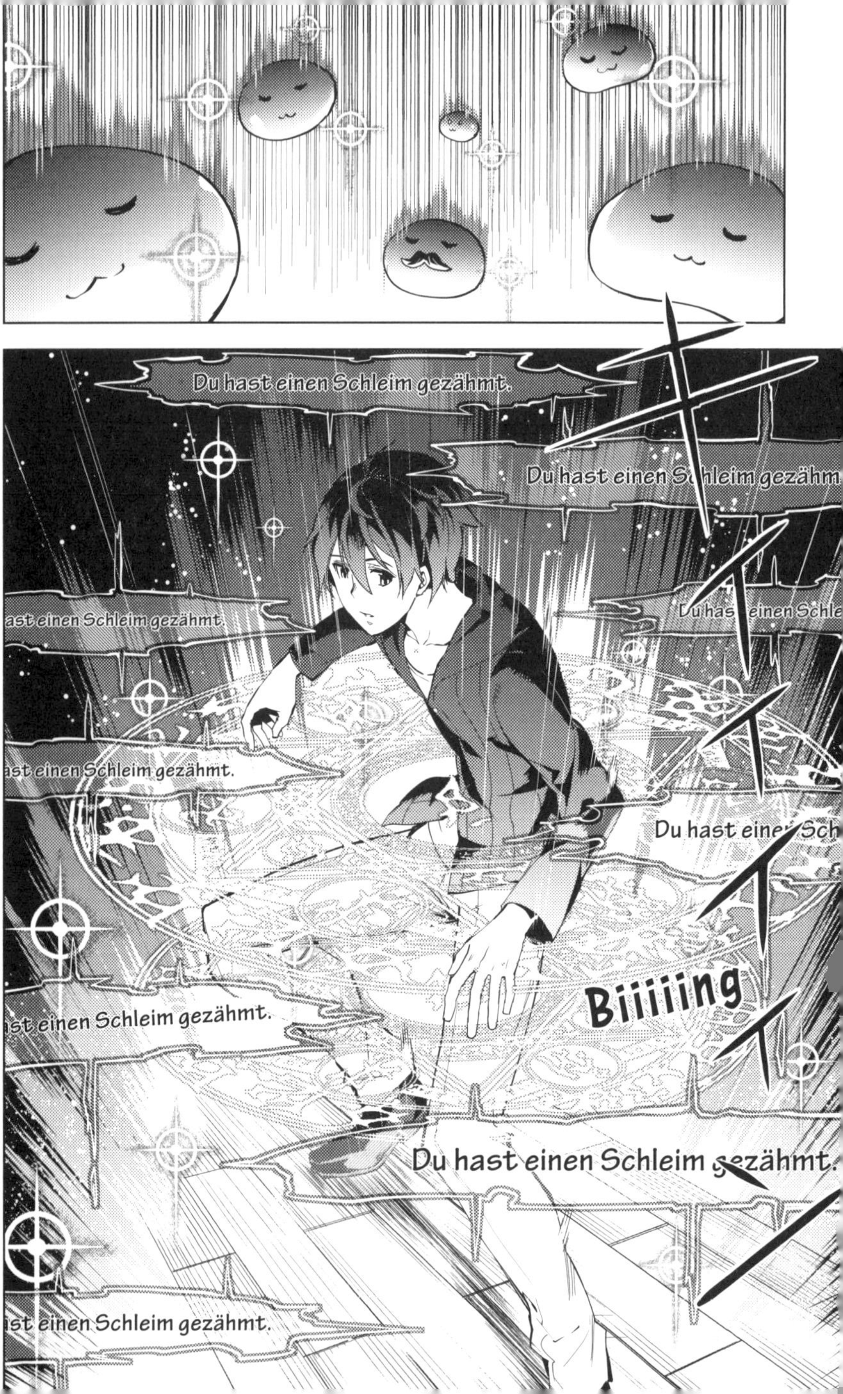

Du hast einen Schleim gezähmt.
Du hast einen Schleim gezähm
Du hast einen Schle
ast einen Schleim gezähmt.
ast einen Schleim gezähmt.
Du hast einen Sch
Biiiiing
ast einen Schleim gezähmt.
Du hast einen Schleim gezähmt.
ast einen Schleim gezähmt.

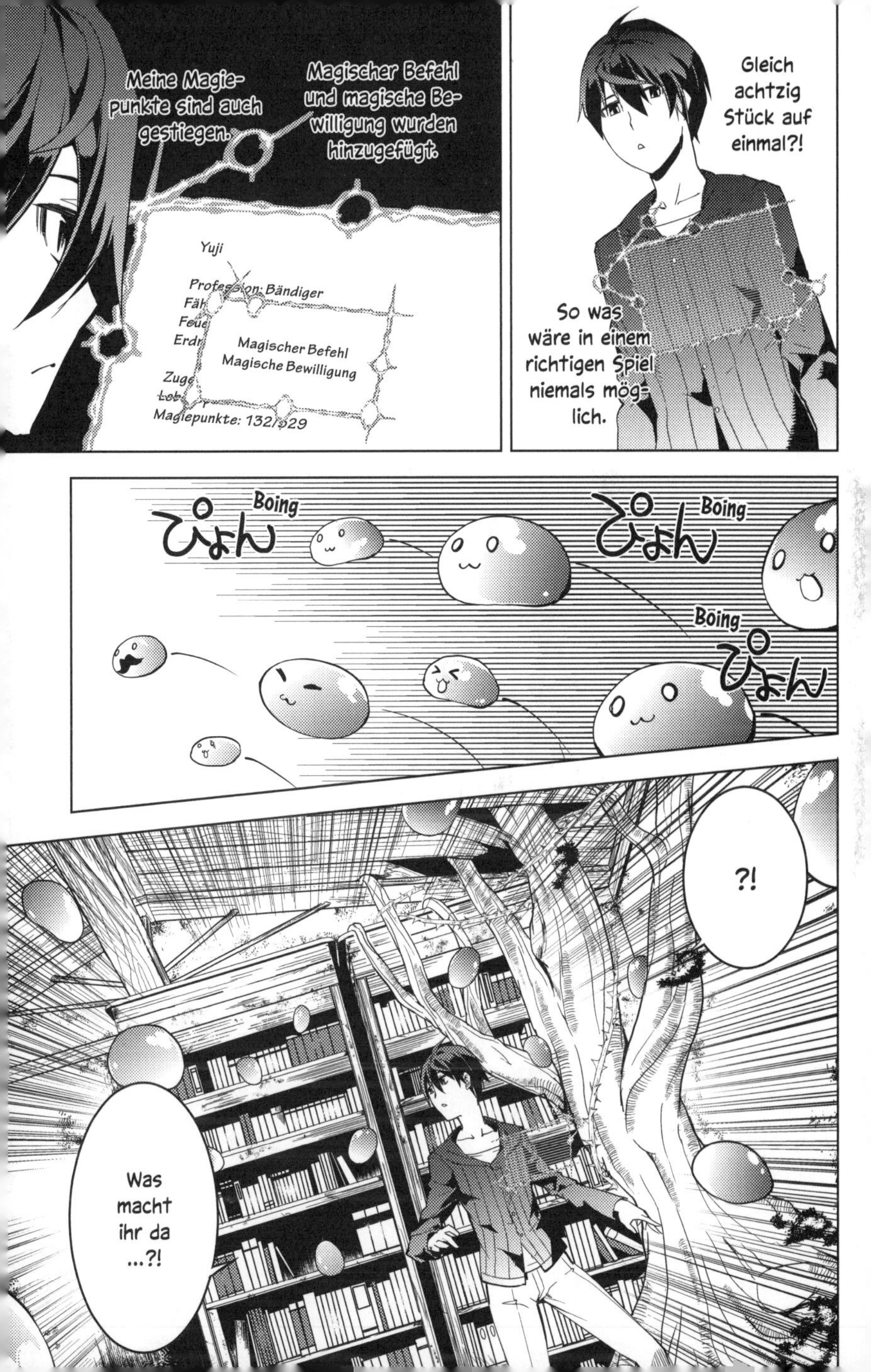
Gleich achtzig Stück auf einmal?!
So was wäre in einem richtigen Spiel niemals möglich.
Magischer Befehl und magische Bewilligung wurden hinzugefügt.
Meine Magiepunkte sind auch gestiegen.
Yuji
Profession: Bändiger
Magischer Befehl
Magische Bewilligung
Magiepunkte:
Boing
ぴょん
Boing
ぴょん
Boing
ぴょん
?!
Was macht ihr da ...?!

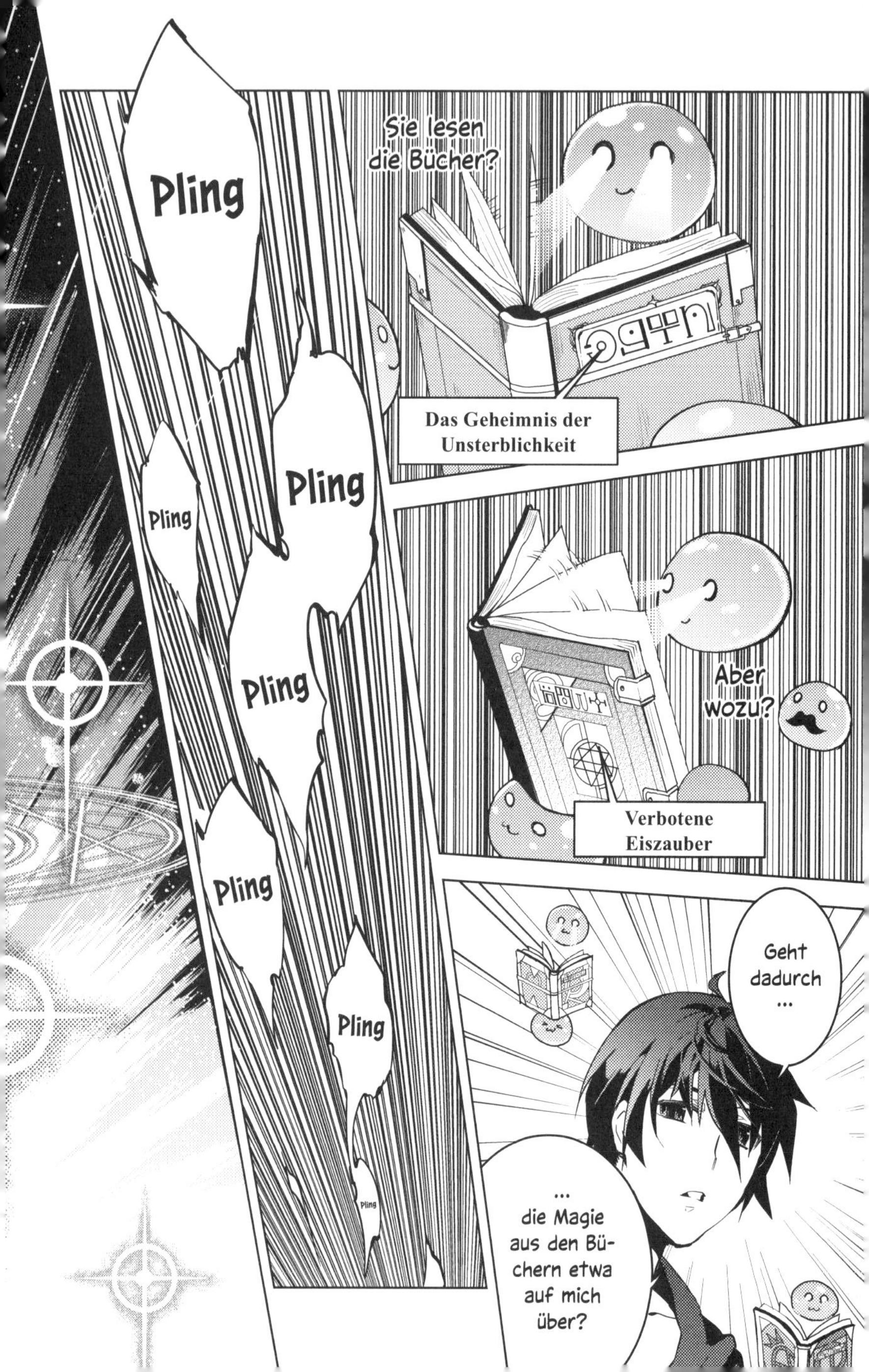

Sie lesen die Bücher?
Das Geheimnis der Unsterblichkeit
Pling
Pling
Pling
Pling
Pling
Pling
Pling
Aber wozu?
Verbotene Eiszauber
Geht dadurch ...
... die Magie aus den Büchern etwa auf mich über?

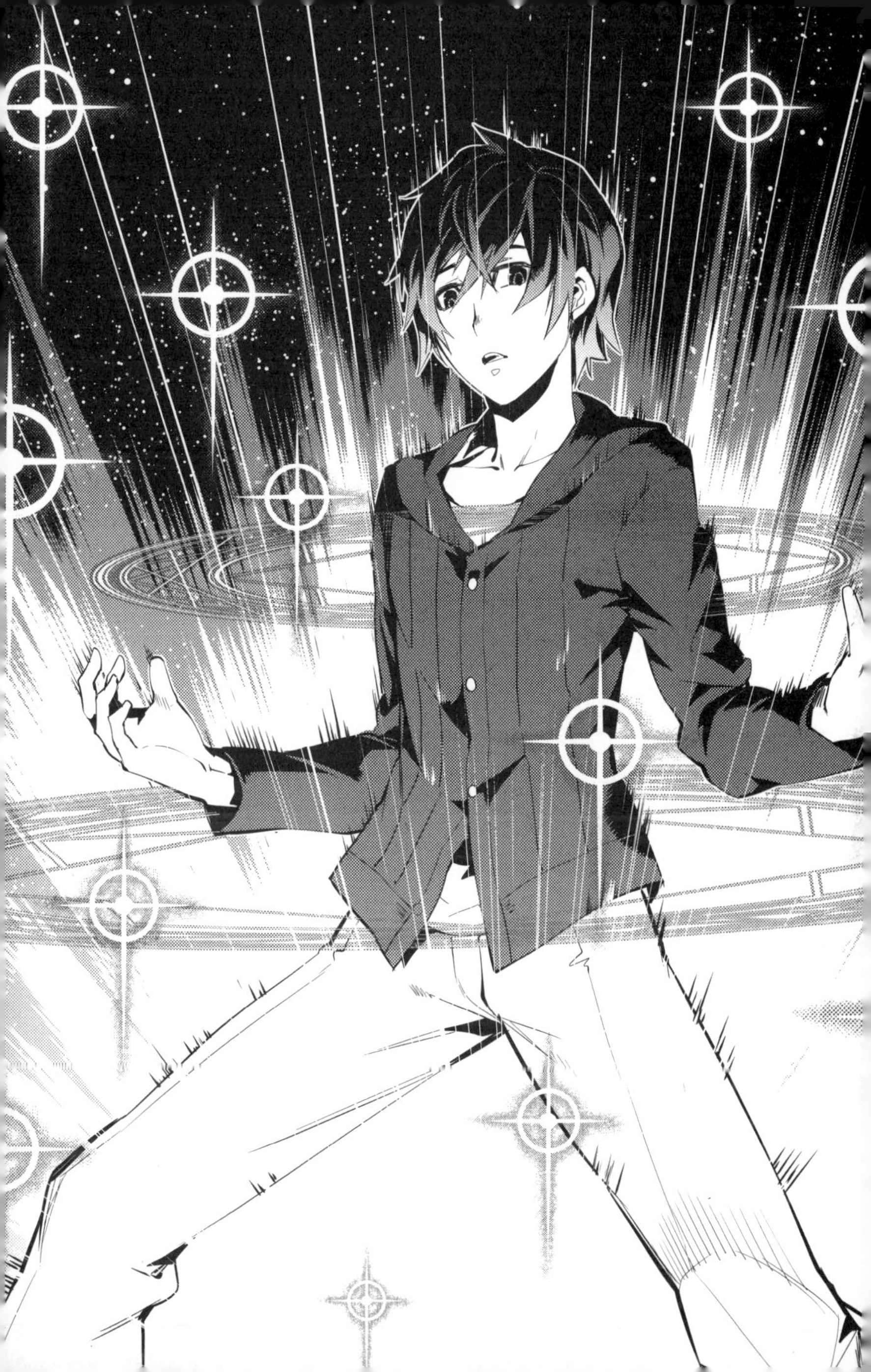

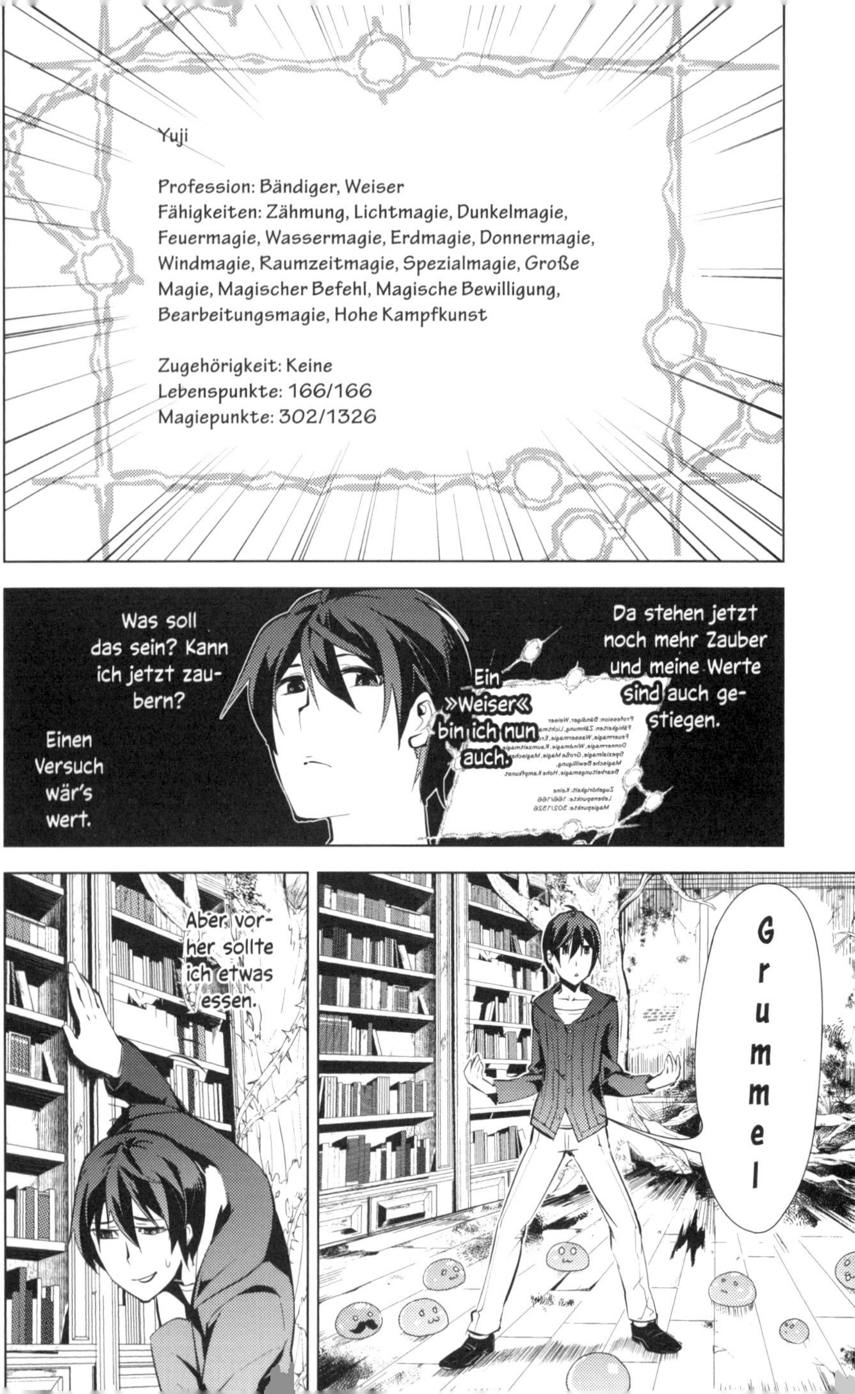
Yuji
Profession: Bändiger, Weiser
Fähigkeiten: Zähmung, Lichtmagie, Dunkelmagie, Feuermagie, Wassermagie, Erdmagie, Donnermagie, Windmagie, Raumzeitmagie, Spezialmagie, Große Magie, Magischer Befehl, Magische Bewilligung, Bearbeitungsmagie, Hohe Kampfkunst
Zugehörigkeit: Keine
Lebenspunkte: 166/166
Magiepunkte: 302/1326
Da stehen jetzt noch mehr Zauber und meine Werte sind auch gestiegen.
Ein »Weiser« bin ich nun auch.
Was soll das sein? Kann ich jetzt zaubern?
Einen Versuch wär's wert.
Grummel
Aber vorher sollte ich etwas essen.

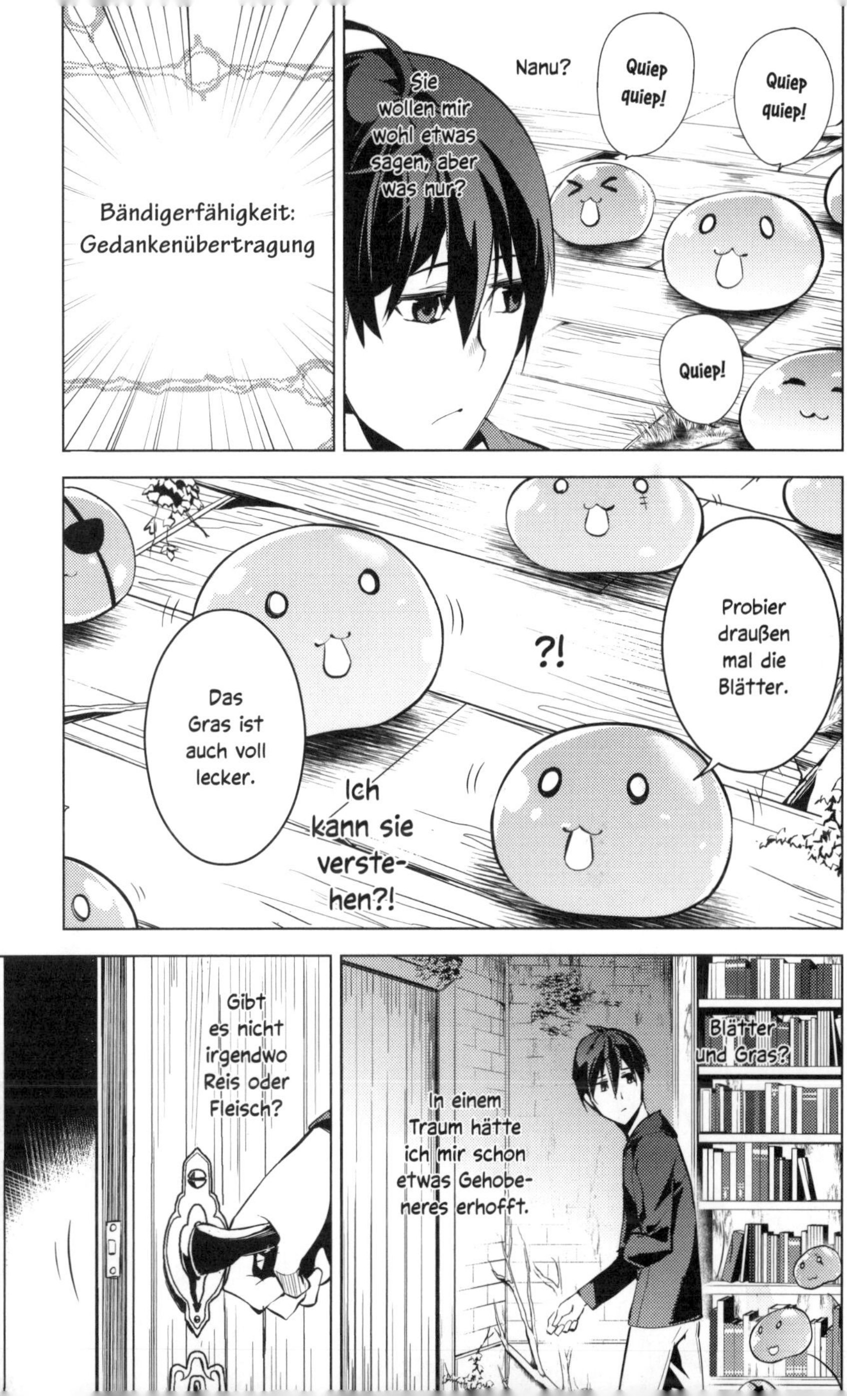
Quiep quiep!
Quiep quiep!
Nanu?
Sie wollen mir wohl etwas sagen, aber was nur?
Quiep!
Bändigerfähigkeit: Gedankenübertragung
Probier draußen mal die Blätter.
?!
Das Gras ist auch voll lecker.
Ich kann sie verstehen?!
Blätter und Gras?
In einem Traum hätte ich mir schon etwas Gehobeneres erhofft.
Gibt es nicht irgendwo Reis oder Fleisch?

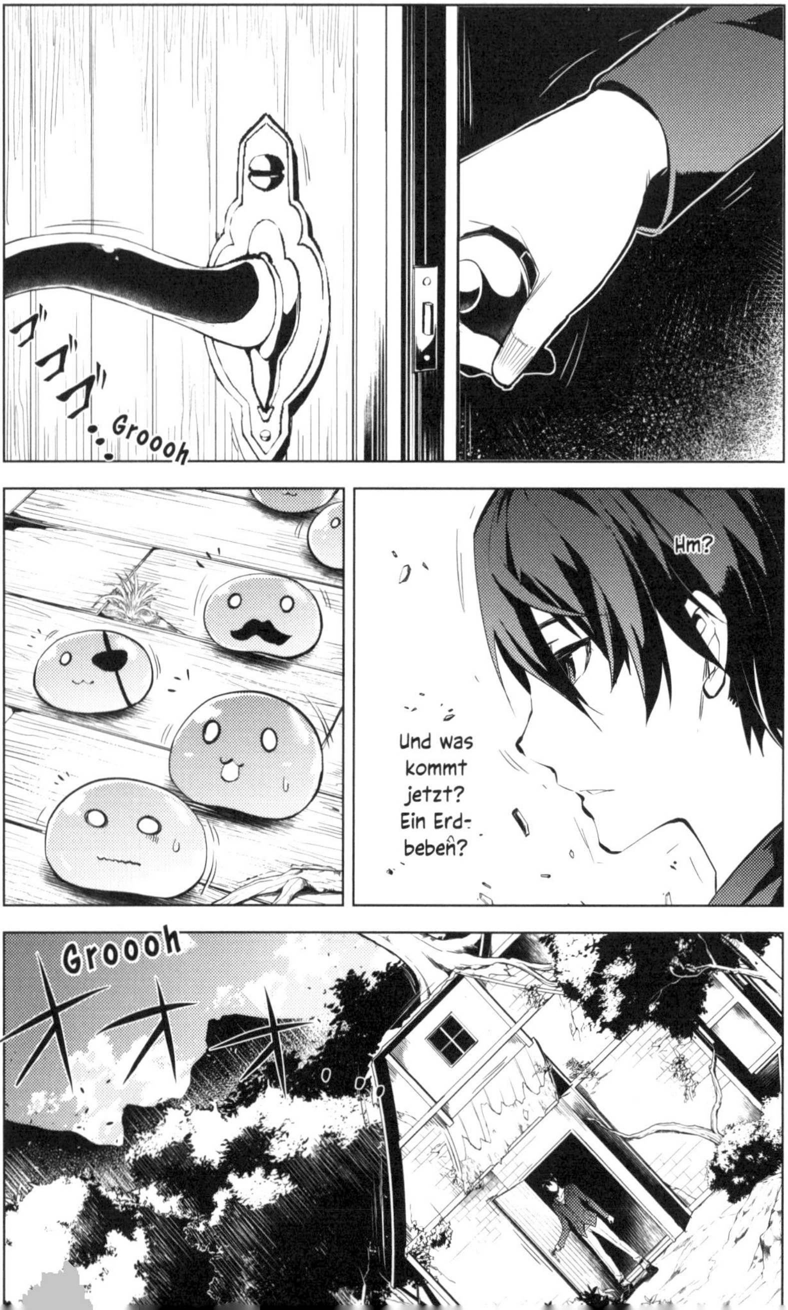
ゴゴゴ.. Groooh
Hm?
Und was kommt jetzt? Ein Erdbeben?
Groooh

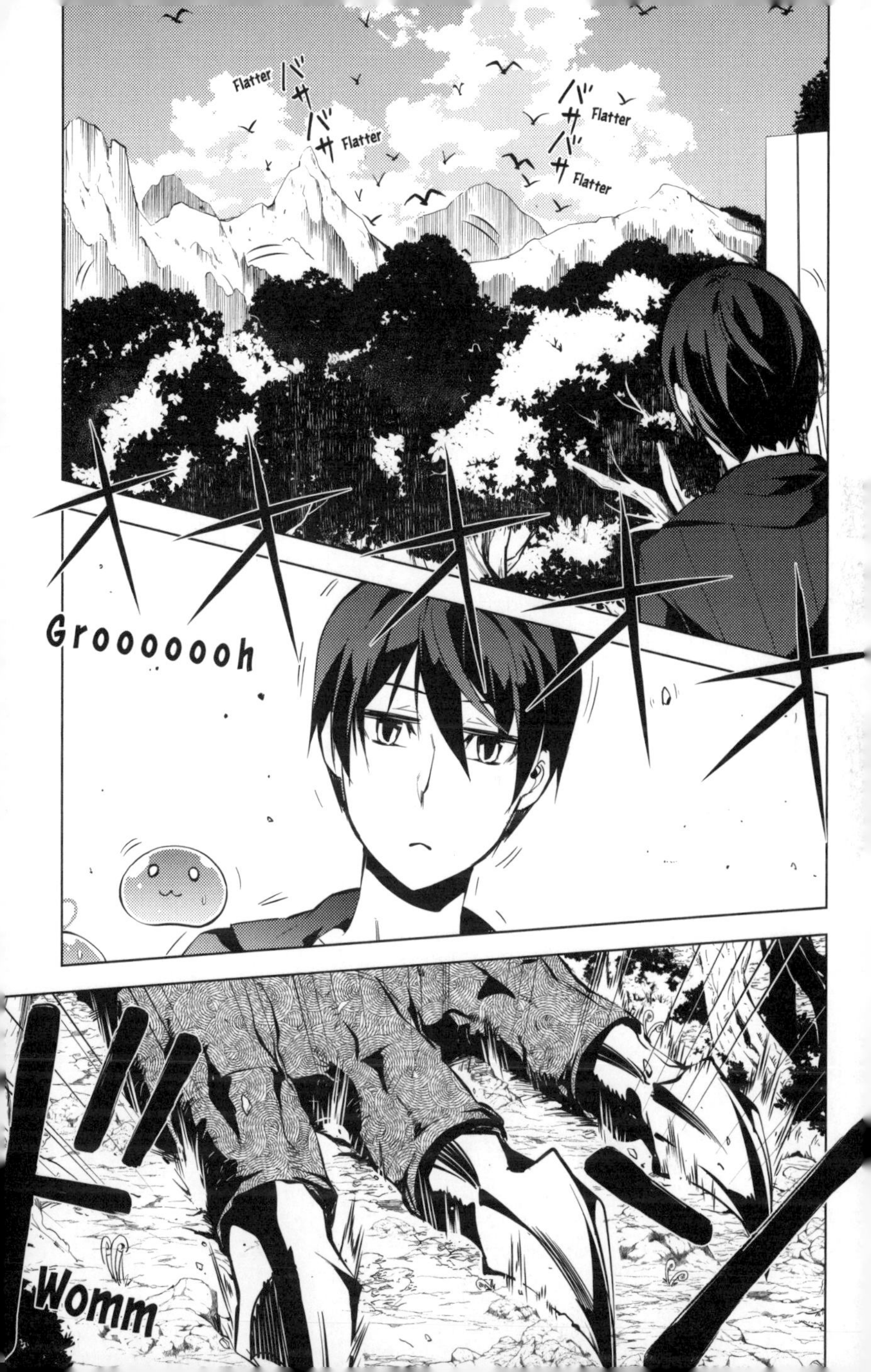
バサバサ
Flatter
Flatter
バサバサ
Flatter
Flatter
Grooooooh
ドッ
Womm

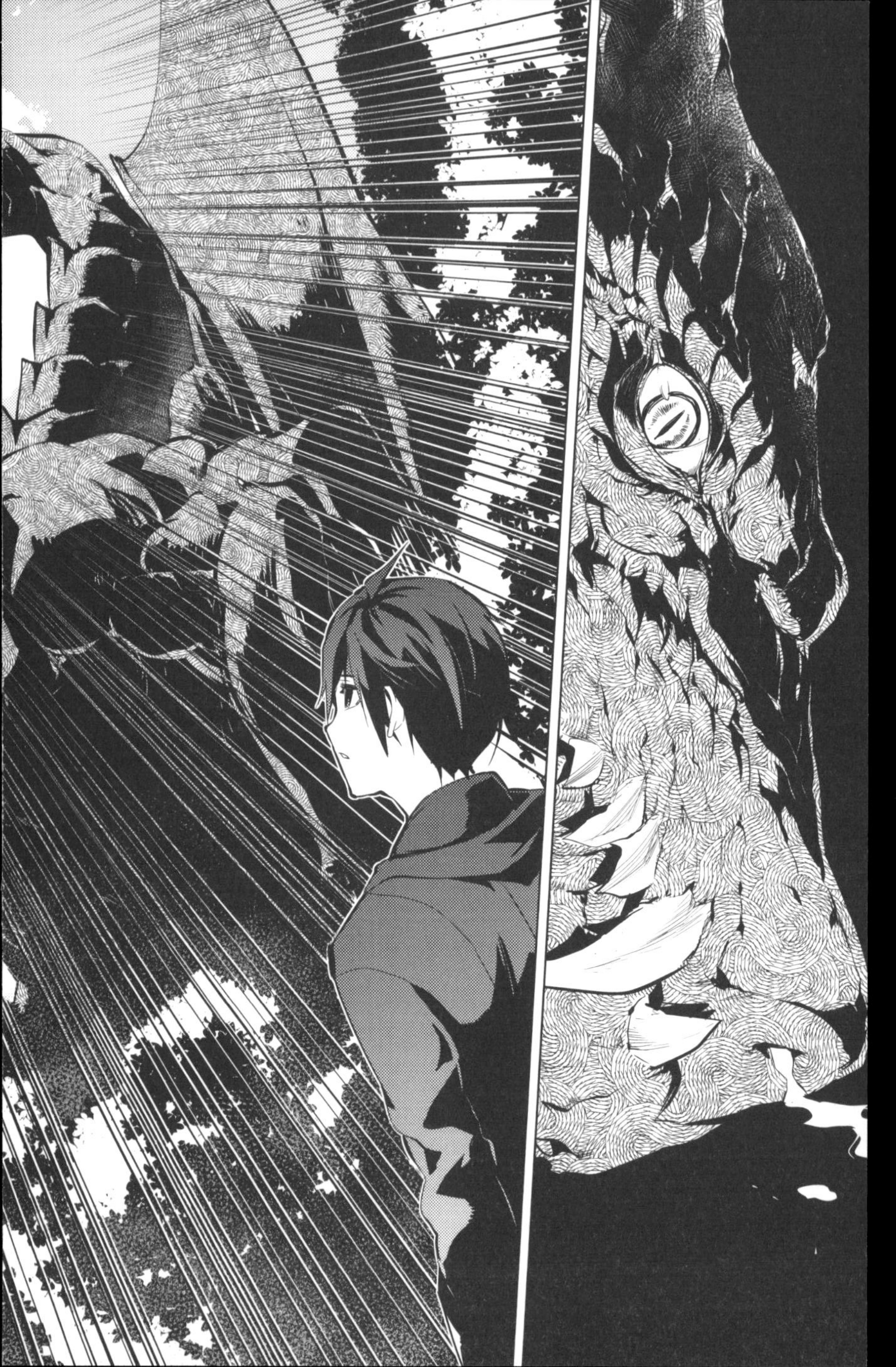

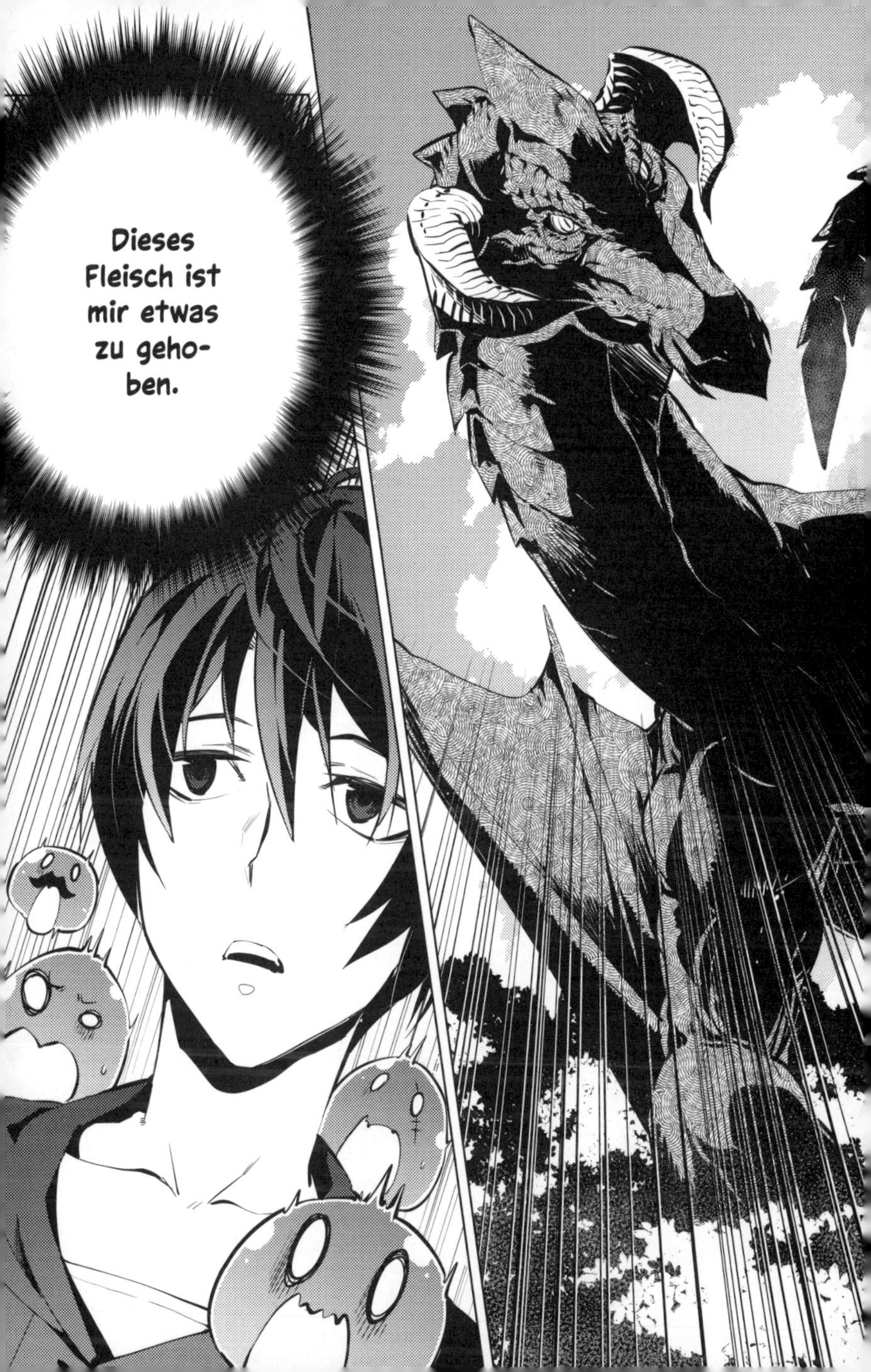
Dieses Fleisch ist mir etwas zu geho- ben.

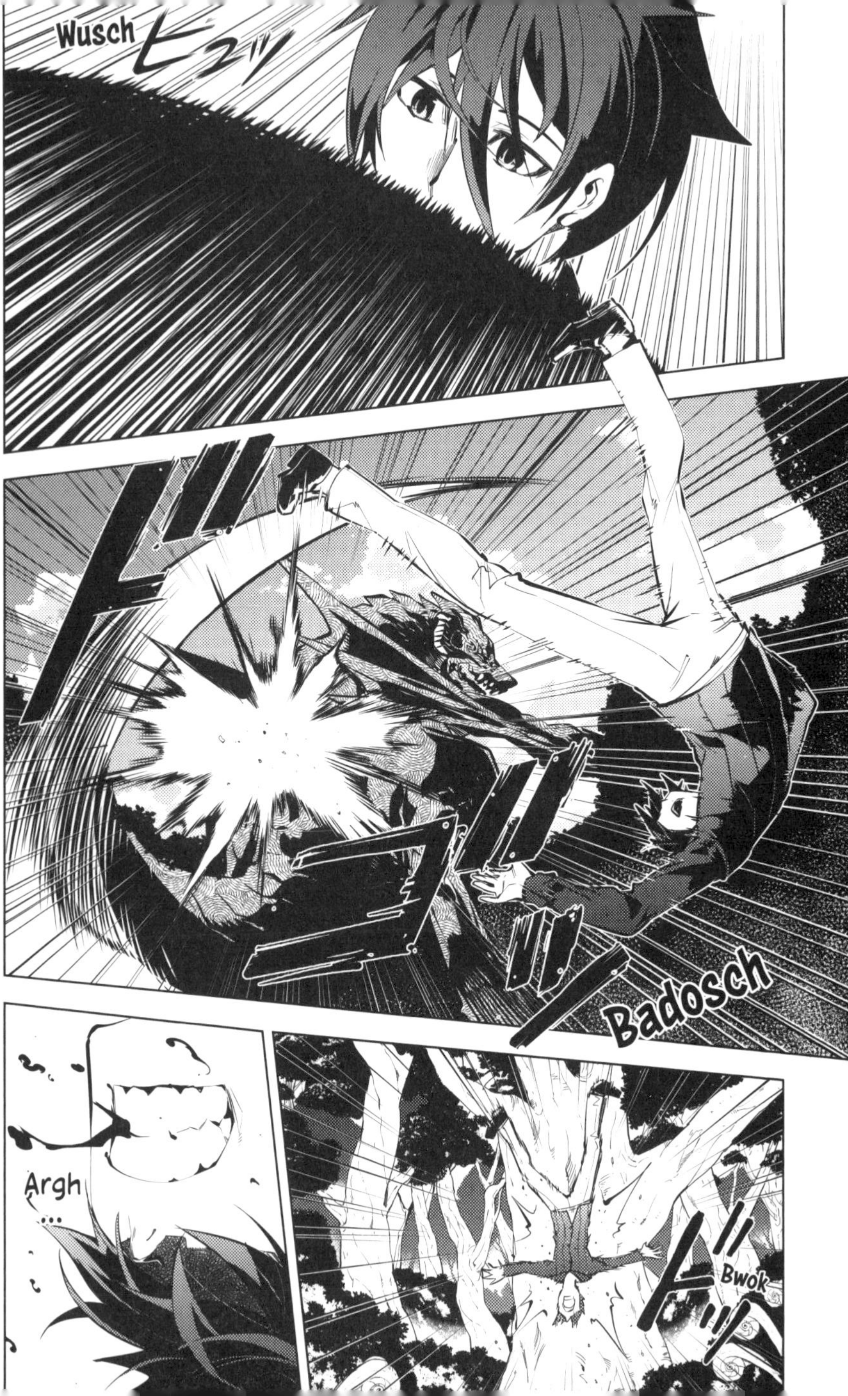
Wusch
Badosch
Argh ...
Bwok

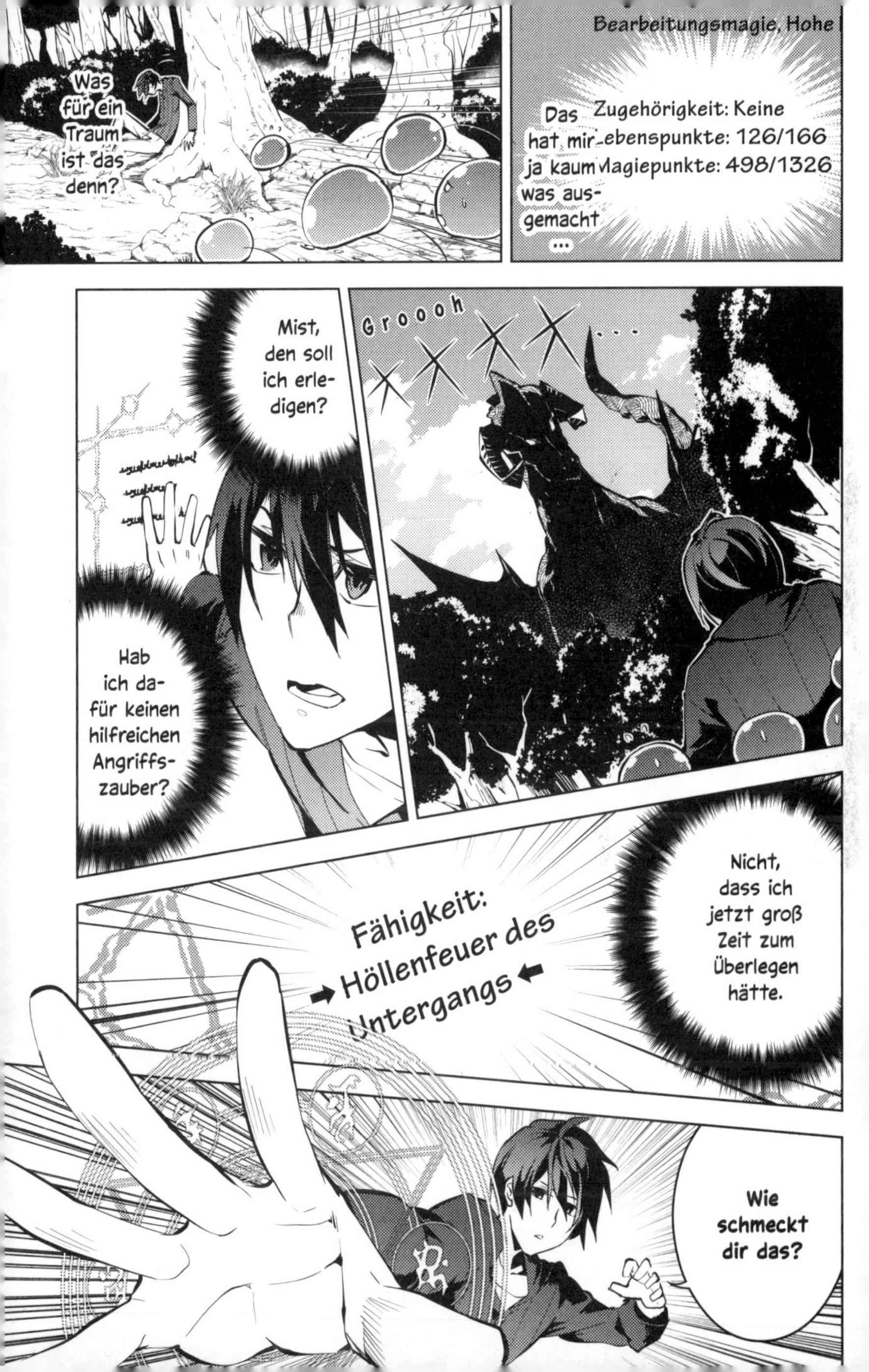
Bearbeitungsmagie, Hohe
Zugehörigkeit: Keine
ebenspunkte: 126/166
agiepunkte: 498/1326
Das hat mir ja kaum was ausgemacht …
Was für ein Traum ist das denn?
Groooh …
Mist, den soll ich erledigen?
Hab ich dafür keinen hilfreichen Angriffszauber?
Nicht, dass ich jetzt groß Zeit zum Überlegen hätte.
Fähigkeit: Höllenfeuer des Untergangs
Wie schmeckt dir das?

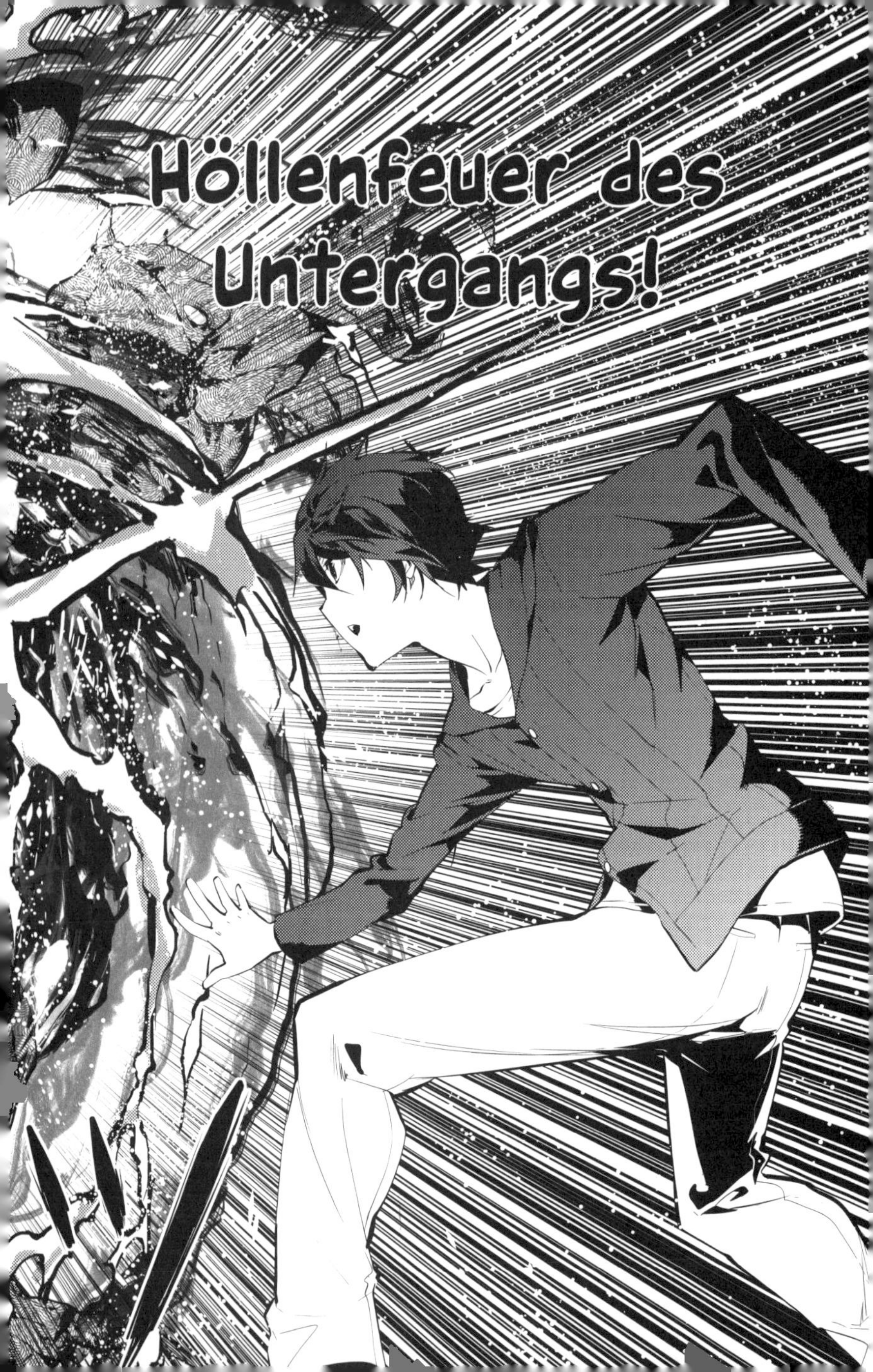
Höllenfeuer des Untergangs!

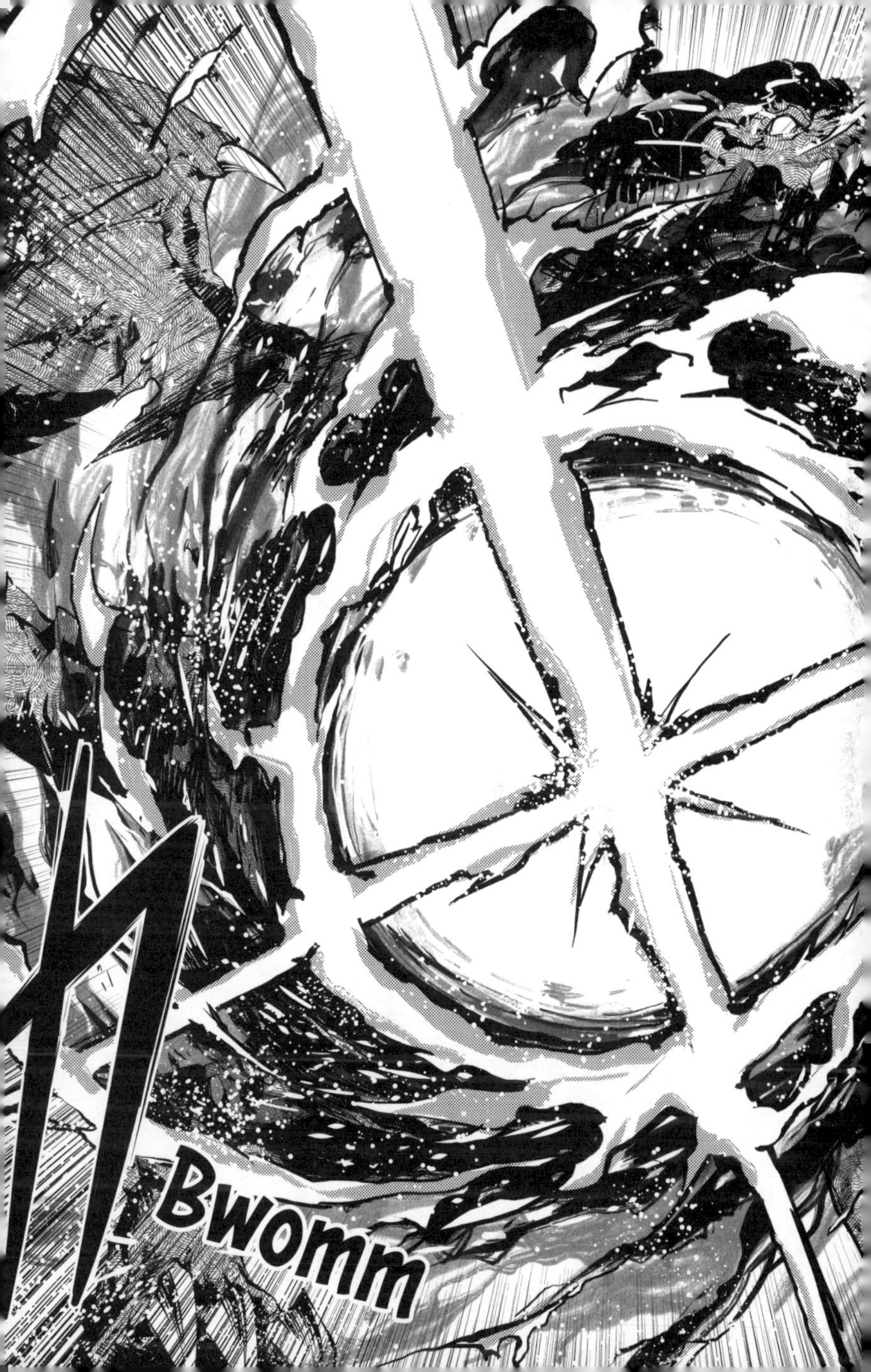
Bwomm

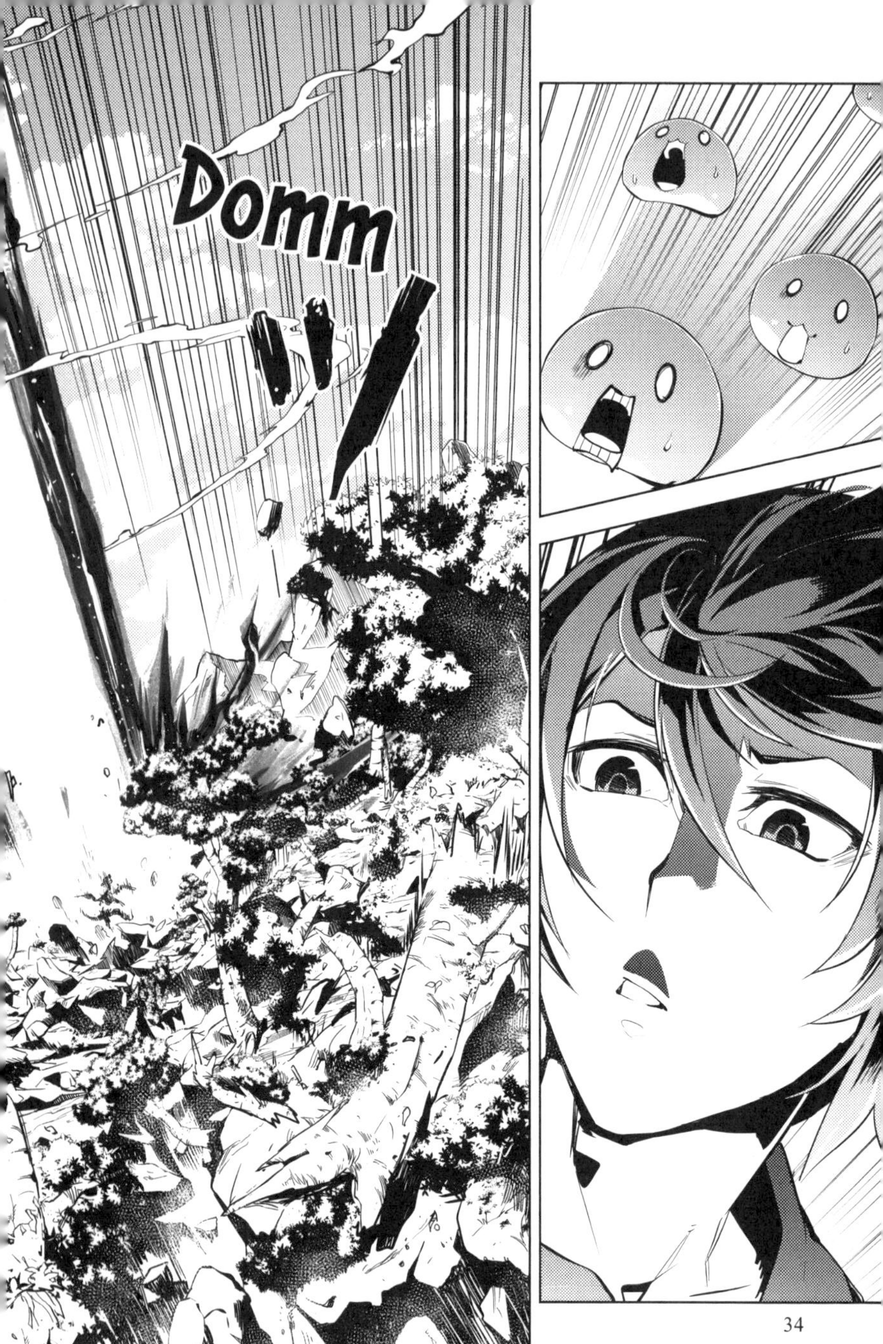
Domm

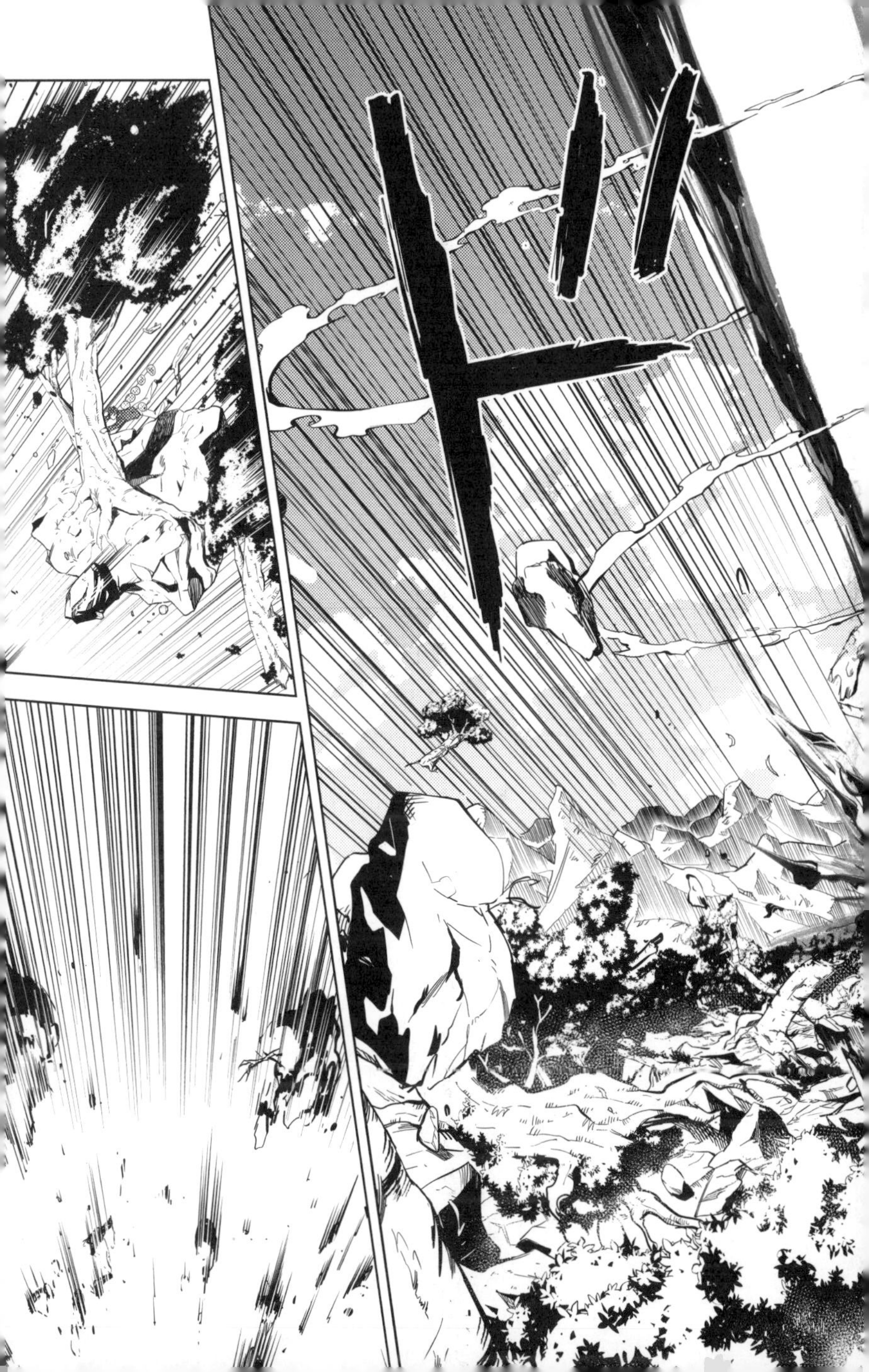
ド

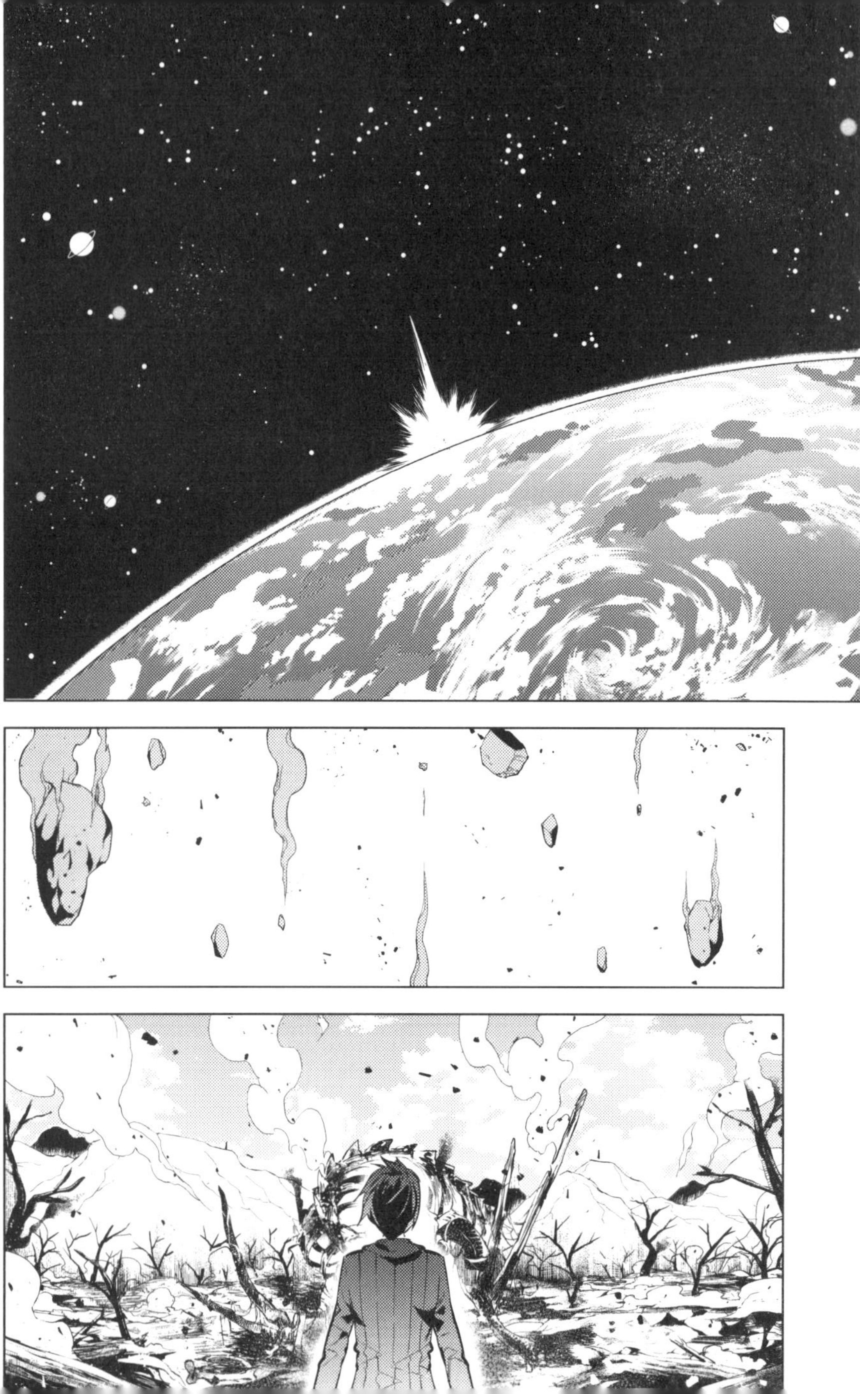

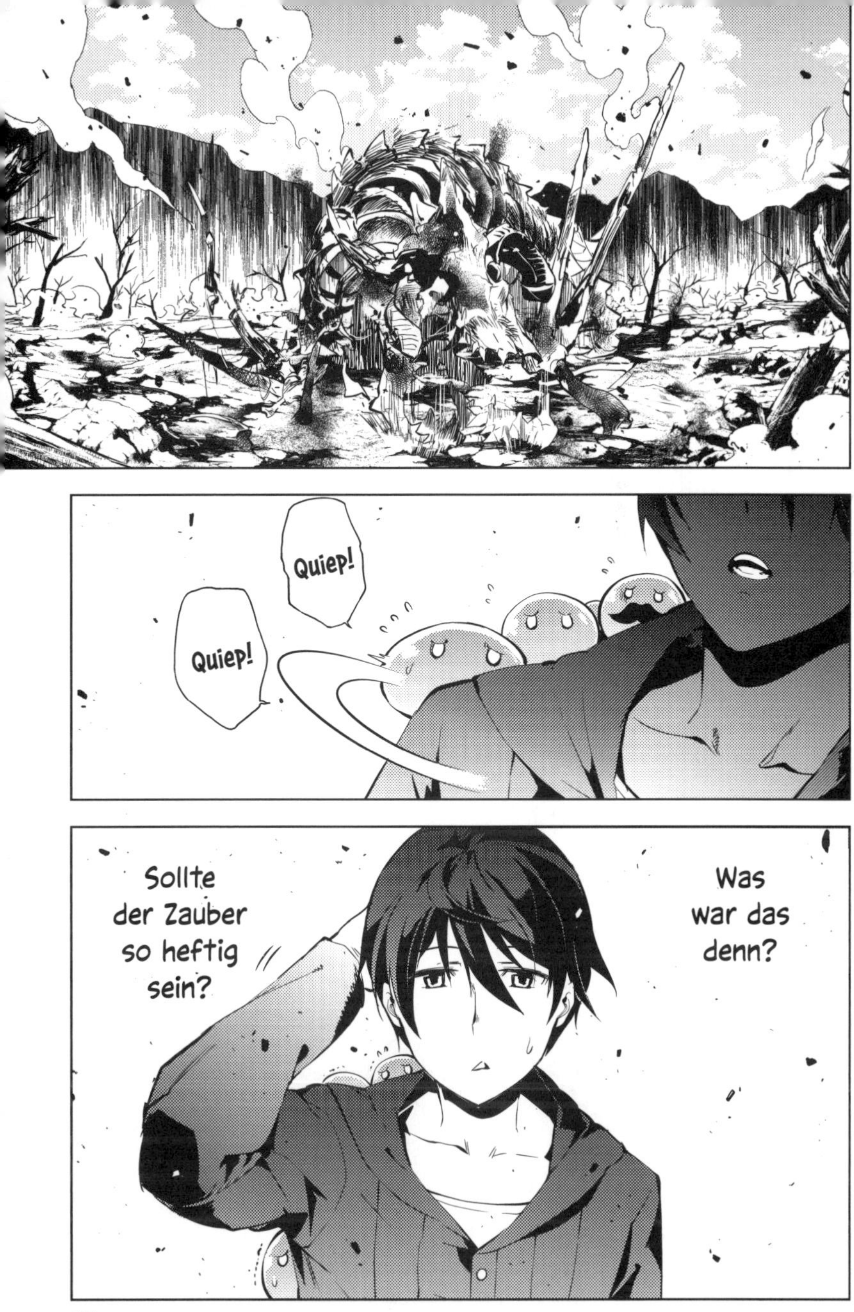
Quiep!
Quiep!
Was war das denn?
Sollte der Zauber so heftig sein?

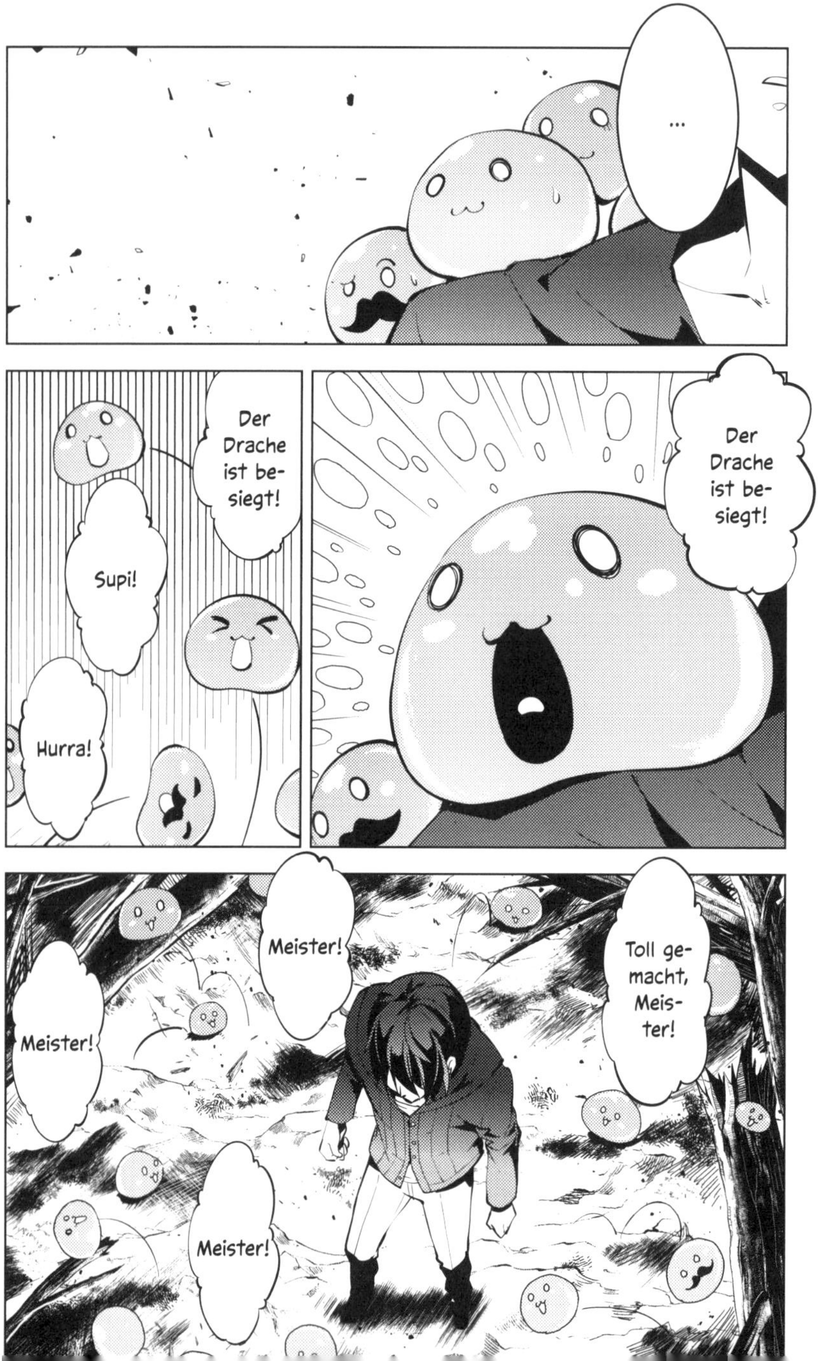
...
Der Drache ist besiegt!
Der Drache ist besiegt!
Supi!
Hurra!
Toll gemacht, Meister!
Meister!
Meister!
Meister!

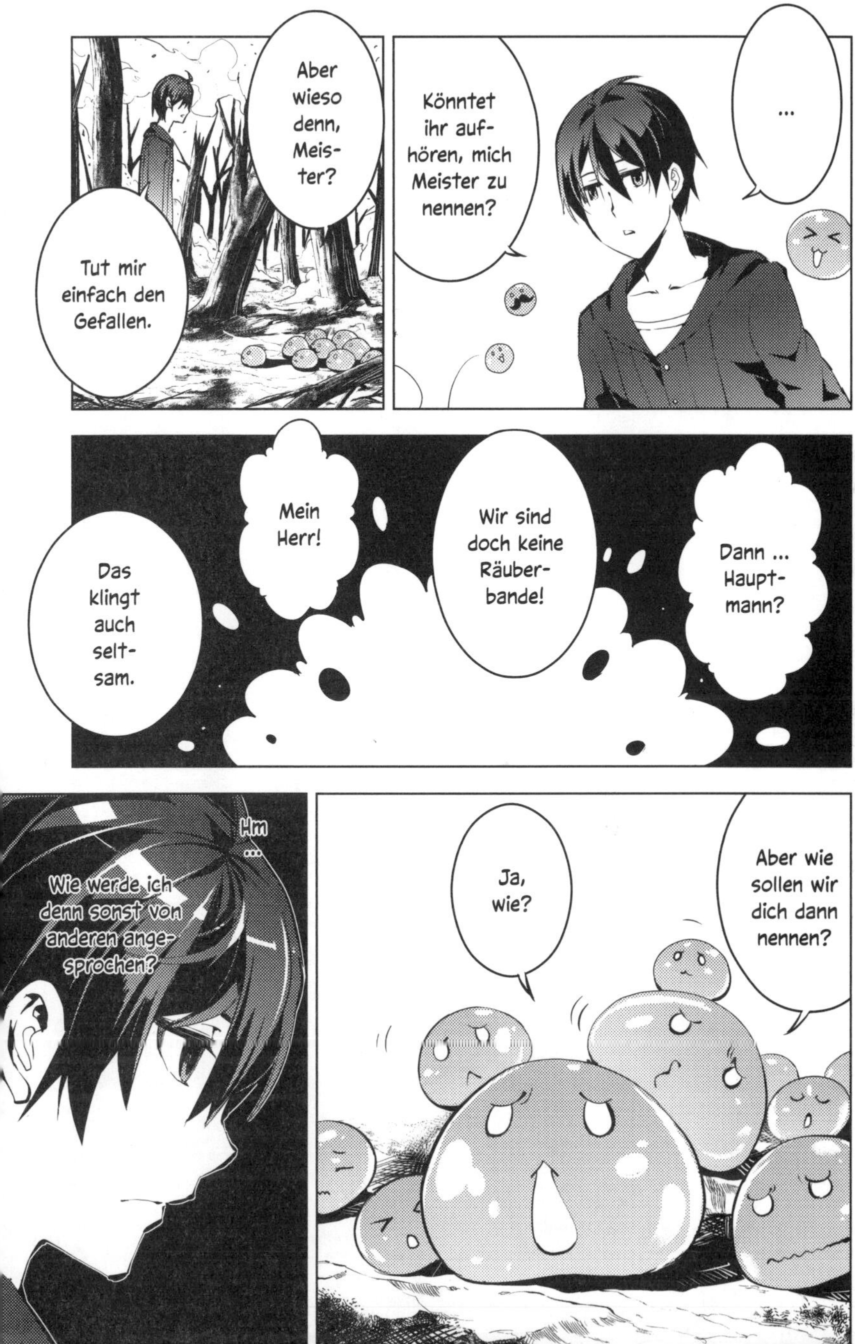
...
Könntet ihr aufhören, mich Meister zu nennen?
Aber wieso denn, Meister?
Tut mir einfach den Gefallen.
Dann ... Hauptmann?
Wir sind doch keine Räuberbande!
Mein Herr!
Das klingt auch seltsam.
Aber wie sollen wir dich dann nennen?
Ja, wie?
Hm ...
Wie werde ich denn sonst von anderen angesprochen?

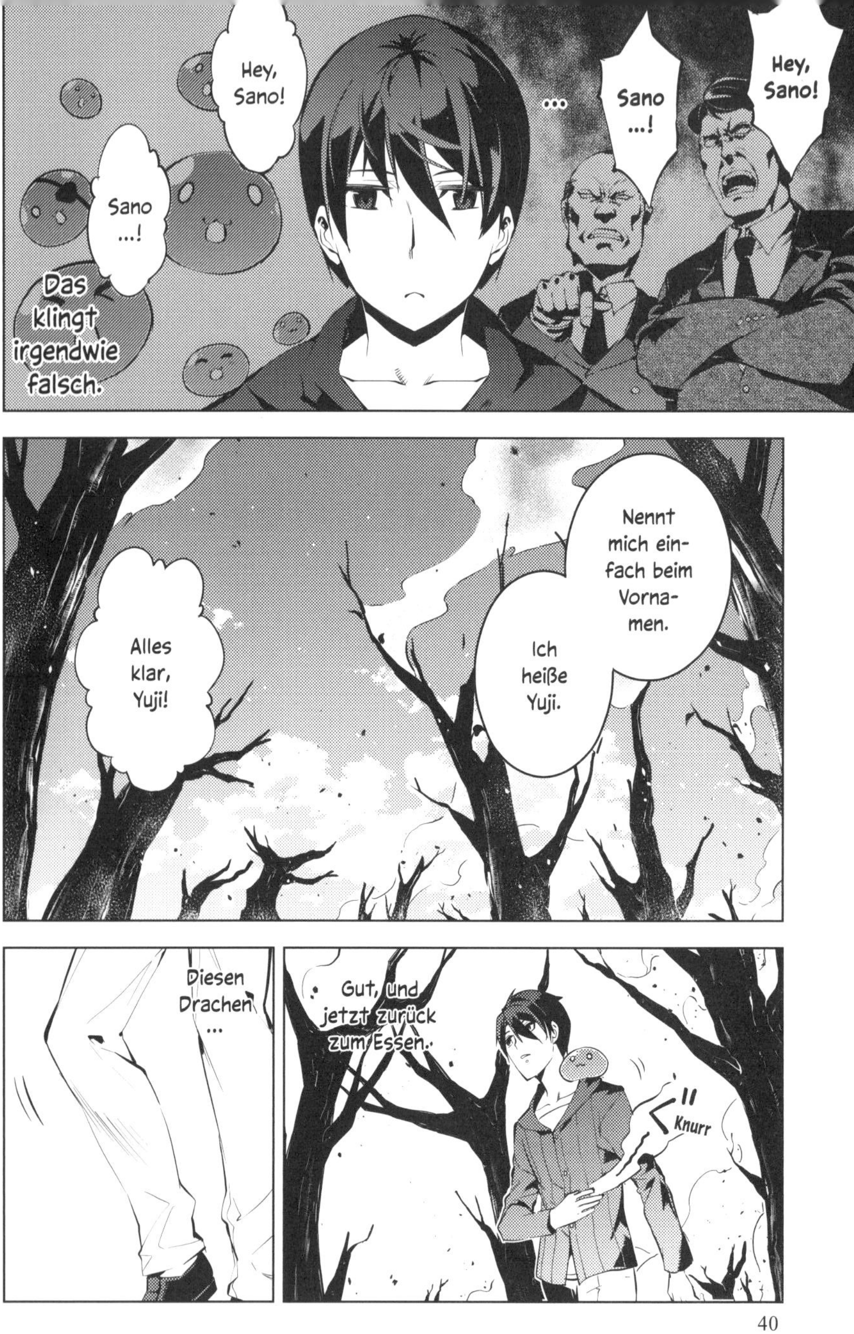
Hey, Sano!
Sano ...!
...
Hey, Sano!
Sano ...!
Das klingt irgendwie falsch.
Nennt mich ein-fach beim Vorna-men.
Ich heiße Yuji.
Alles klar, Yuji!
Gut, und jetzt zurück zum Essen.
Knurr
Diesen Drachen ...

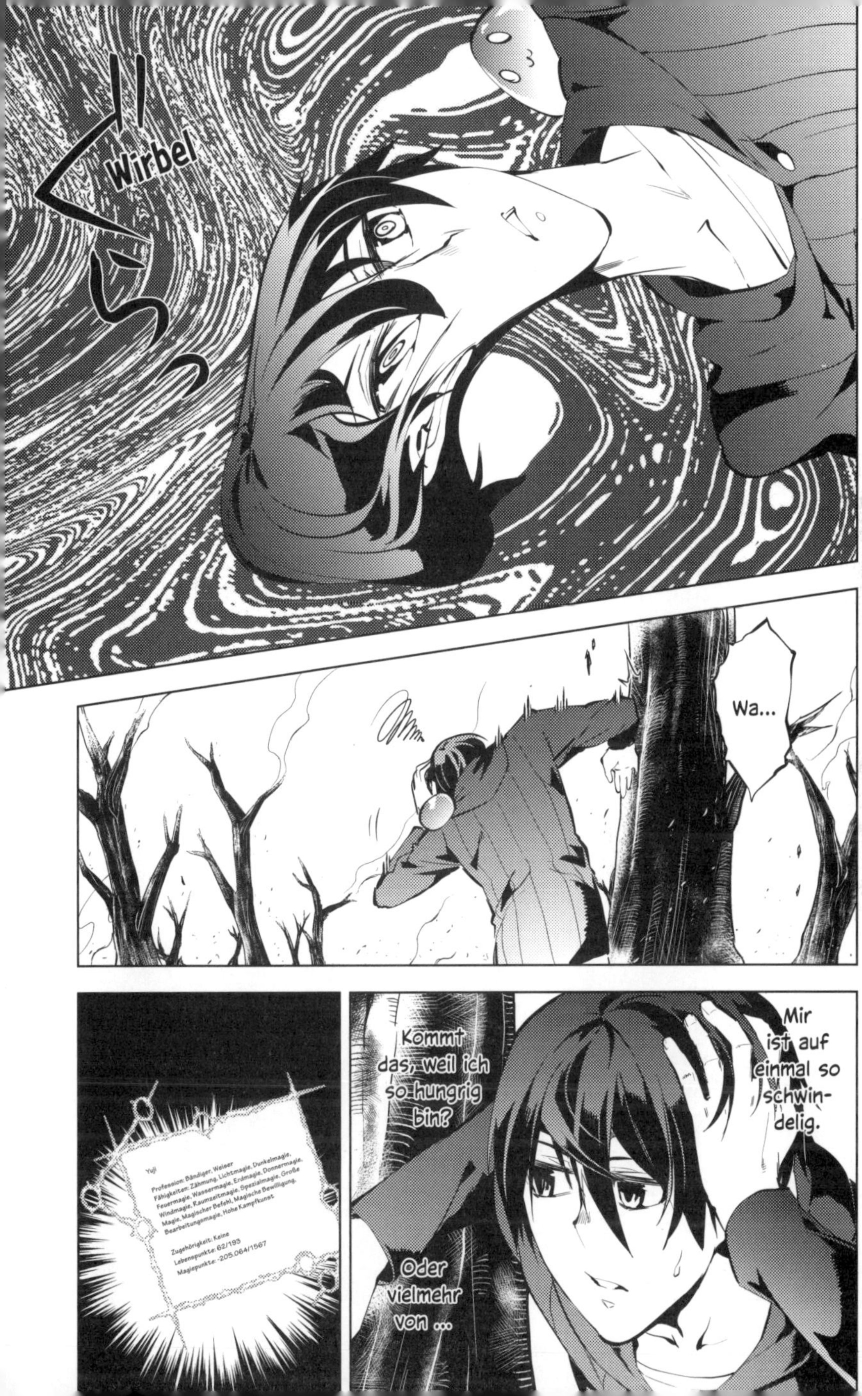
Wirbel
Wa...
Mir ist auf einmal so schwin-delig.
Kommt das, weil ich so hungrig bin?
Oder vielmehr von ...
Yuji
Profession: Bändiger, Weiser
Fähigkeiten: Zähmung, Lichtmagie, Dunkelmagie, Feuermagie, Wassermagie, Erdmagie, Donnermagie, Windmagie, Raumzeitmagie, Spezialmagie, Große Magie, Magischer Befehl, Magische Bewilligung, Bearbeitungsmagie, Hohe Kampfkunst
Zugehörigkeit: Keine
Lebenspunkte: 62/193
Magiepunkte: -205.064/1567

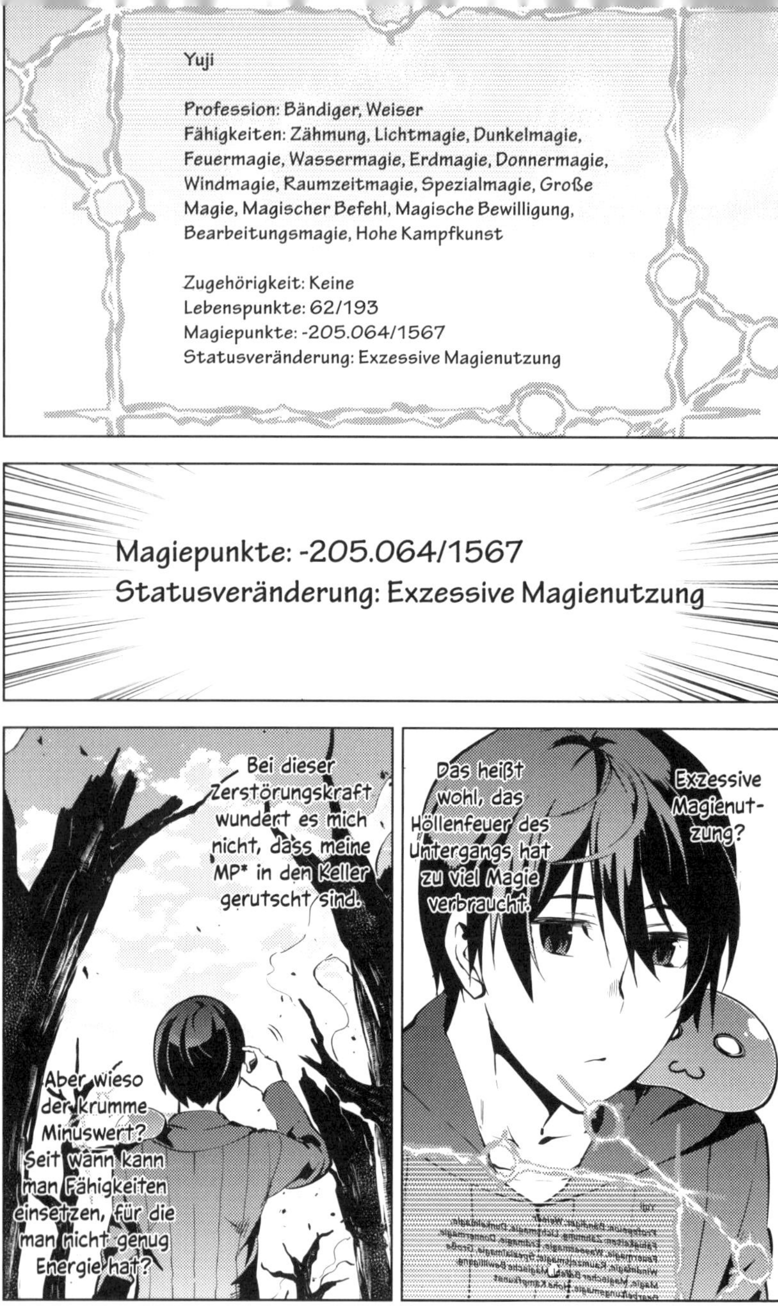

* Magiepunkte.

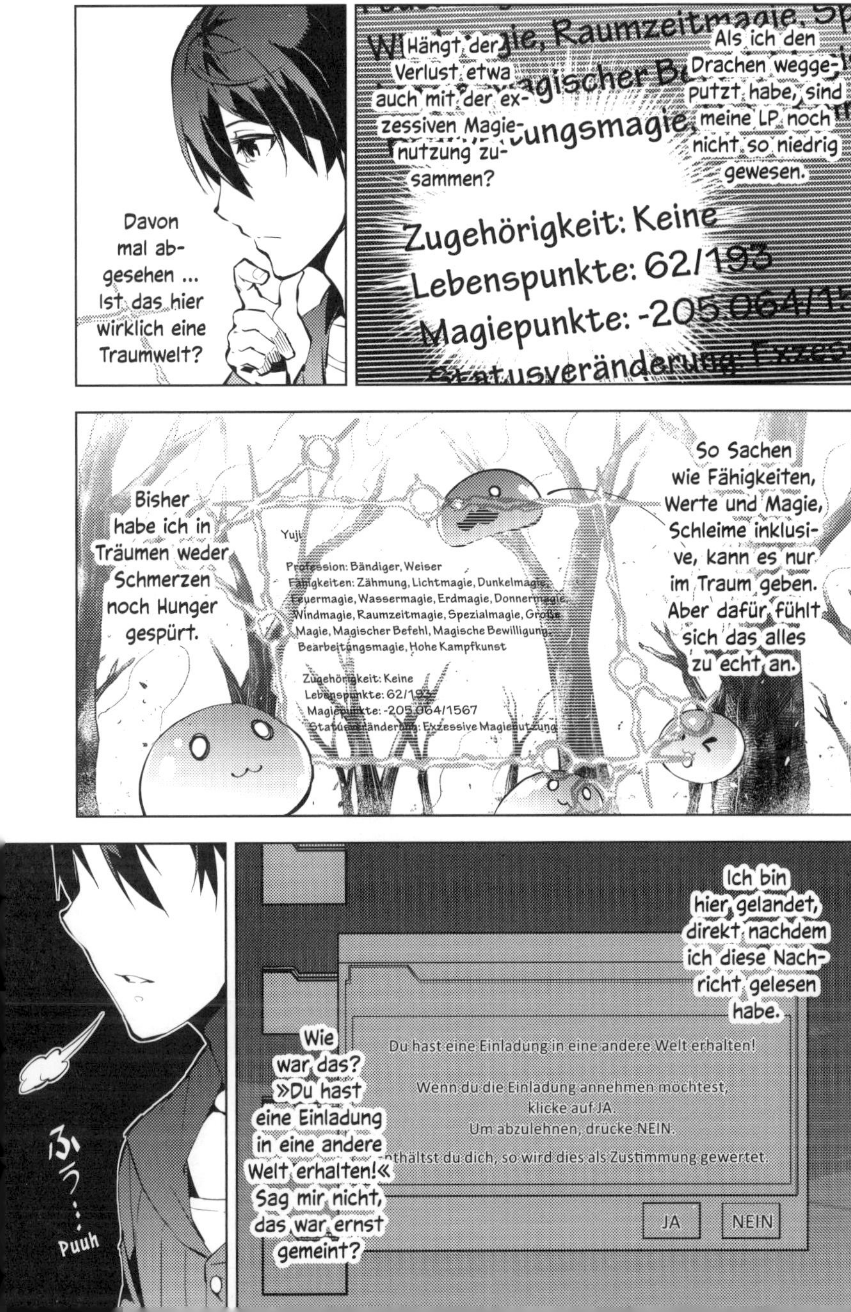
Davon mal abgesehen ... Ist das hier wirklich eine Traumwelt?
Hängt der Verlust etwa auch mit der exzessiven Magienutzung zusammen?
Als ich den Drachen weggeputzt habe, sind meine LP noch nicht so niedrig gewesen.
Zugehörigkeit: Keine
Lebenspunkte: 62/193
Magiepunkte: -205.064/15
So Sachen wie Fähigkeiten, Werte und Magie, Schleime inklusive, kann es nur im Traum geben. Aber dafür fühlt sich das alles zu echt an.
Bisher habe ich in Träumen weder Schmerzen noch Hunger gespürt.
Yuji
Profession: Bändiger, Weiser
Fähigkeiten: Zähmung, Lichtmagie, Dunkelmagie, Feuermagie, Wassermagie, Erdmagie, Donnermagie, Windmagie, Raumzeitmagie, Spezialmagie, Große Magie, Magischer Befehl, Magische Bewilligung, Bearbeitungsmagie, Hohe Kampfkunst
Zugehörigkeit: Keine
Lebenspunkte: 62/193
Magiepunkte: -205.064/1567
Statusveränderung: Exzessive Magienutzung
Ich bin hier gelandet, direkt nachdem ich diese Nachricht gelesen habe.
Wie war das? »Du hast eine Einladung in eine andere Welt erhalten!« Sag mir nicht, das war ernst gemeint?
Du hast eine Einladung in eine andere Welt erhalten!
Wenn du die Einladung annehmen möchtest, klicke auf JA.
Um abzulehnen, drücke NEIN.
…nthältst du dich, so wird dies als Zustimmung gewertet.
JA
NEIN
ふう…
Puuh

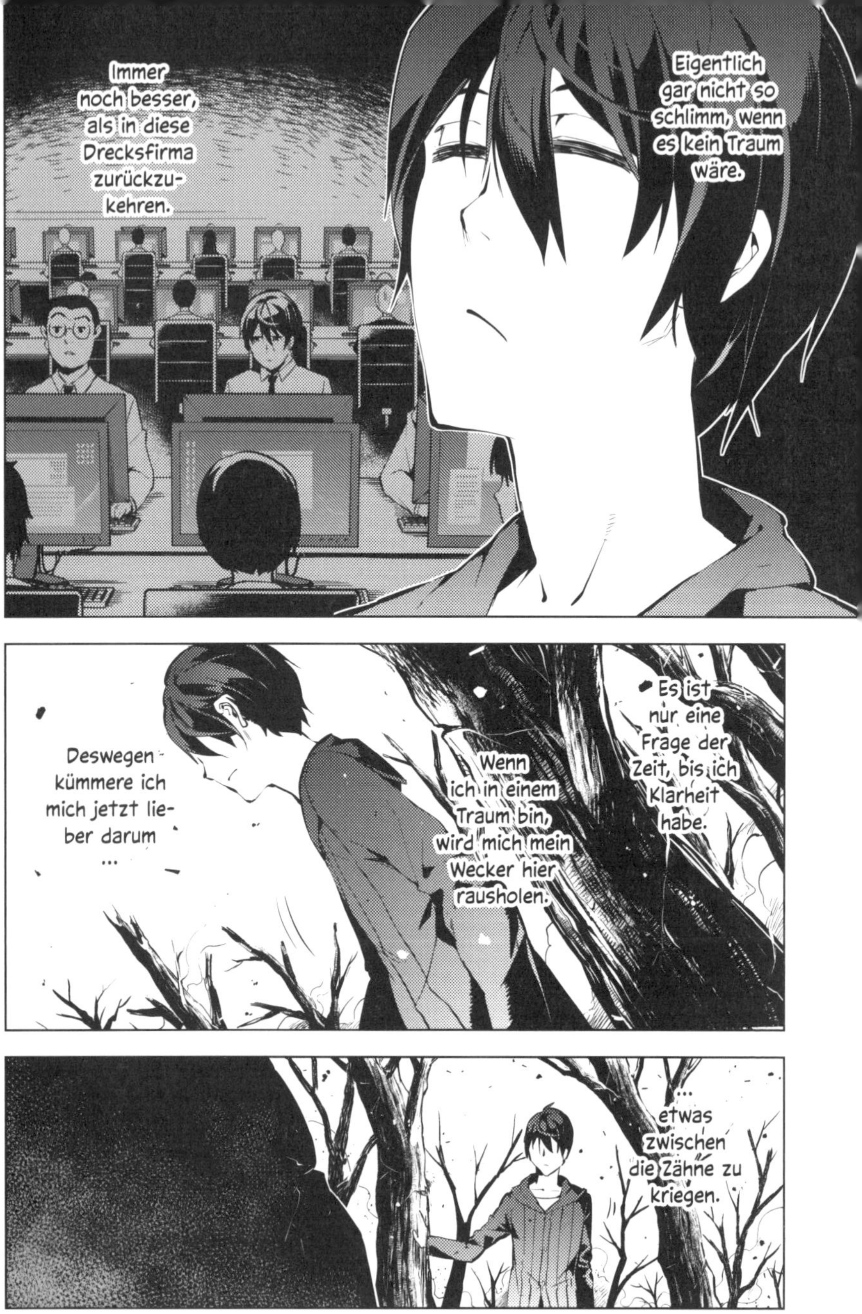

Eigentlich gar nicht so schlimm, wenn es kein Traum wäre.
Immer noch besser, als in diese Drecksfirma zurückzukehren.
Es ist nur eine Frage der Zeit, bis ich Klarheit habe.
Wenn ich in einem Traum bin, wird mich mein Wecker hier rausholen.
Deswegen kümmere ich mich jetzt lieber darum ...
... etwas zwischen die Zähne zu kriegen.

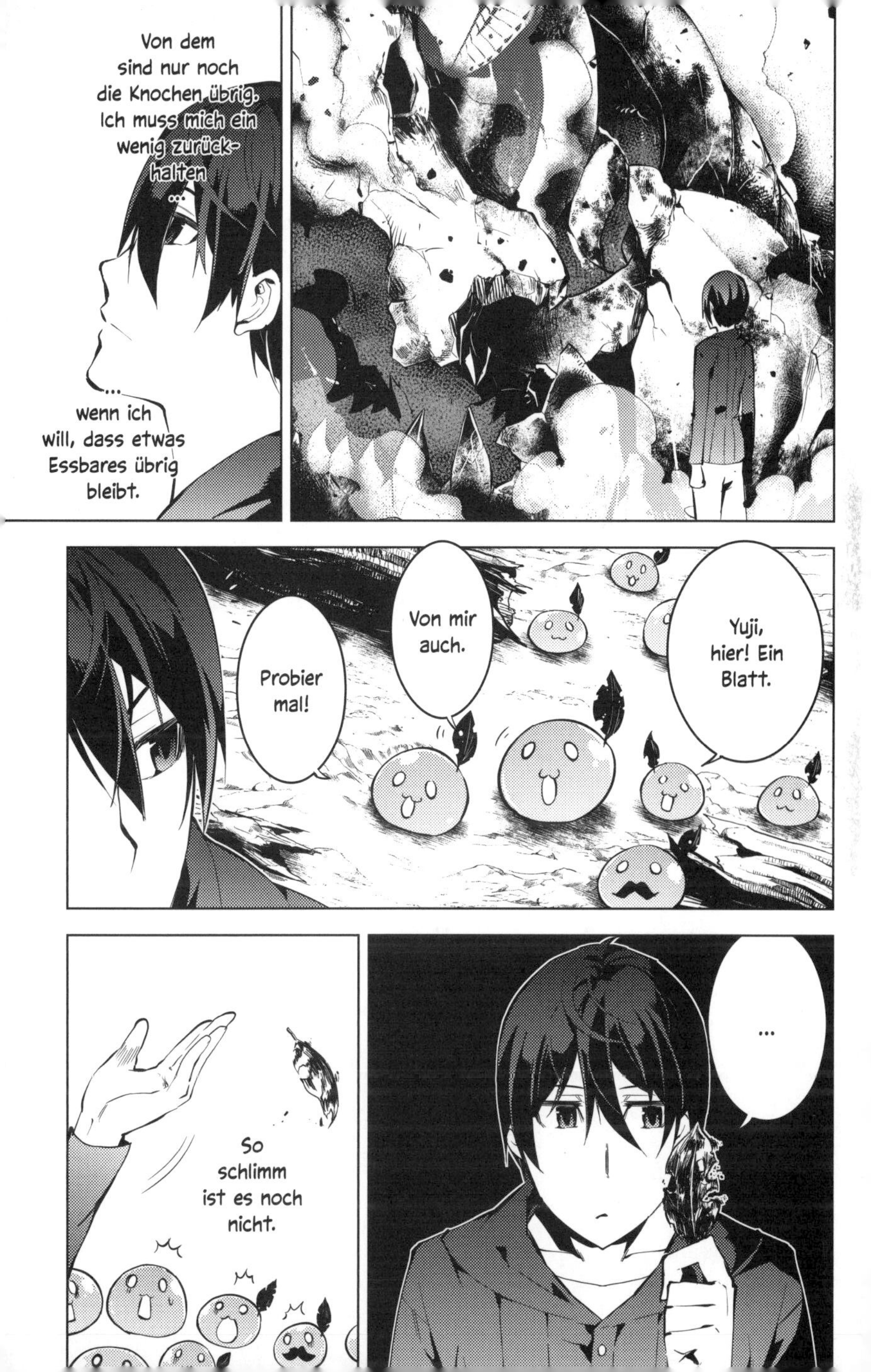

Von dem sind nur noch die Knochen übrig. Ich muss mich ein wenig zurückhalten ...
... wenn ich will, dass etwas Essbares übrig bleibt.
Yuji, hier! Ein Blatt.
Von mir auch.
Probier mal!
...
So schlimm ist es noch nicht.

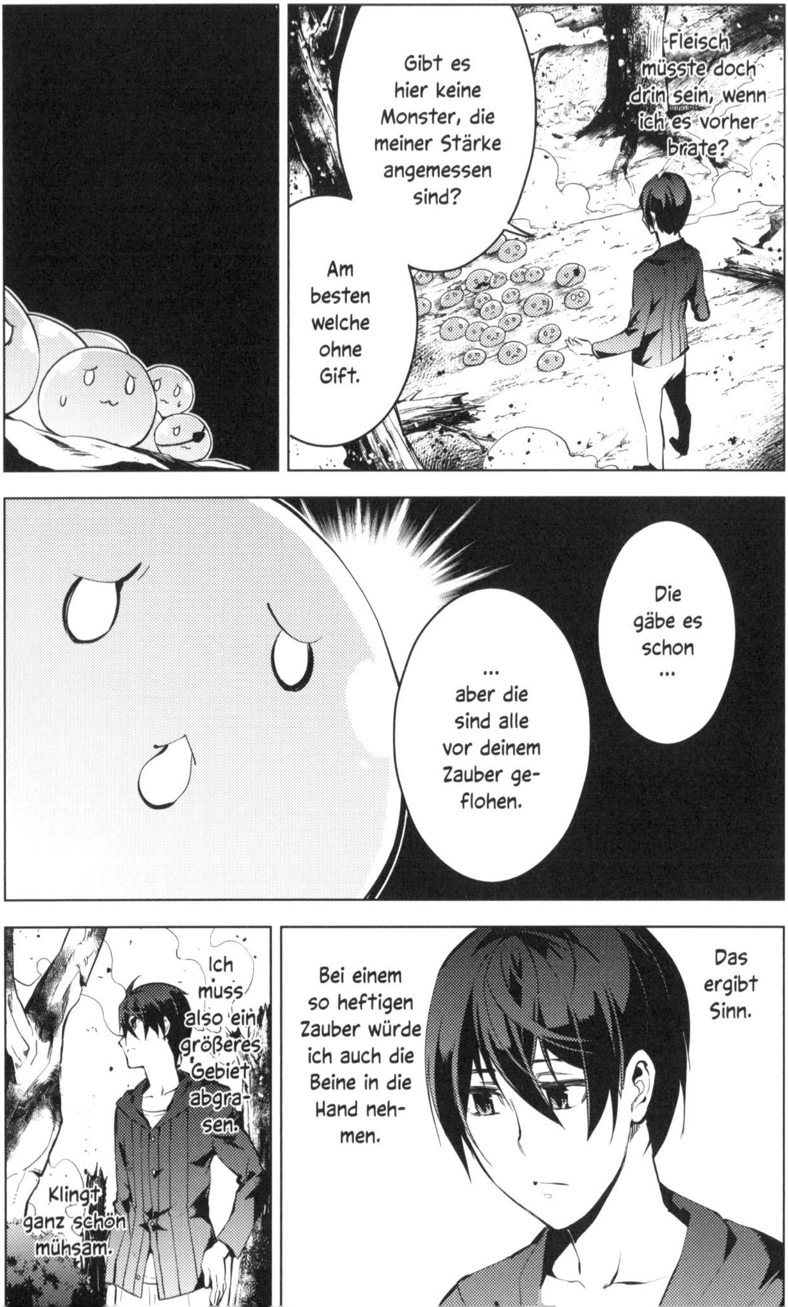
Fleisch müsste doch drin sein, wenn ich es vorher brate?
Gibt es hier keine Monster, die meiner Stärke angemessen sind?
Am besten welche ohne Gift.
Die gäbe es schon ...
... aber die sind alle vor deinem Zauber geflohen.
Das ergibt Sinn.
Bei einem so heftigen Zauber würde ich auch die Beine in die Hand nehmen.
Ich muss also ein größeres Gebiet abgrasen.
Klingt ganz schön mühsam.

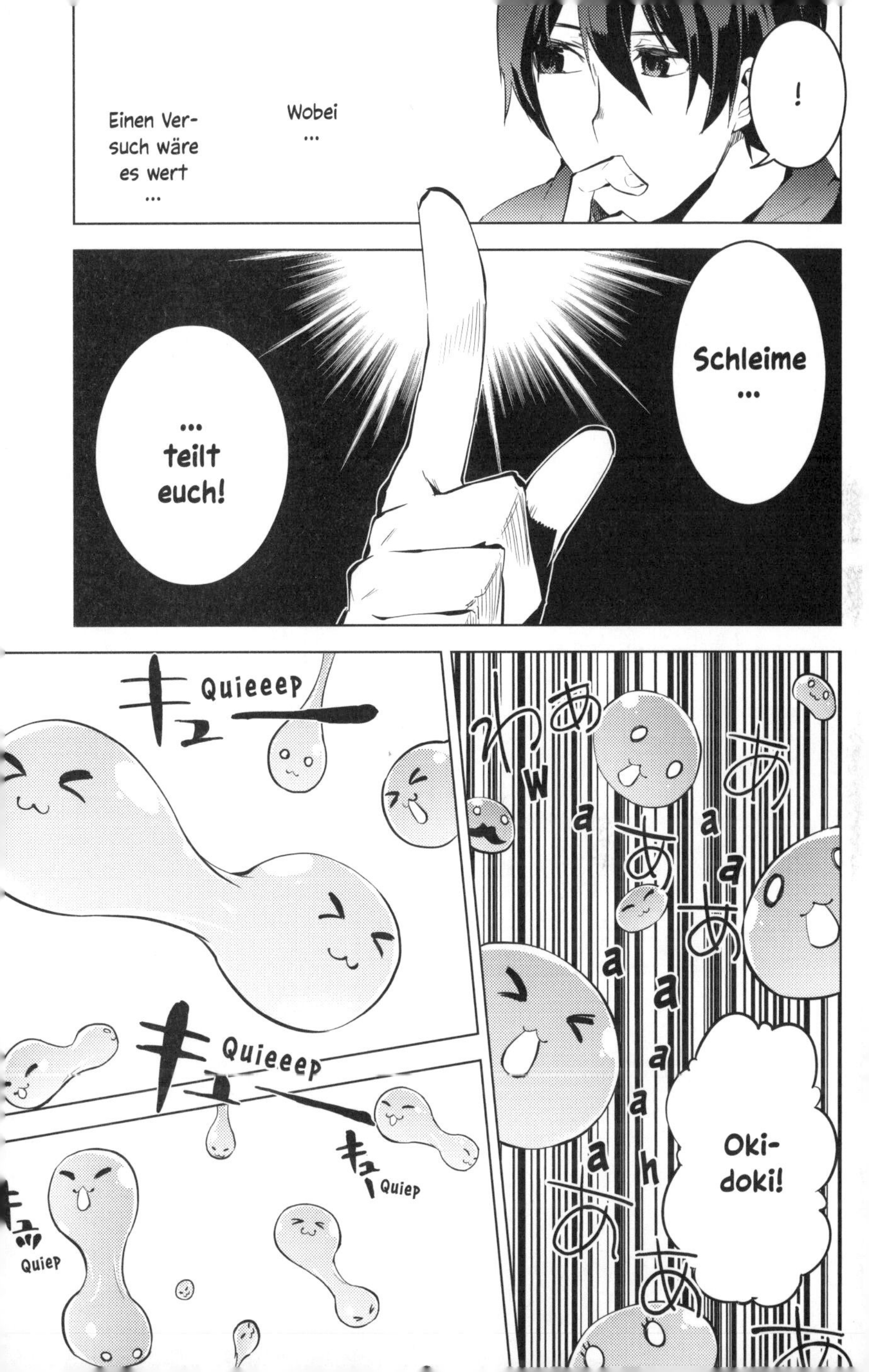
!
Wobei ...
Einen Versuch wäre es wert ...
Schleime ...
... teilt euch!
Waaaaaaaaah
Oki-doki!
Quieeep
Quieeep
Quiep
Quiep

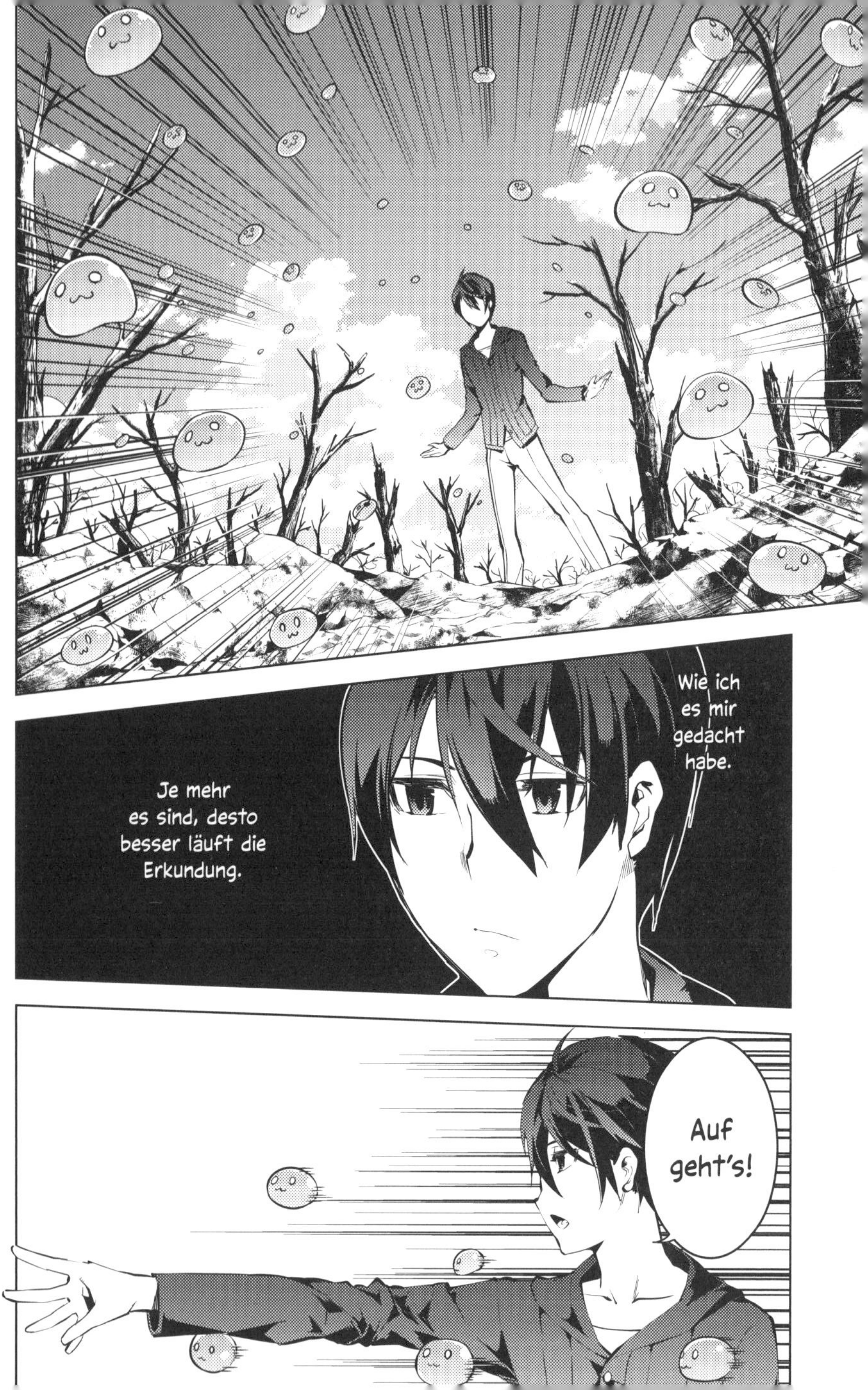

Wie ich es mir gedacht habe.
Je mehr es sind, desto besser läuft die Erkundung.
Auf geht's!

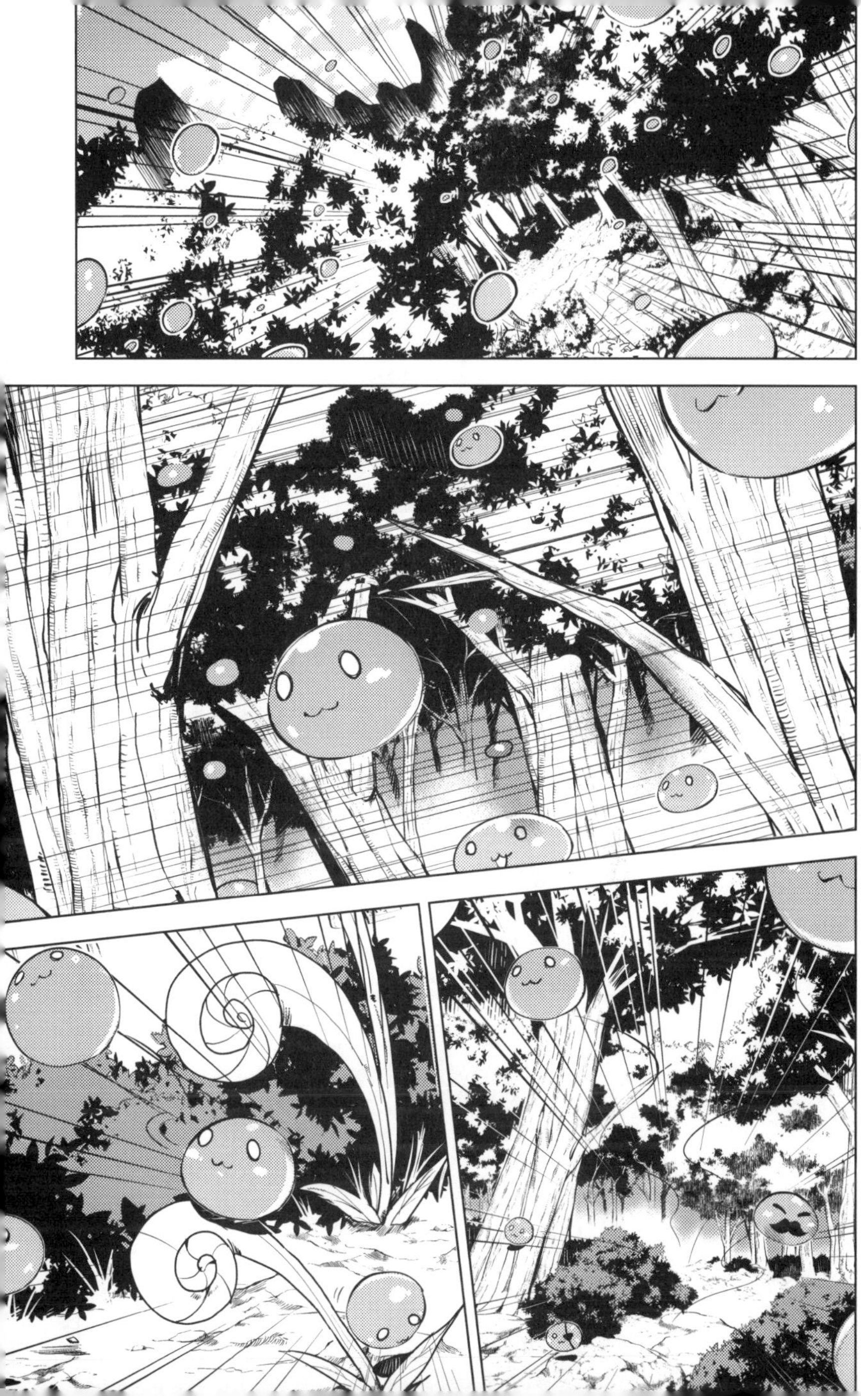

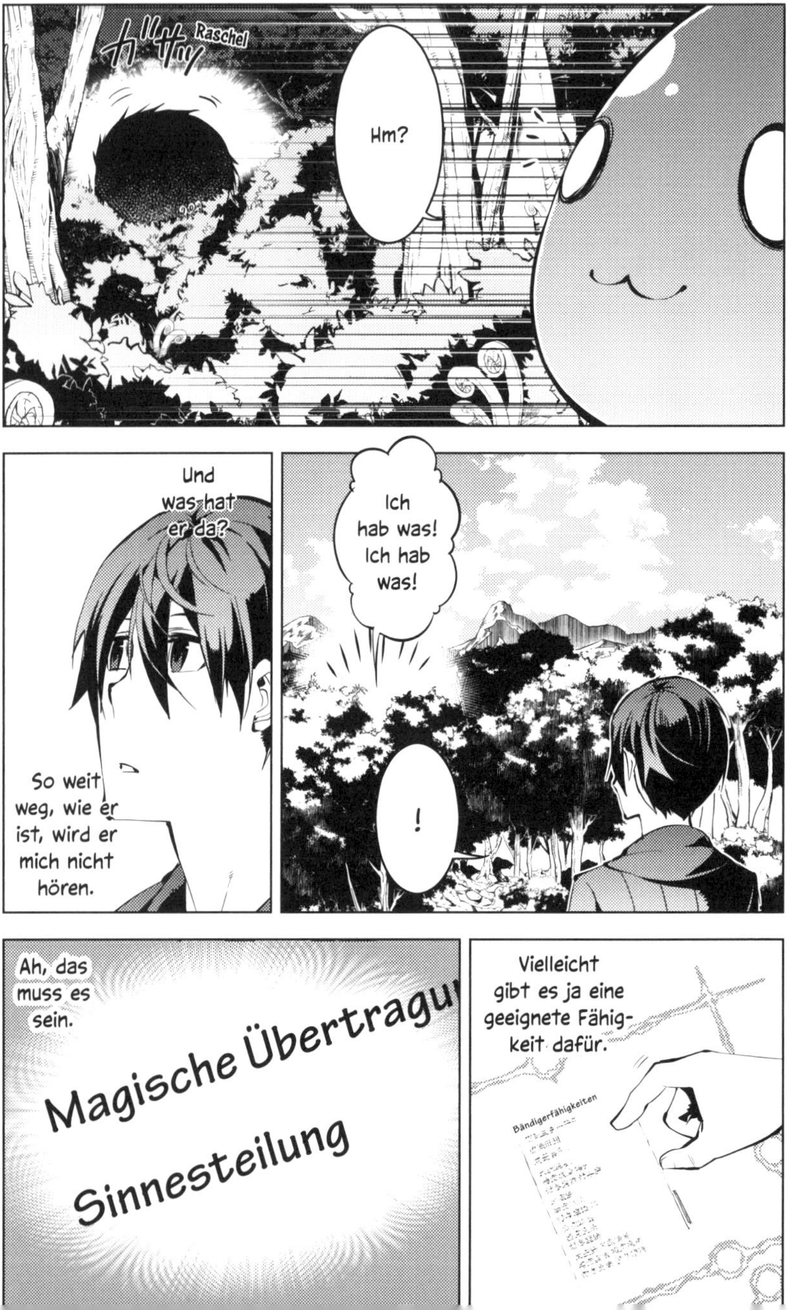
Raschel
Hm?
Ich hab was! Ich hab was!
!
Und was hat er da?
So weit weg, wie er ist, wird er mich nicht hören.
Vielleicht gibt es ja eine geeignete Fähigkeit dafür.
Bändigerfähigkeiten
Ah, das muss es sein.
Magische Übertragu
Sinnesteilung

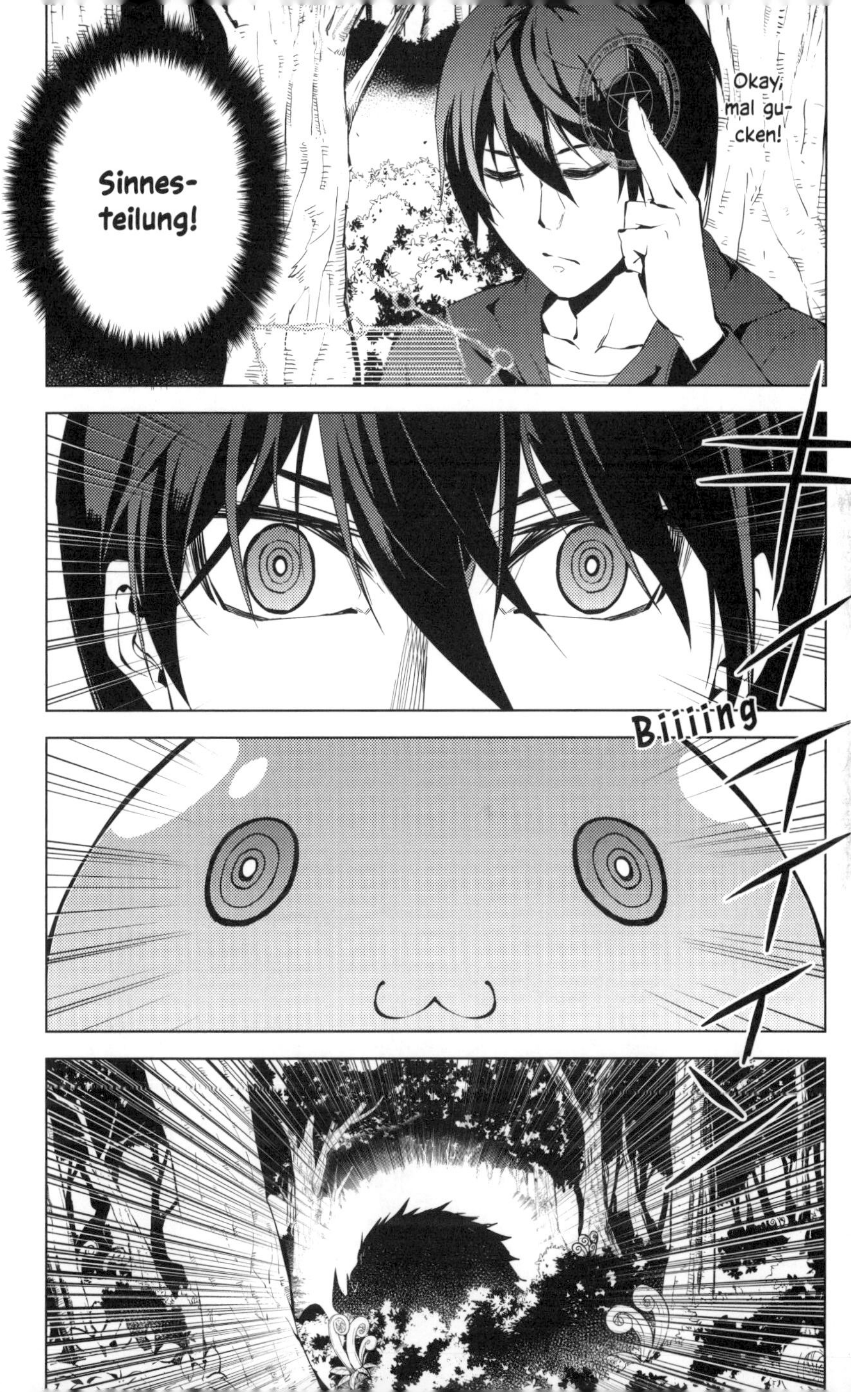
Okay, mal gu-cken!
Sinnes-teilung!
Biiiing

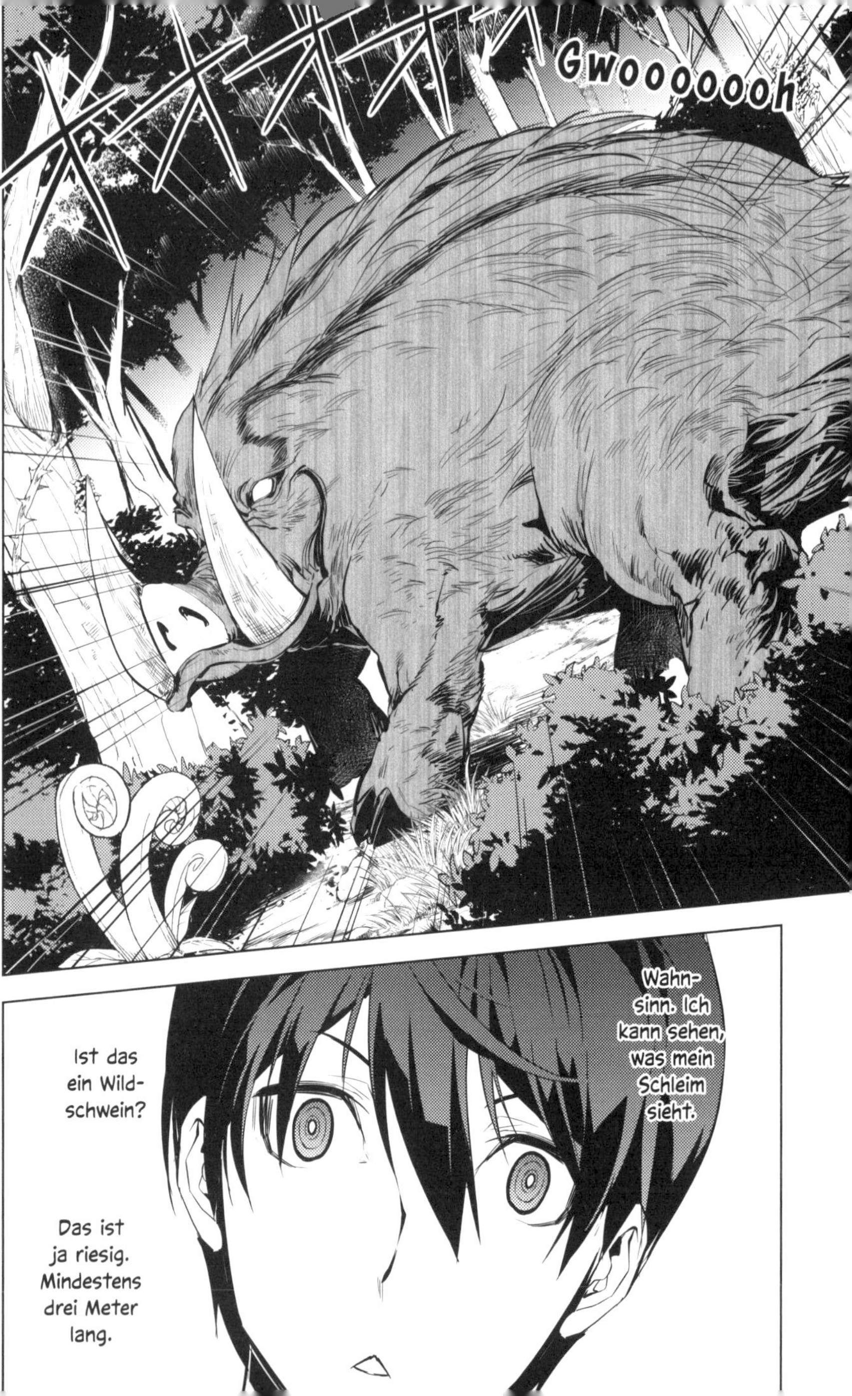
Gwoooooooh
Wahnsinn. Ich kann sehen, was mein Schleim sieht.
Ist das ein Wildschwein?
Das ist ja riesig. Mindestens drei Meter lang.

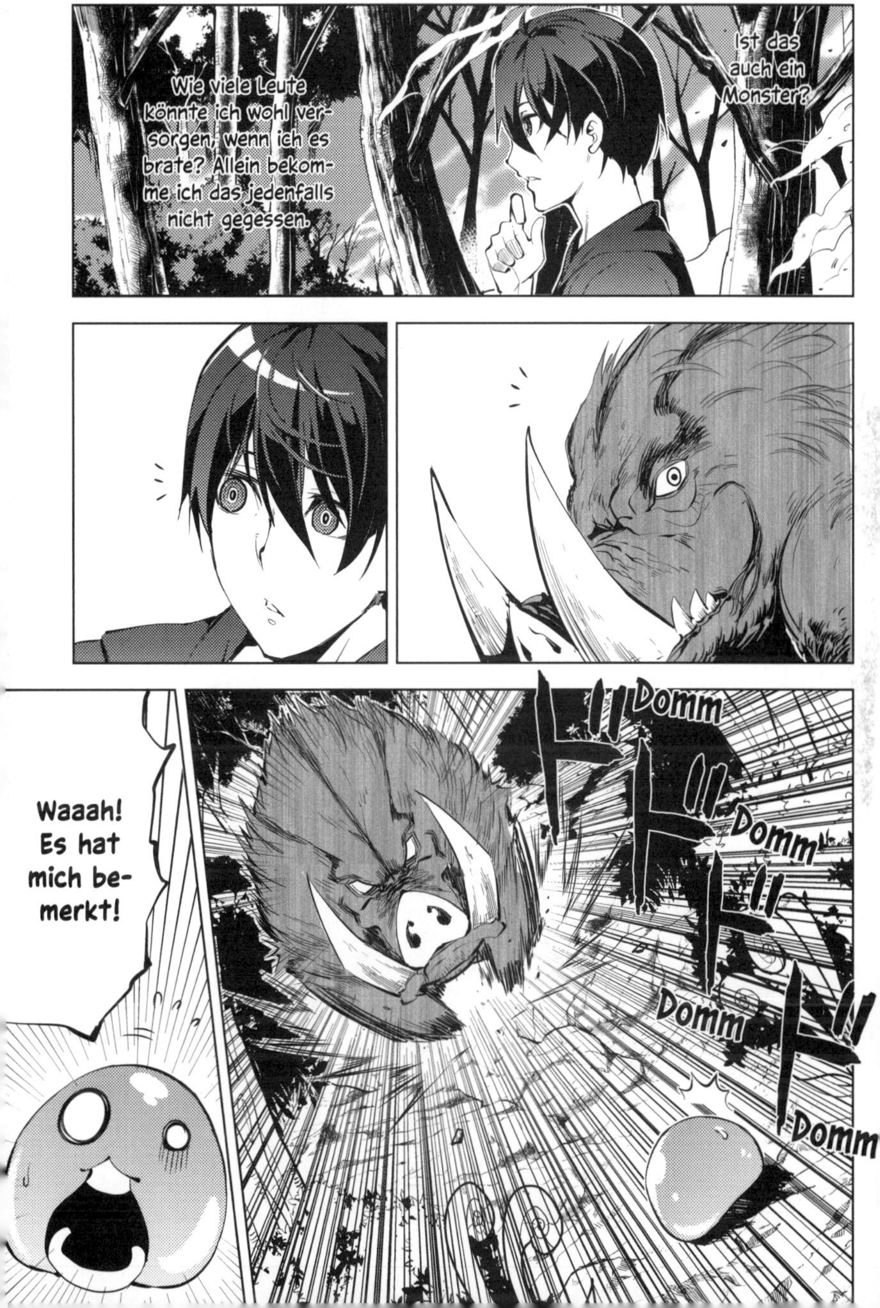
Ist das auch ein Monster?
Wie viele Leute könnte ich wohl versorgen, wenn ich es brate? Allein bekomme ich das jedenfalls nicht gegessen.
Domm
Domm
Domm
Domm
Waaah! Es hat mich bemerkt!

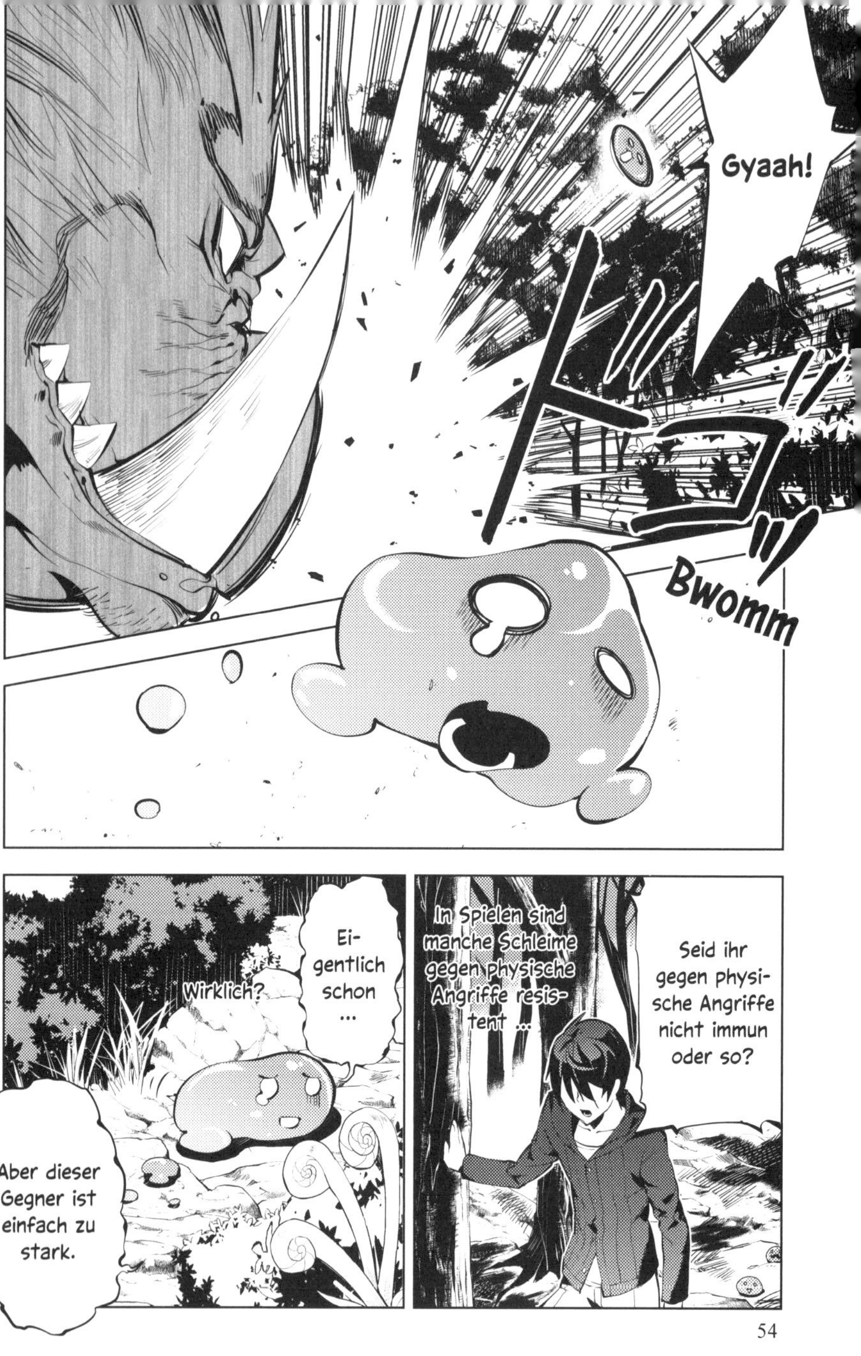
Gyaah!
Bwomm
Seid ihr gegen physische Angriffe nicht immun oder so?
In Spielen sind manche Schleime gegen physische Angriffe resistent ...
Eigentlich schon ...
Wirklich?
Aber dieser Gegner ist einfach zu stark.

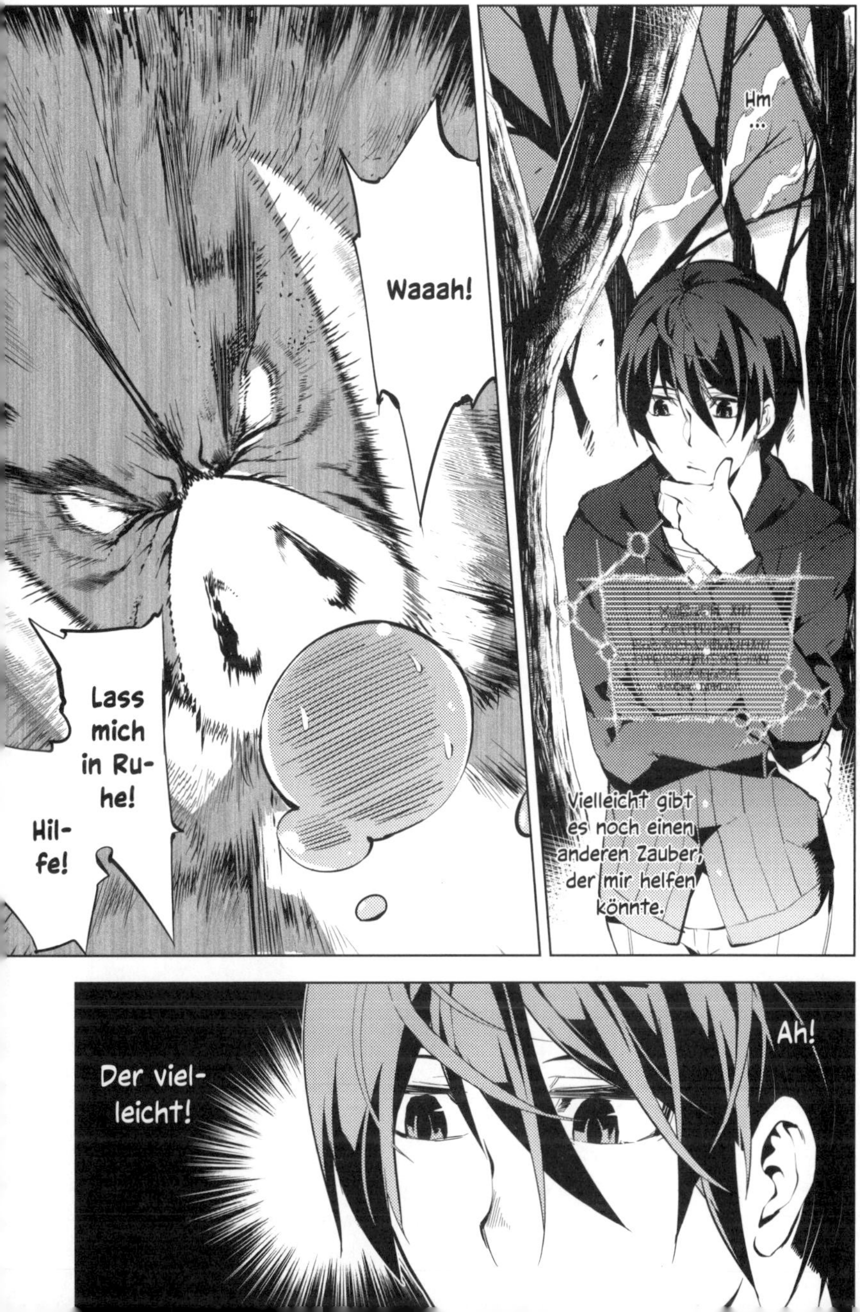
Hm ...
Vielleicht gibt es noch einen anderen Zauber, der mir helfen könnte.
Waaah!
Lass mich in Ruhe!
Hilfe!
Ah!
Der vielleicht!

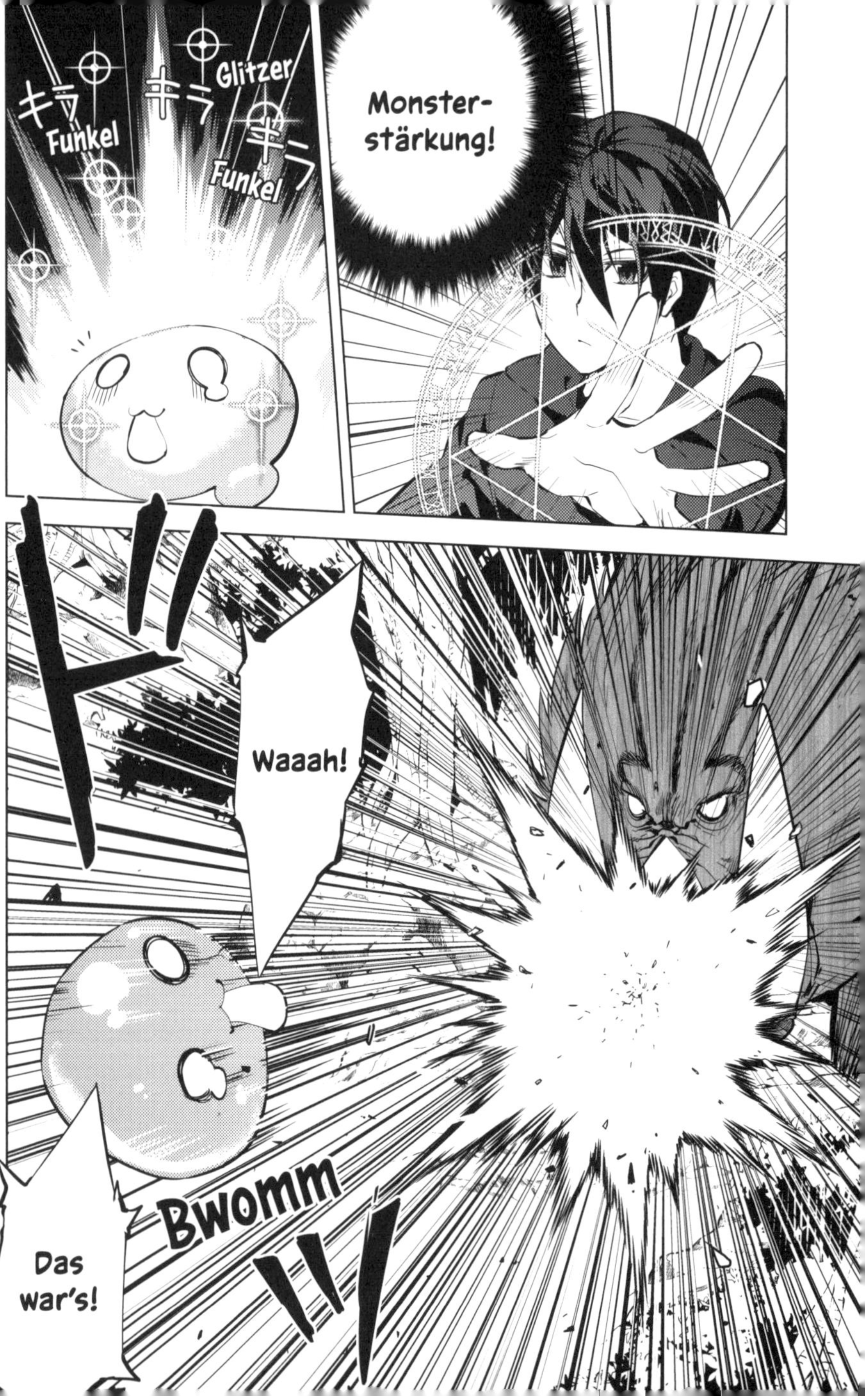
Monster-
stärkung!
キラ Funkel
キラ Glitzer
キラ Funkel
Waaah!
Bwomm
Das
war's!

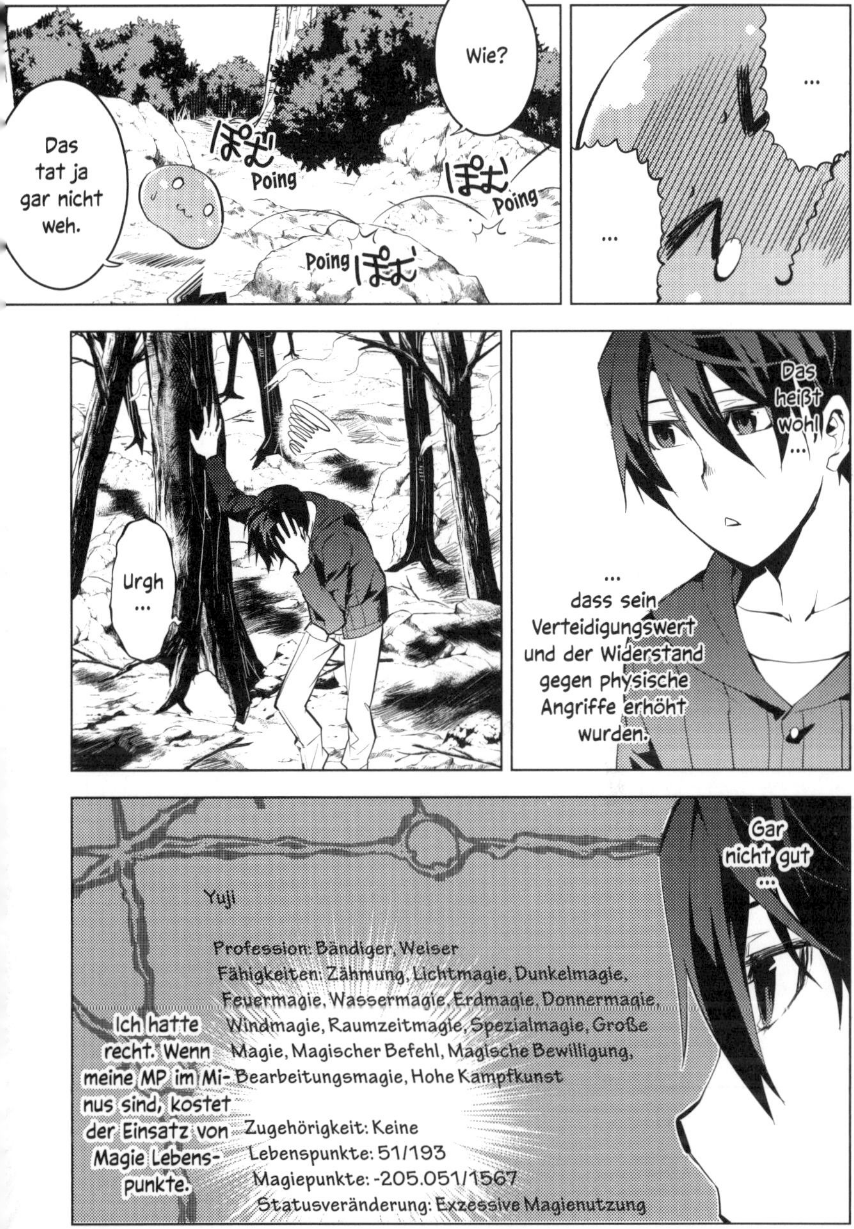
...
...
Wie?
ぽむ
Poing
ぽむ
Poing
ぽむ
Poing
Das tat ja gar nicht weh.
Das heißt wohl ...
... dass sein Verteidigungswert und der Widerstand gegen physische Angriffe erhöht wurden.
Urgh ...
Gar nicht gut ...
Yuji
Profession: Bändiger, Weiser
Fähigkeiten: Zähmung, Lichtmagie, Dunkelmagie, Feuermagie, Wassermagie, Erdmagie, Donnermagie, Windmagie, Raumzeitmagie, Spezialmagie, Große Magie, Magischer Befehl, Magische Bewilligung, Bearbeitungsmagie, Hohe Kampfkunst
Zugehörigkeit: Keine
Lebenspunkte: 51/193
Magiepunkte: -205.051/1567
Statusveränderung: Exzessive Magienutzung
Ich hatte recht. Wenn meine MP im Minus sind, kostet der Einsatz von Magie Lebenspunkte.

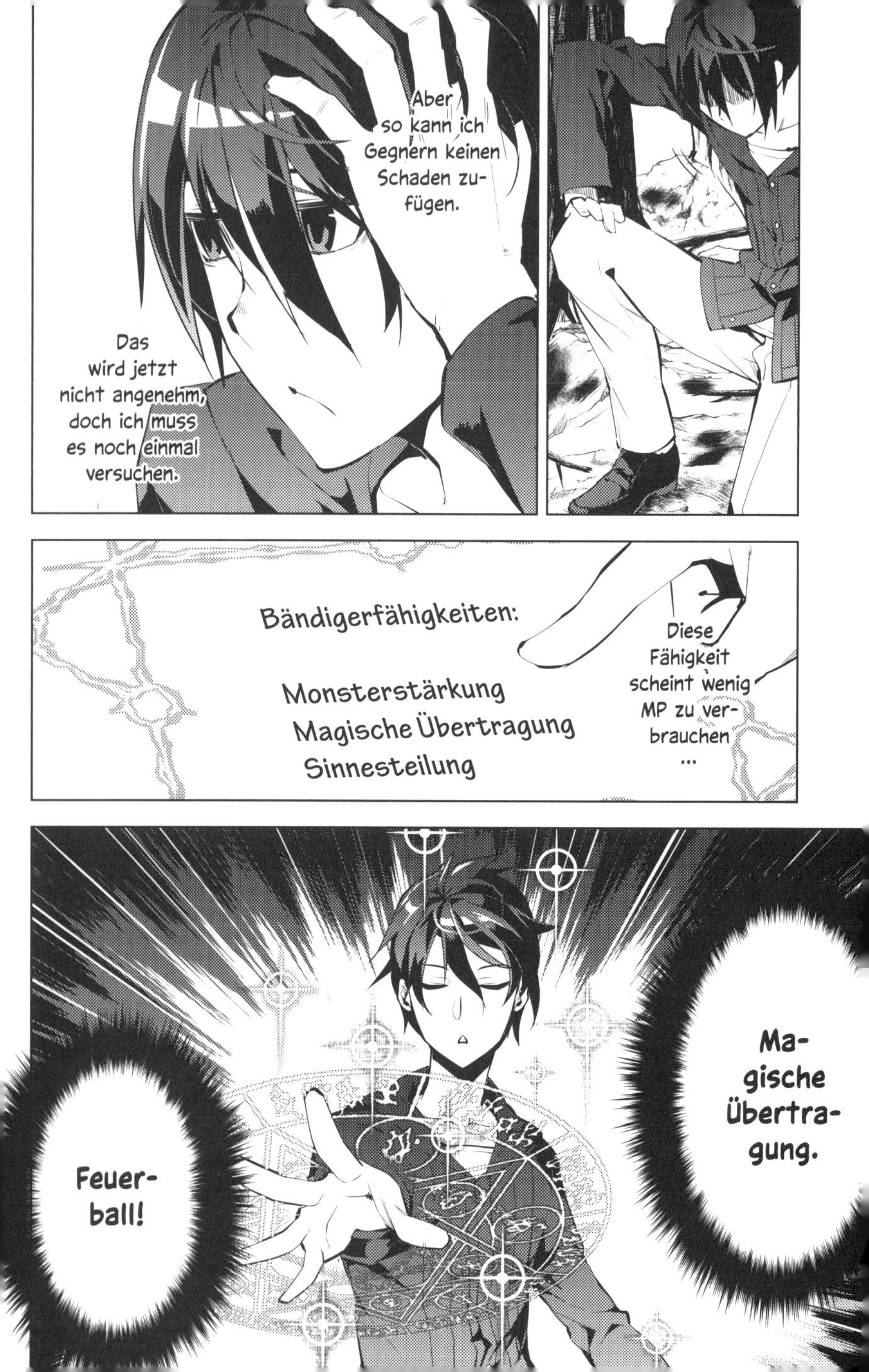
Aber so kann ich Gegnern keinen Schaden zufügen.
Das wird jetzt nicht angenehm, doch ich muss es noch einmal versuchen.
Diese Fähigkeit scheint wenig MP zu verbrauchen ...
Bändigerfähigkeiten:
Monsterstärkung
Magische Übertragung
Sinnesteilung
Magische Übertragung.
Feuerball!

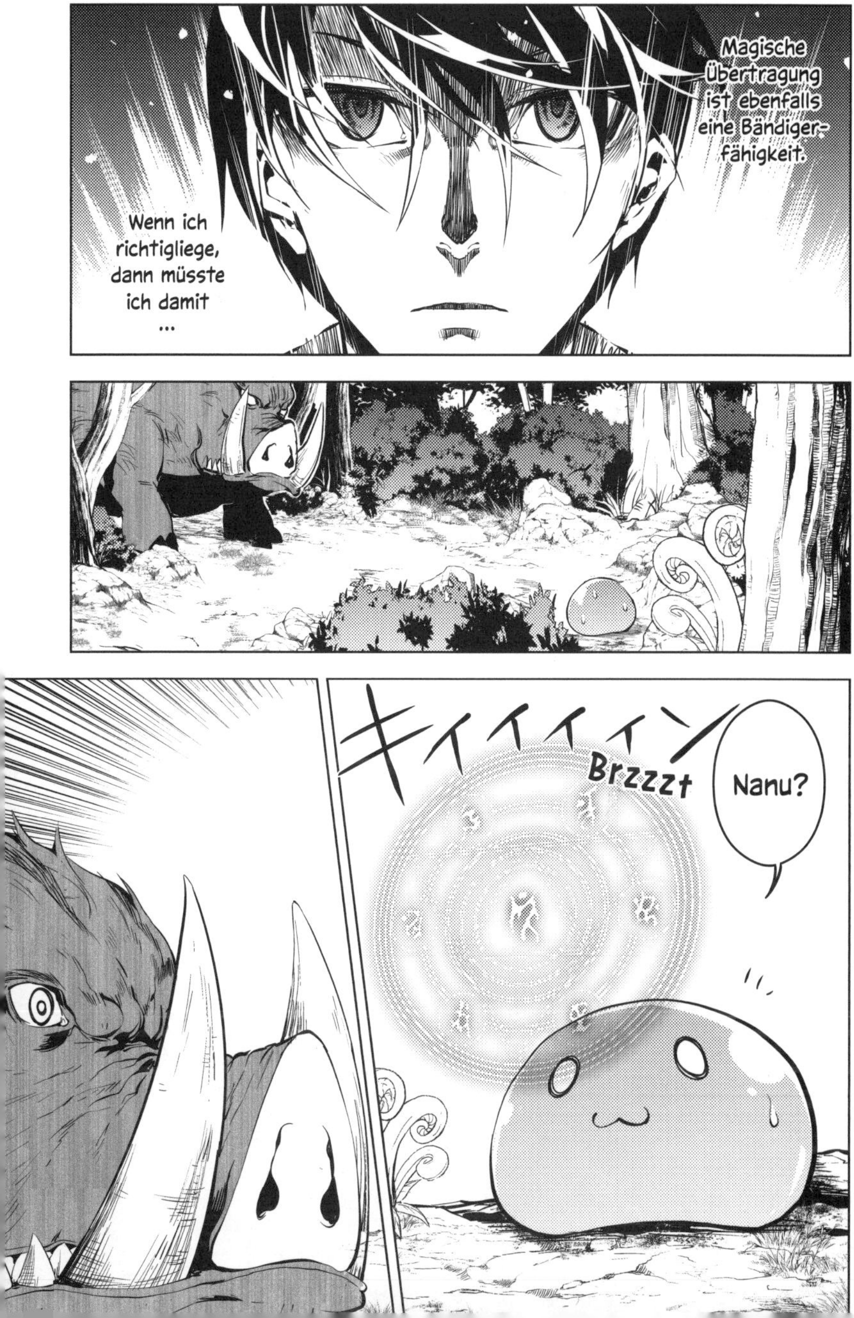

Magische Übertragung ist ebenfalls eine Bändiger-fähigkeit.
Wenn ich richtigliege, dann müsste ich damit ...
キイイイイン
Brzzzt
Nanu?

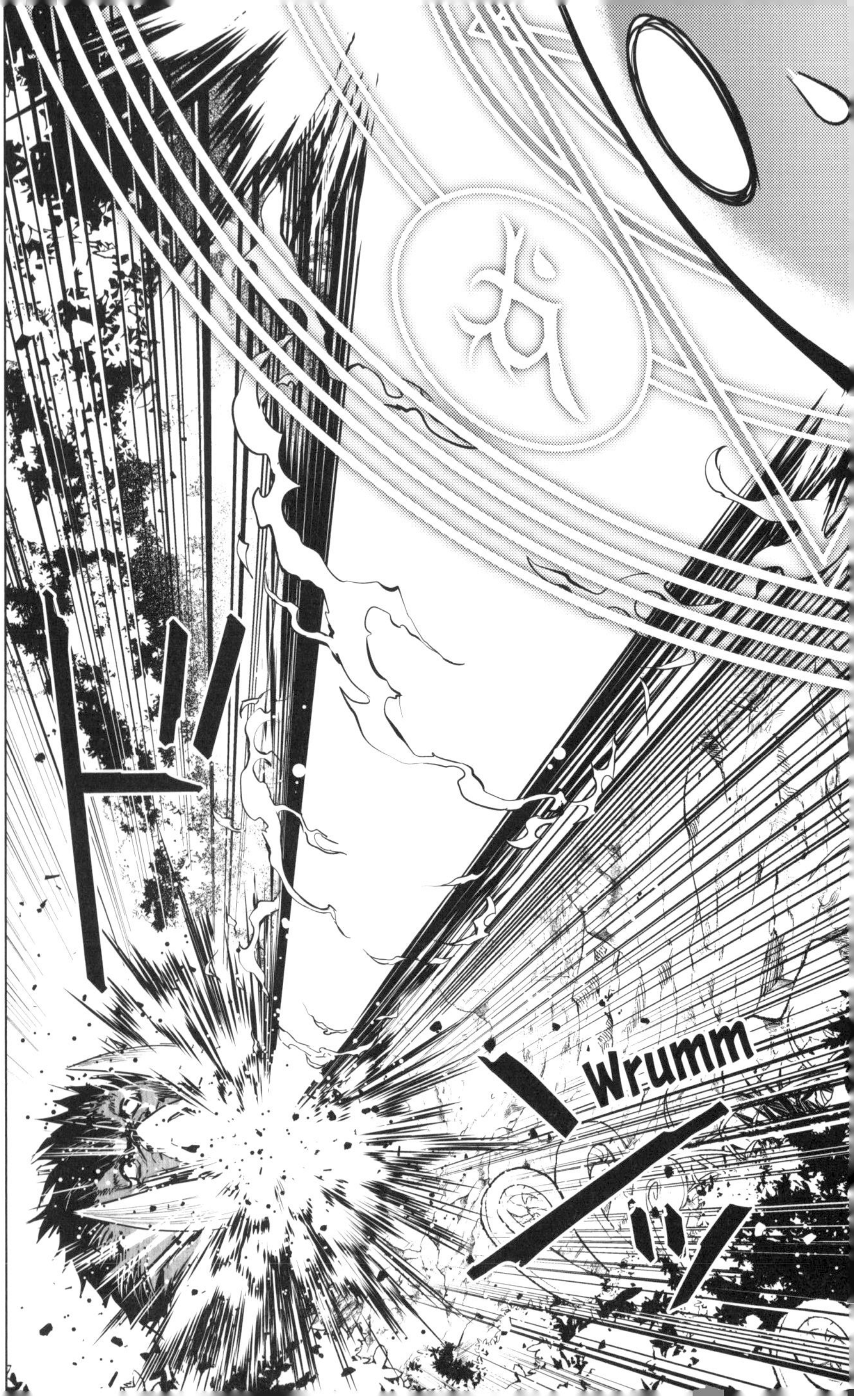
Wrumm

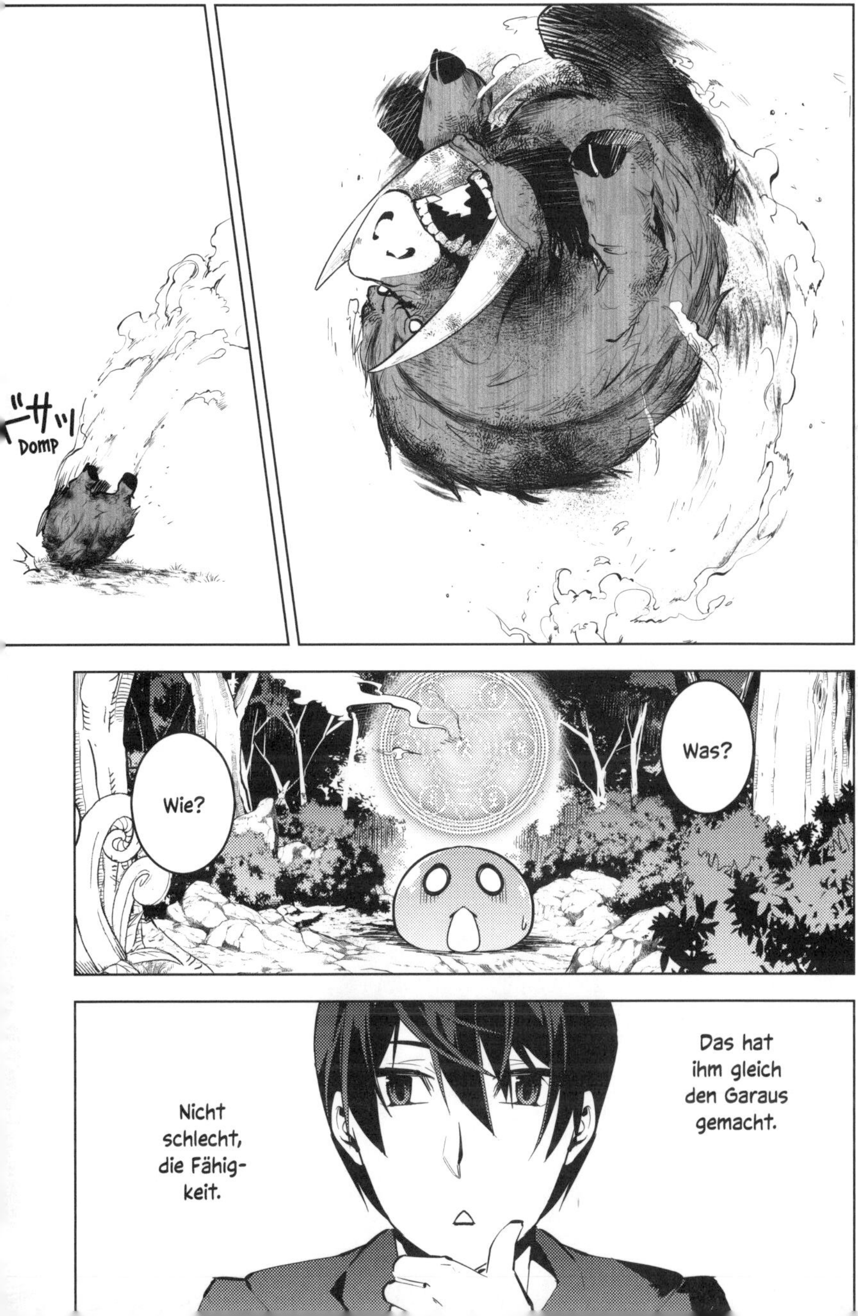

ドサッ
Domp
Was?
Wie?
Das hat ihm gleich den Garaus gemacht.
Nicht schlecht, die Fähig-keit.

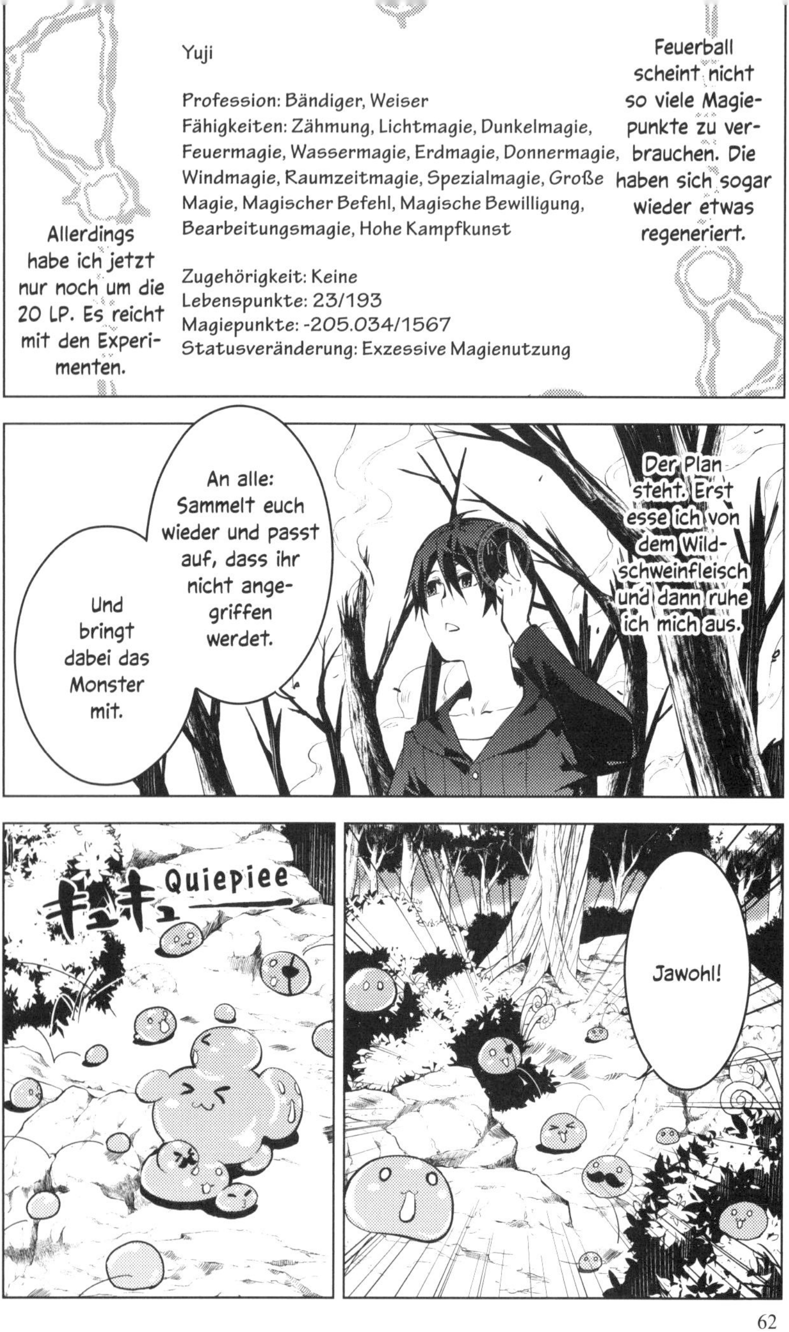

Feuerball scheint nicht so viele Magiepunkte zu verbrauchen. Die haben sich sogar wieder etwas regeneriert.
Yuji
Profession: Bändiger, Weiser
Fähigkeiten: Zähmung, Lichtmagie, Dunkelmagie, Feuermagie, Wassermagie, Erdmagie, Donnermagie, Windmagie, Raumzeitmagie, Spezialmagie, Große Magie, Magischer Befehl, Magische Bewilligung, Bearbeitungsmagie, Hohe Kampfkunst
Zugehörigkeit: Keine
Lebenspunkte: 23/193
Magiepunkte: -205.034/1567
Statusveränderung: Exzessive Magienutzung
Allerdings habe ich jetzt nur noch um die 20 LP. Es reicht mit den Experimenten.
Der Plan steht. Erst esse ich von dem Wildschweinfleisch und dann ruhe ich mich aus.
An alle: Sammelt euch wieder und passt auf, dass ihr nicht angegriffen werdet.
Und bringt dabei das Monster mit.
Jawohl!
Quiepiee

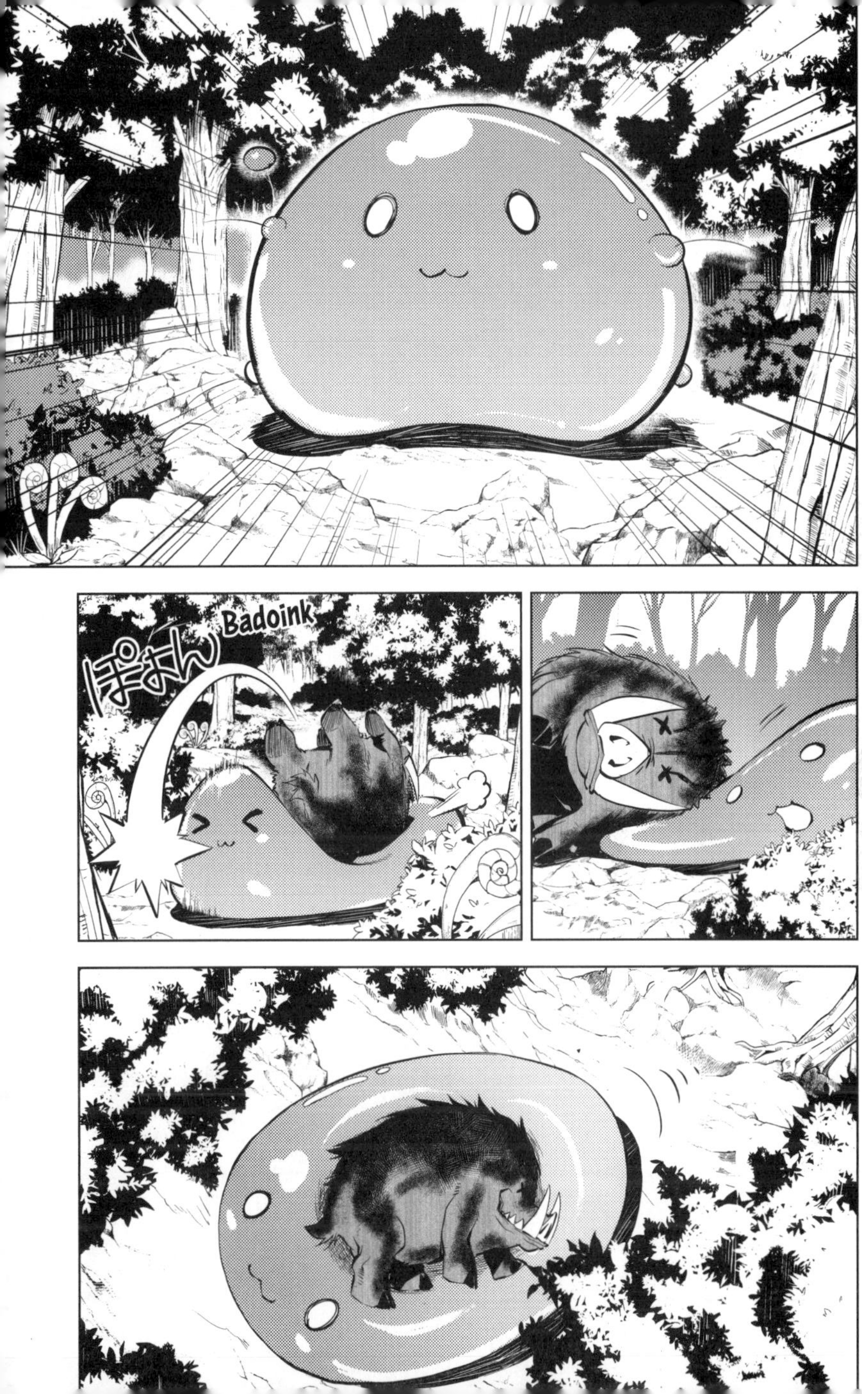
ぽよん
Badoink

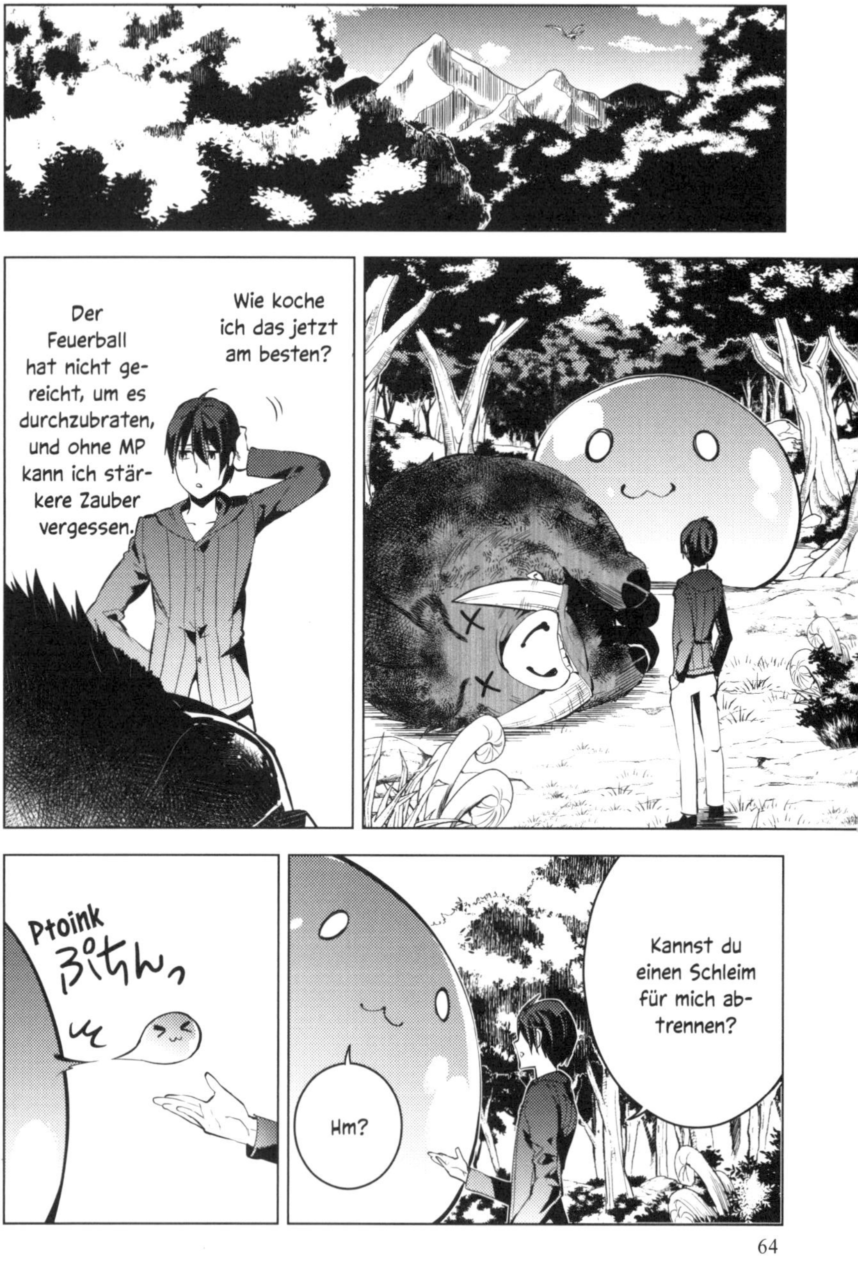
Wie koche ich das jetzt am besten?
Der Feuerball hat nicht gereicht, um es durchzubraten, und ohne MP kann ich stärkere Zauber vergessen.
Kannst du einen Schleim für mich abtrennen?
Hm?
Ptoink

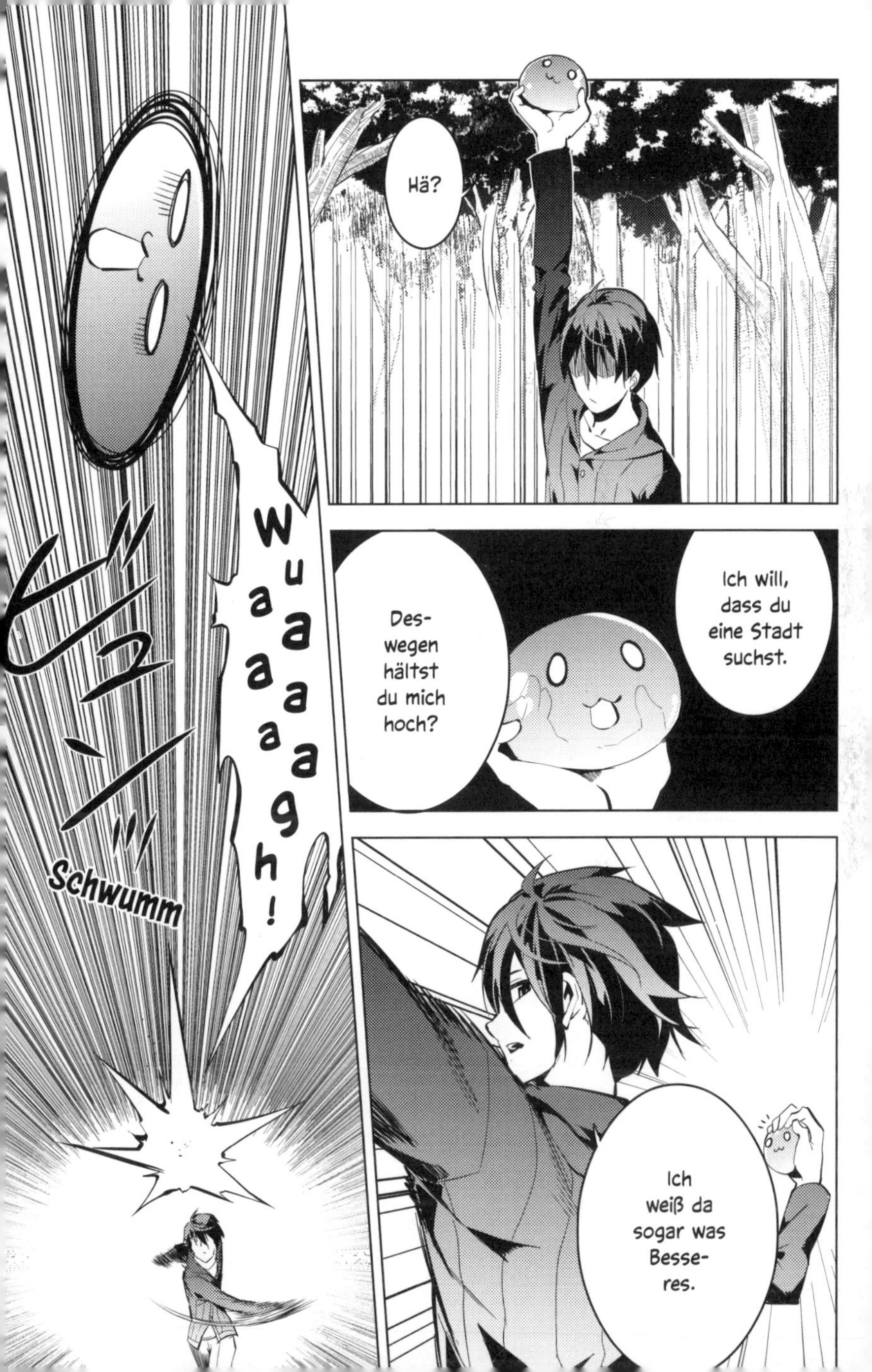
Hä?
Ich will, dass du eine Stadt suchst.
Des-wegen hältst du mich hoch?
Ich weiß da sogar was Besse-res.
Wuaaaaaaaagh!
Schwumm

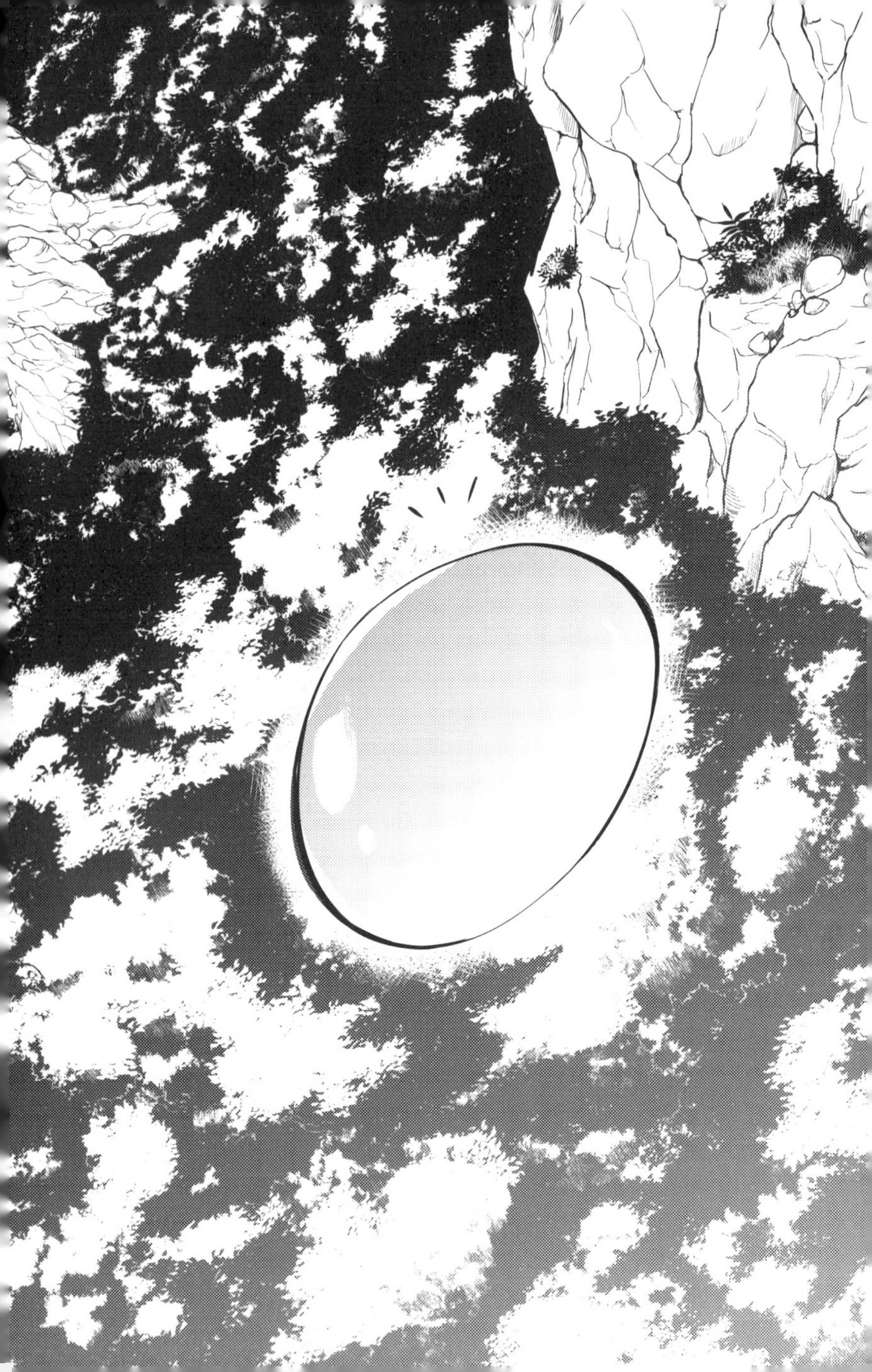

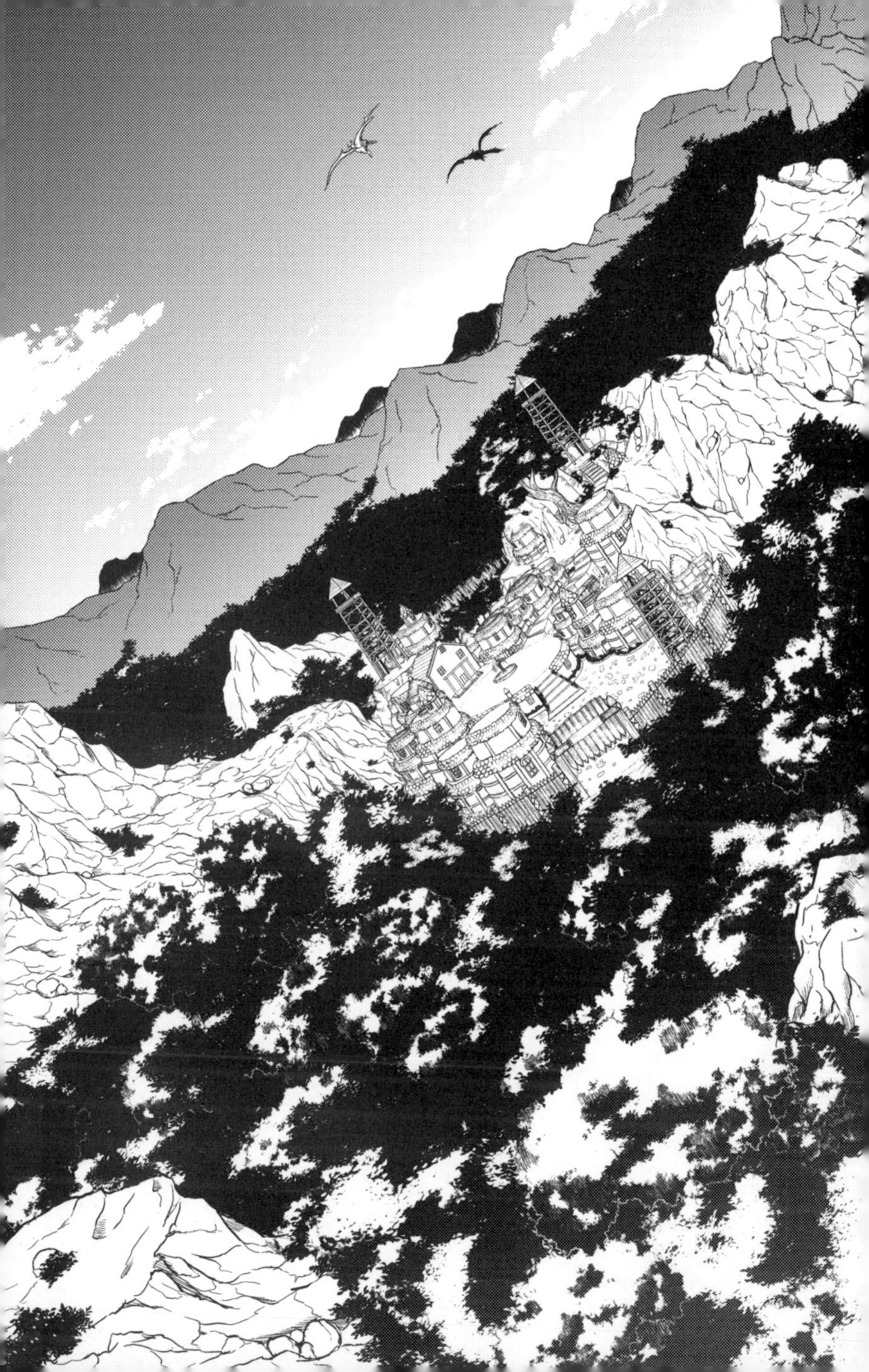

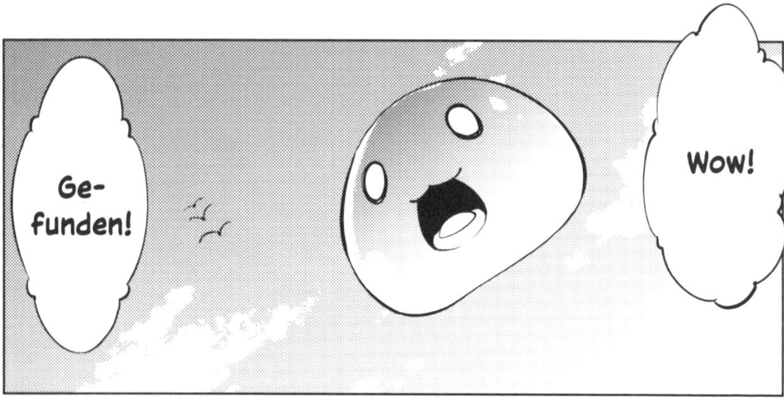
Wow!
Ge-
funden!
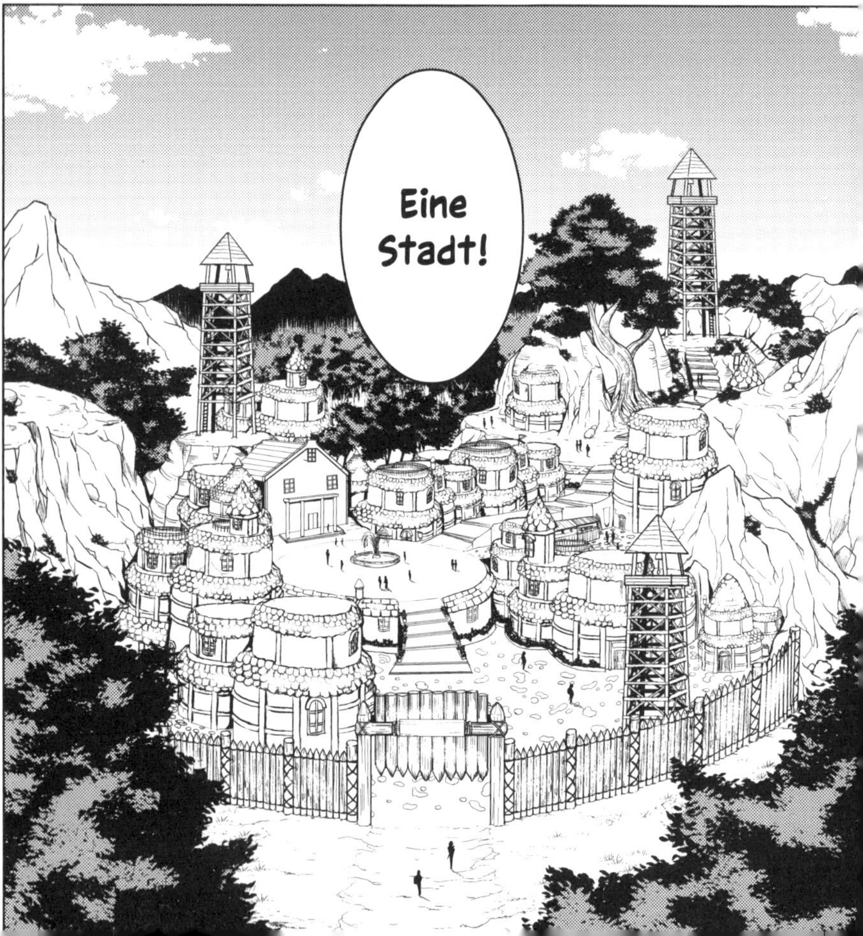
Eine
Stadt!

Kapitel 2: Ein Besuch in der Stadt

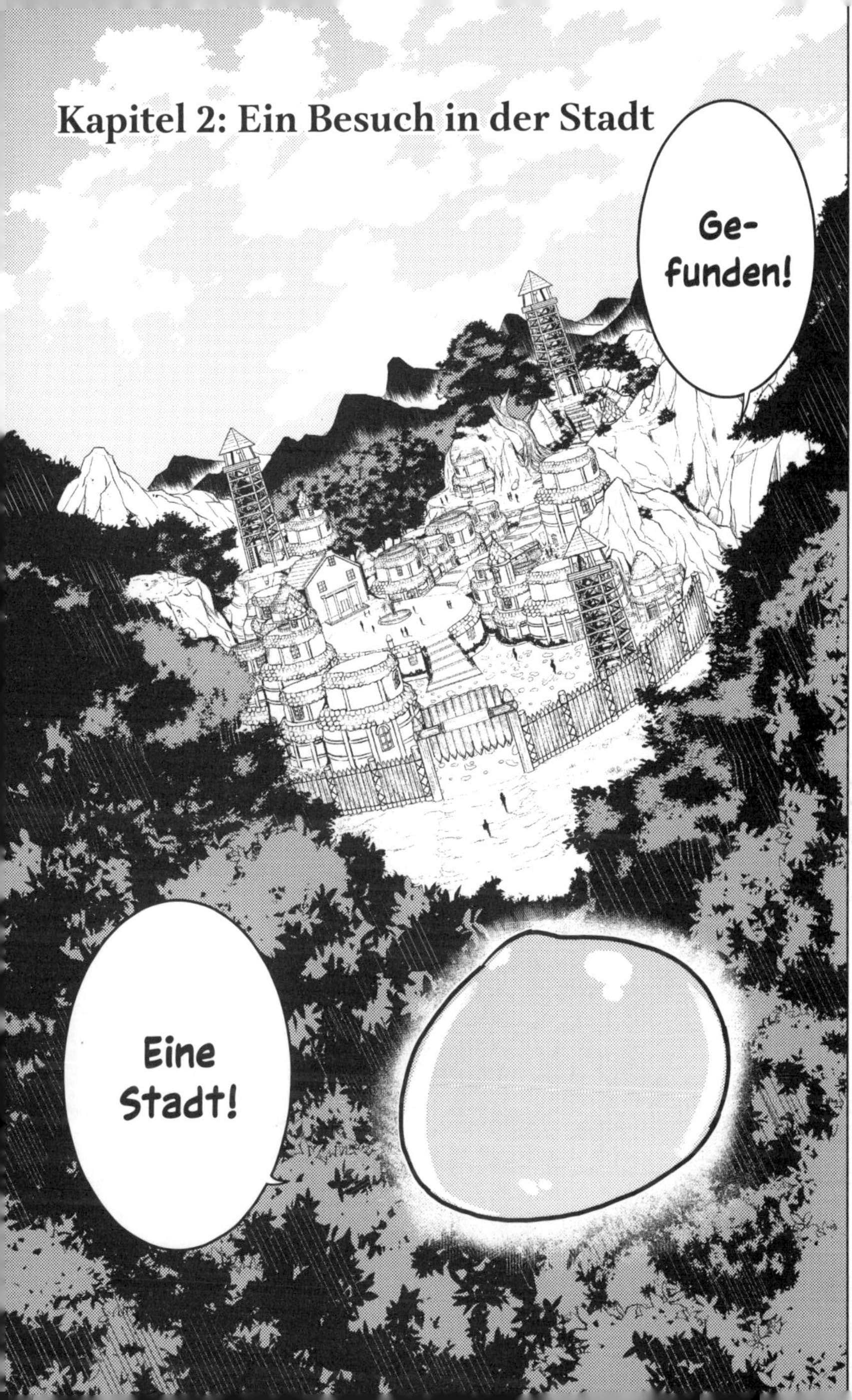

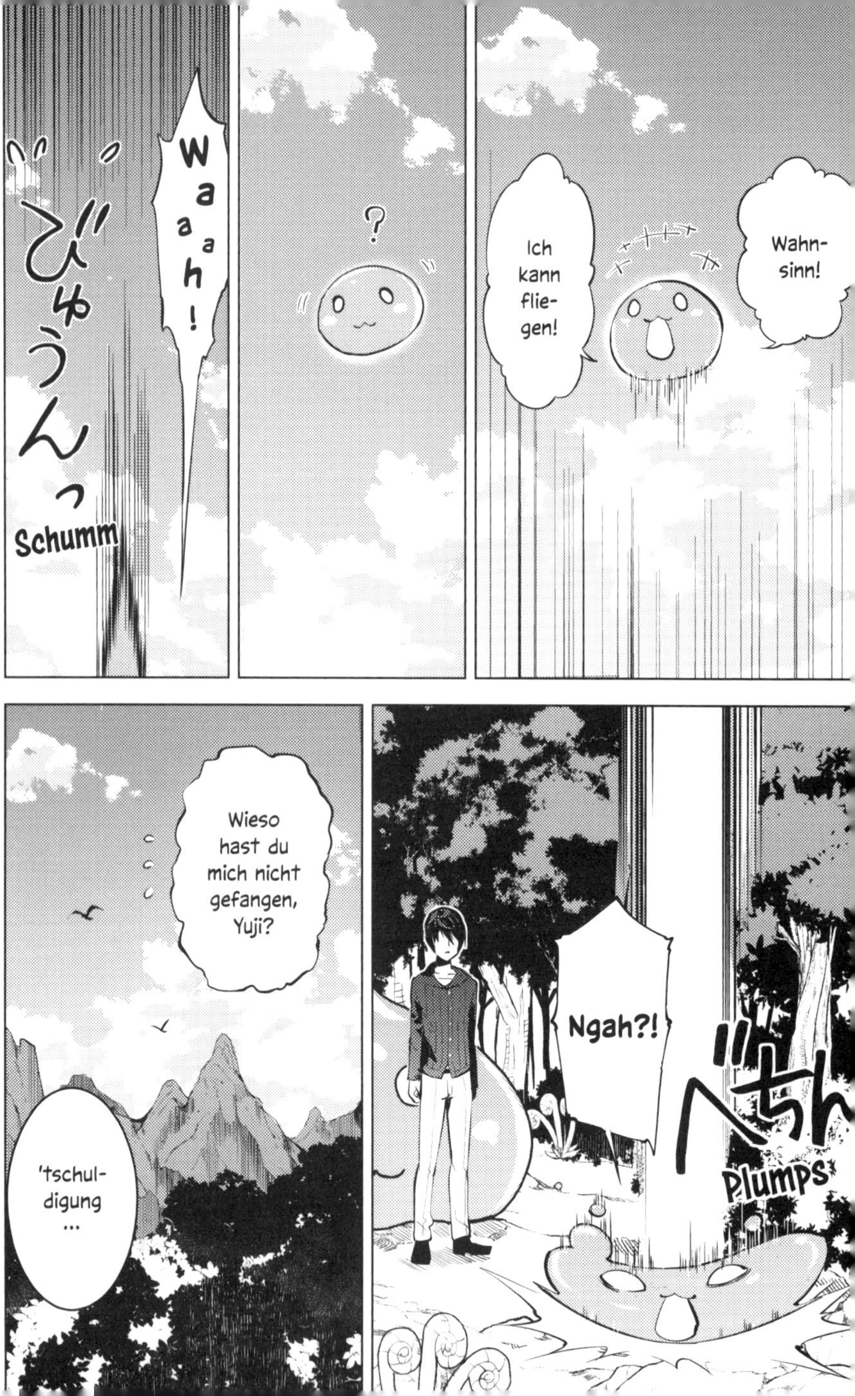

Wahn-sinn!
Ich kann flie-gen!
?
Waaah!
びゅうんっ
Schumm
Ngah?!
べちん
Plumps
Wieso hast du mich nicht gefangen, Yuji?
'tschul-digung ...

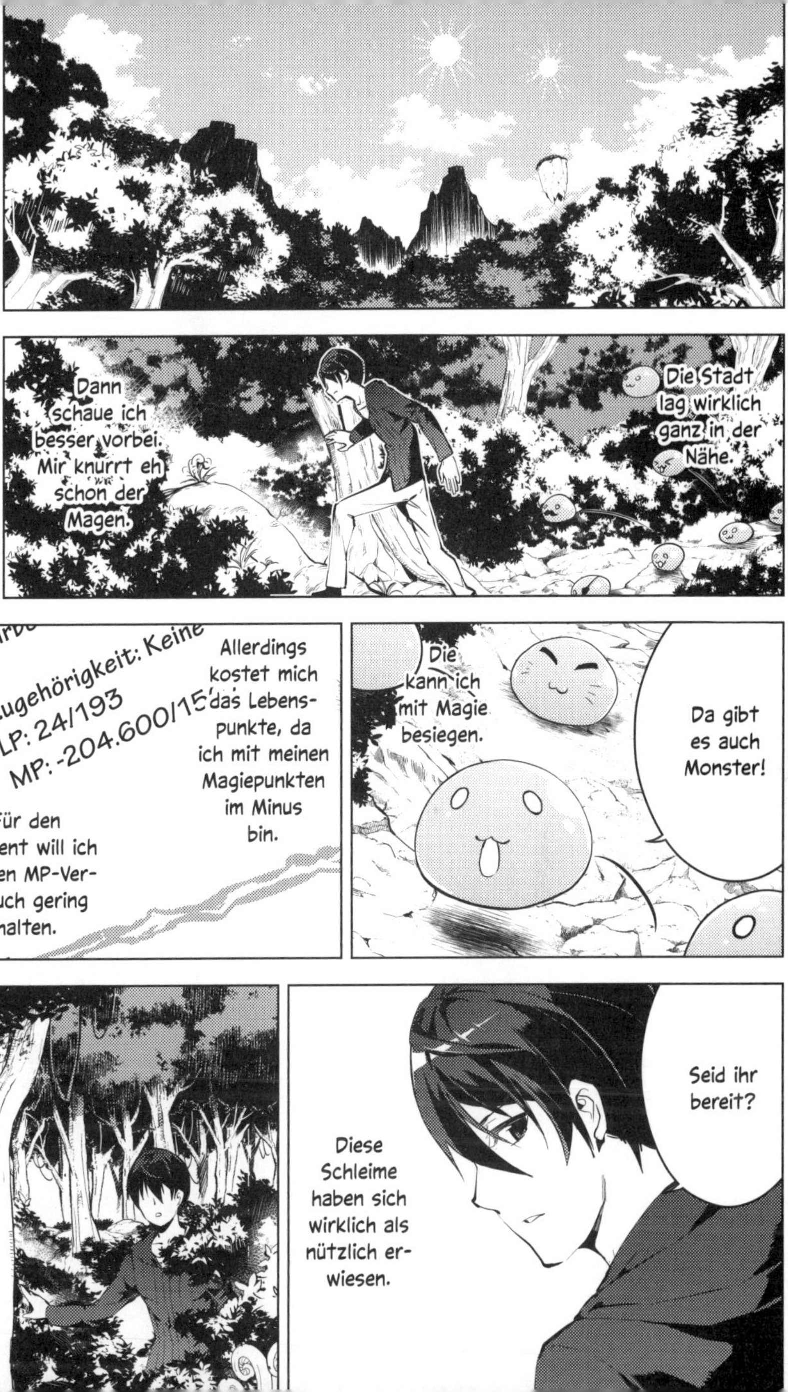
Die Stadt lag wirklich ganz in der Nähe.
Dann schaue ich besser vorbei. Mir knurrt eh schon der Magen.
Da gibt es auch Monster!
Die kann ich mit Magie besiegen.
Allerdings kostet mich das Lebens-punkte, da ich mit meinen Magiepunkten im Minus bin.
Zugehörigkeit: Keine
LP: 24/193
MP: -204.600/15
Für den Moment will ich meinen MP-Verbrauch gering halten.
Seid ihr bereit?
Diese Schleime haben sich wirklich als nützlich erwiesen.

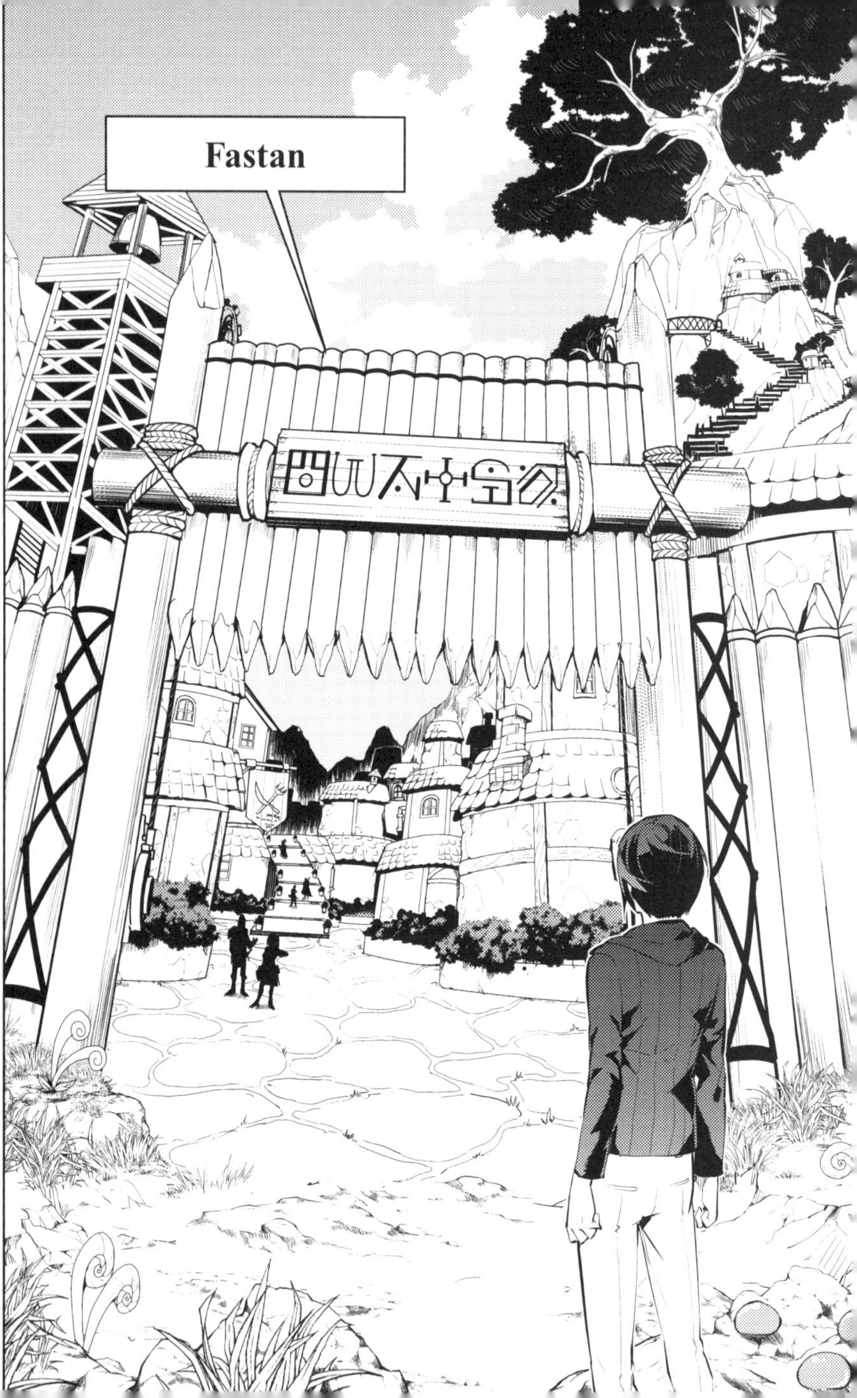
Fastan

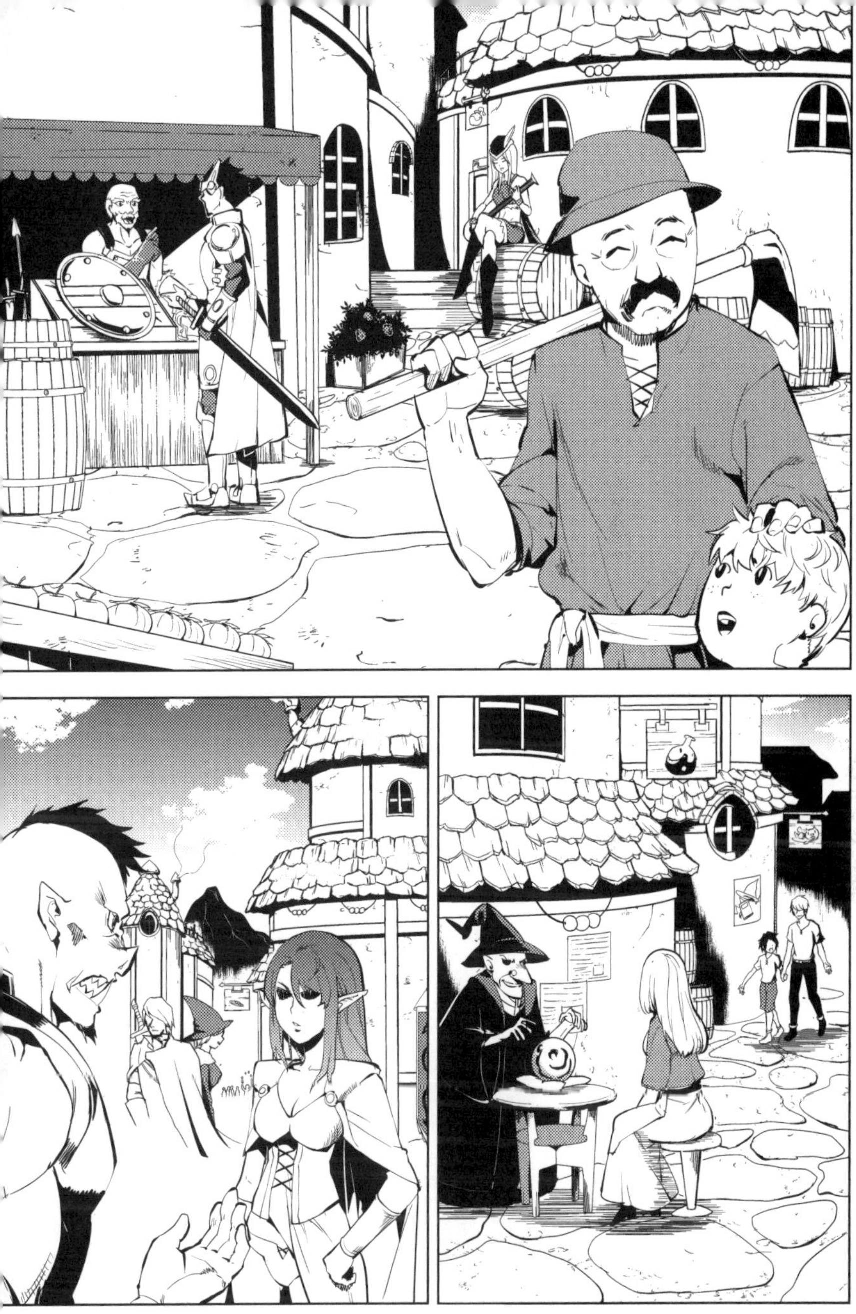

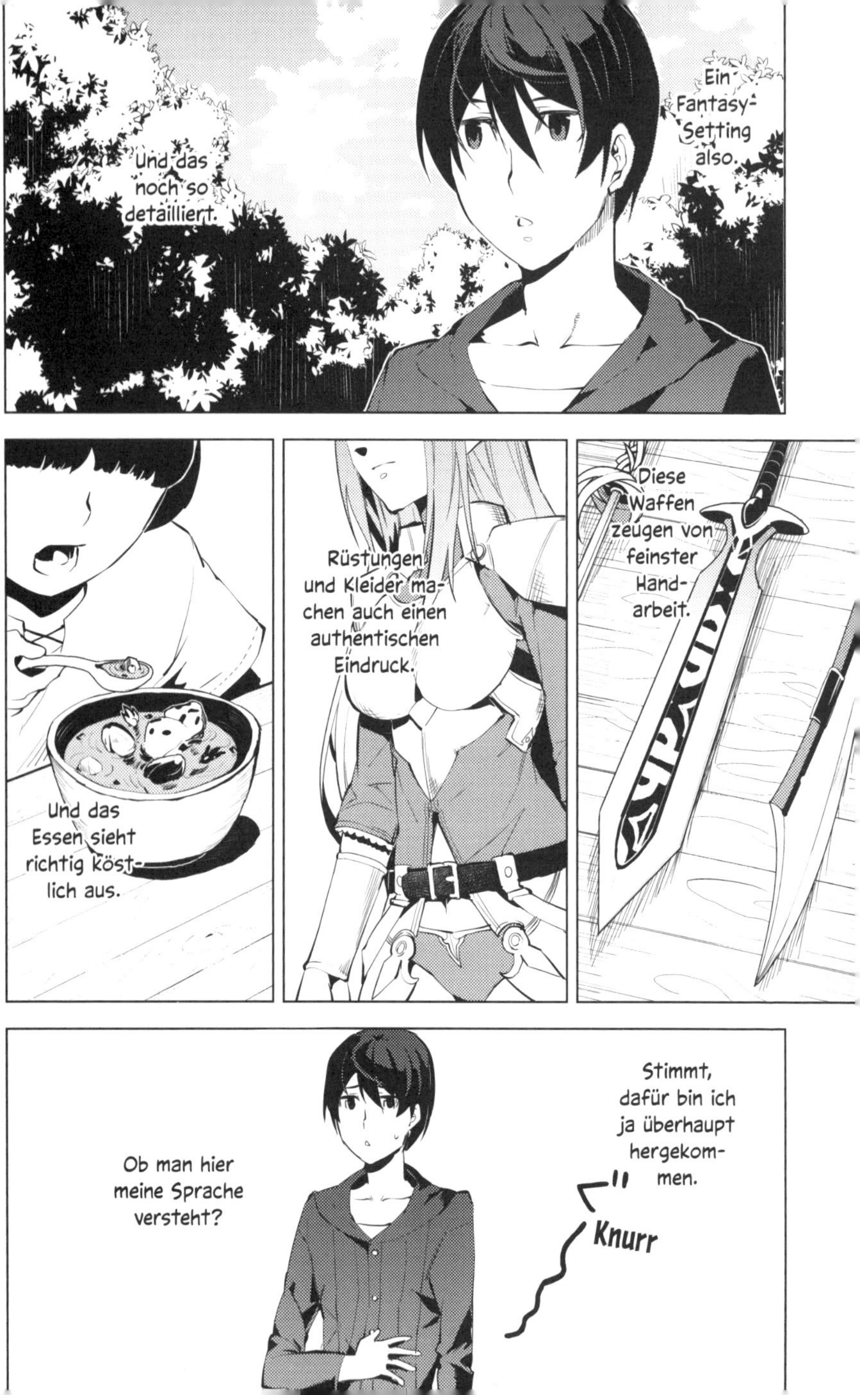
Ein Fantasy-Setting also.
Und das noch so detailliert.
Diese Waffen zeugen von feinster Hand-arbeit.
Rüstungen und Kleider ma-chen auch einen authentischen Eindruck.
Und das Essen sieht richtig köst-lich aus.
Stimmt, dafür bin ich ja überhaupt hergekom-men.
Knurr
Ob man hier meine Sprache versteht?

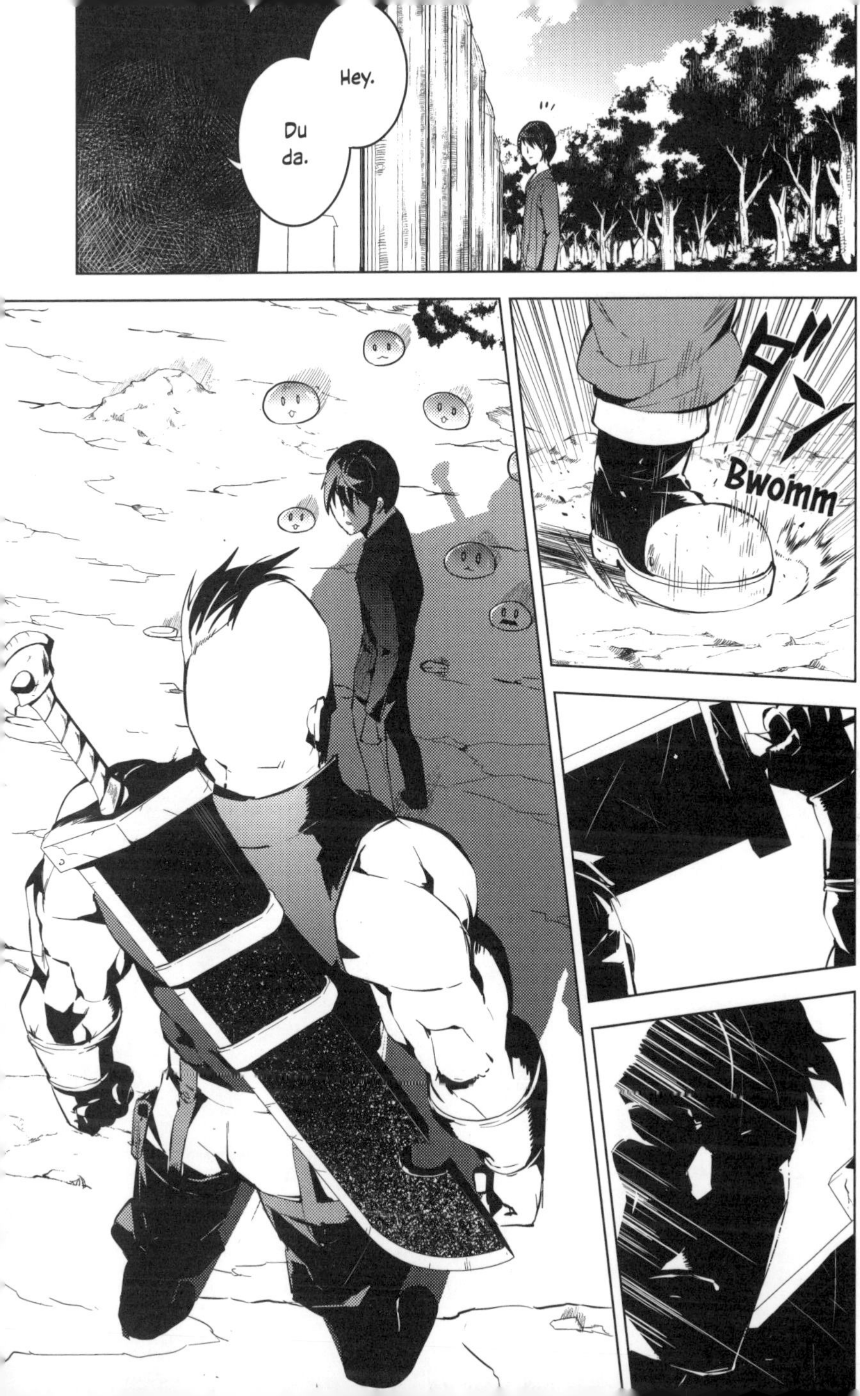
Hey.
Du
da.
ダン
Bwomm

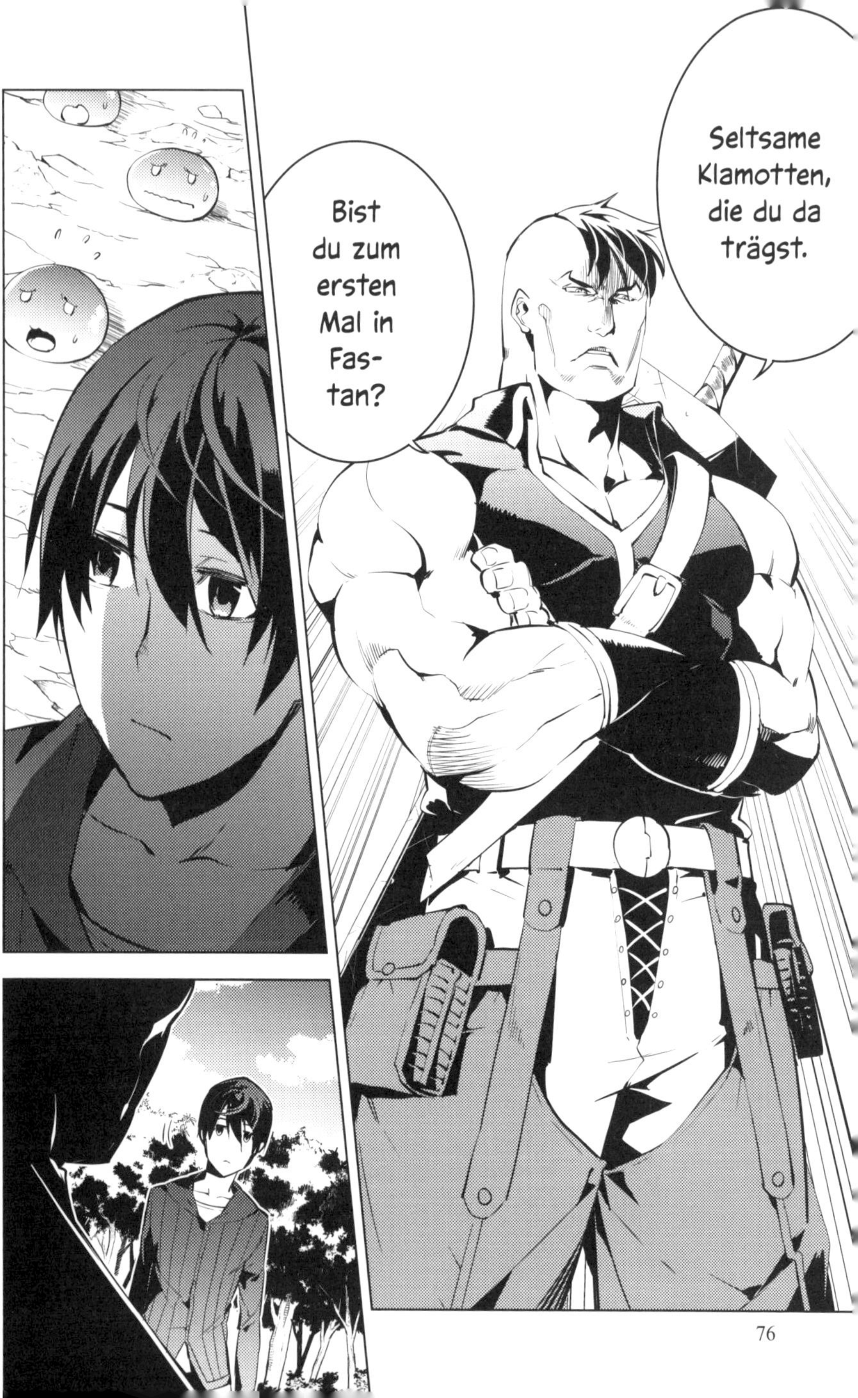
Seltsame Klamotten, die du da trägst.
Bist du zum ersten Mal in Fas-tan?

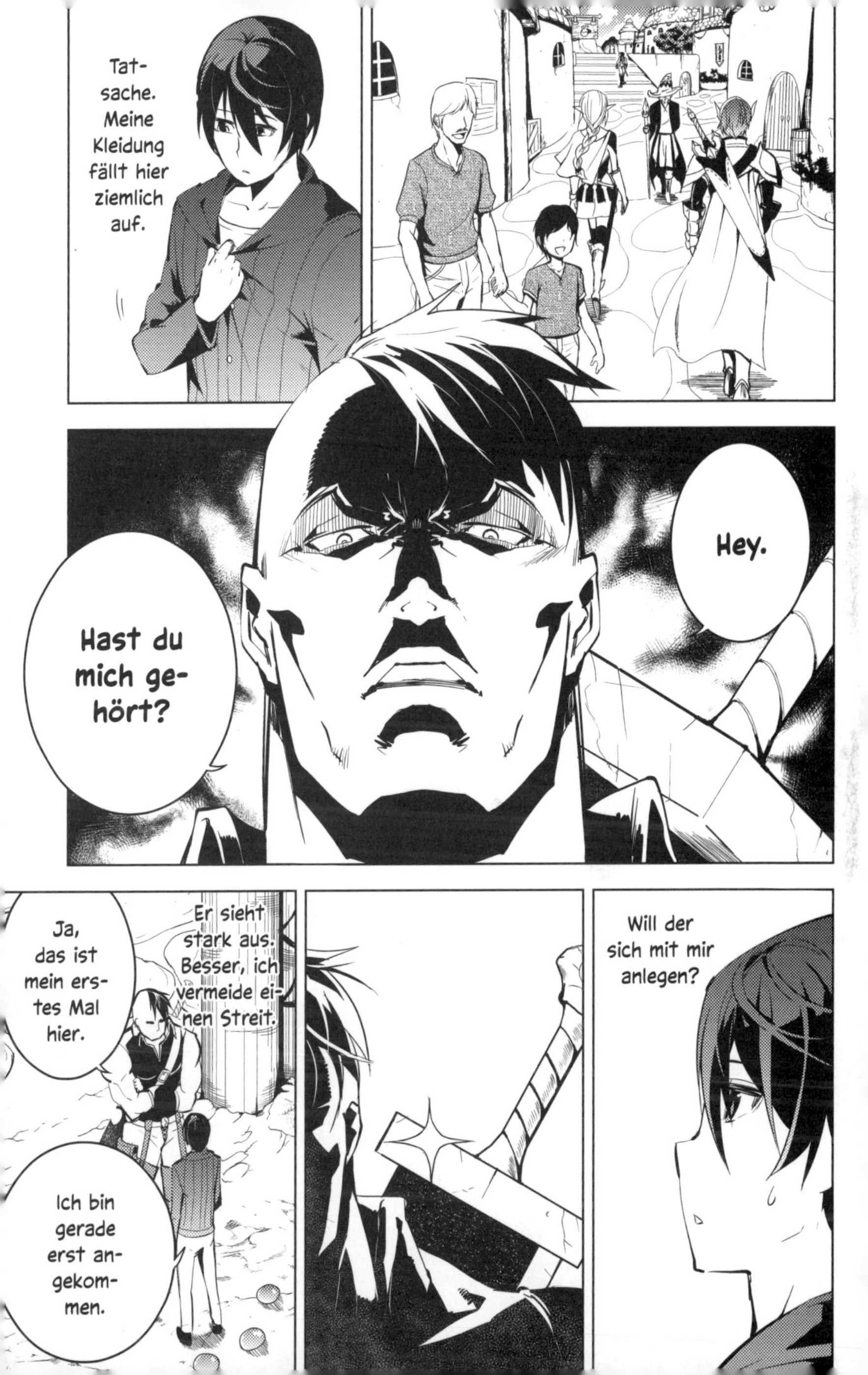
Tatsache. Meine Kleidung fällt hier ziemlich auf.
Hey.
Hast du mich gehört?
Will der sich mit mir anlegen?
Er sieht stark aus. Besser, ich vermeide einen Streit.
Ja, das ist mein erstes Mal hier.
Ich bin gerade erst angekommen.

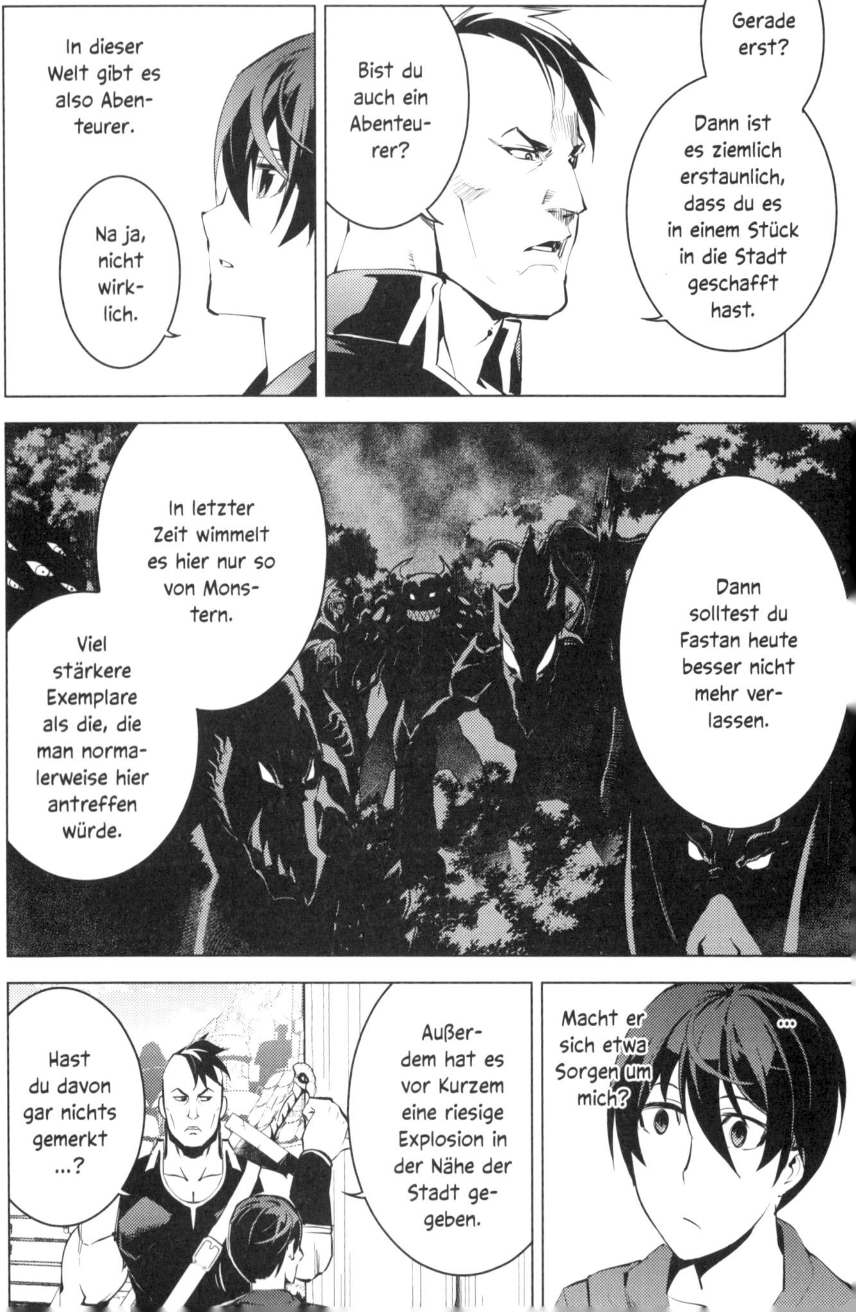

Gerade erst?
Dann ist es ziemlich erstaunlich, dass du es in einem Stück in die Stadt geschafft hast.
Bist du auch ein Abenteurer?
In dieser Welt gibt es also Abenteurer.
Na ja, nicht wirklich.
Dann solltest du Fastan heute besser nicht mehr verlassen.
In letzter Zeit wimmelt es hier nur so von Monstern.
Viel stärkere Exemplare als die, die man normalerweise hier antreffen würde.
Macht er sich etwa Sorgen um mich?
...
Außerdem hat es vor Kurzem eine riesige Explosion in der Nähe der Stadt gegeben.
Hast du davon gar nichts gemerkt ...?

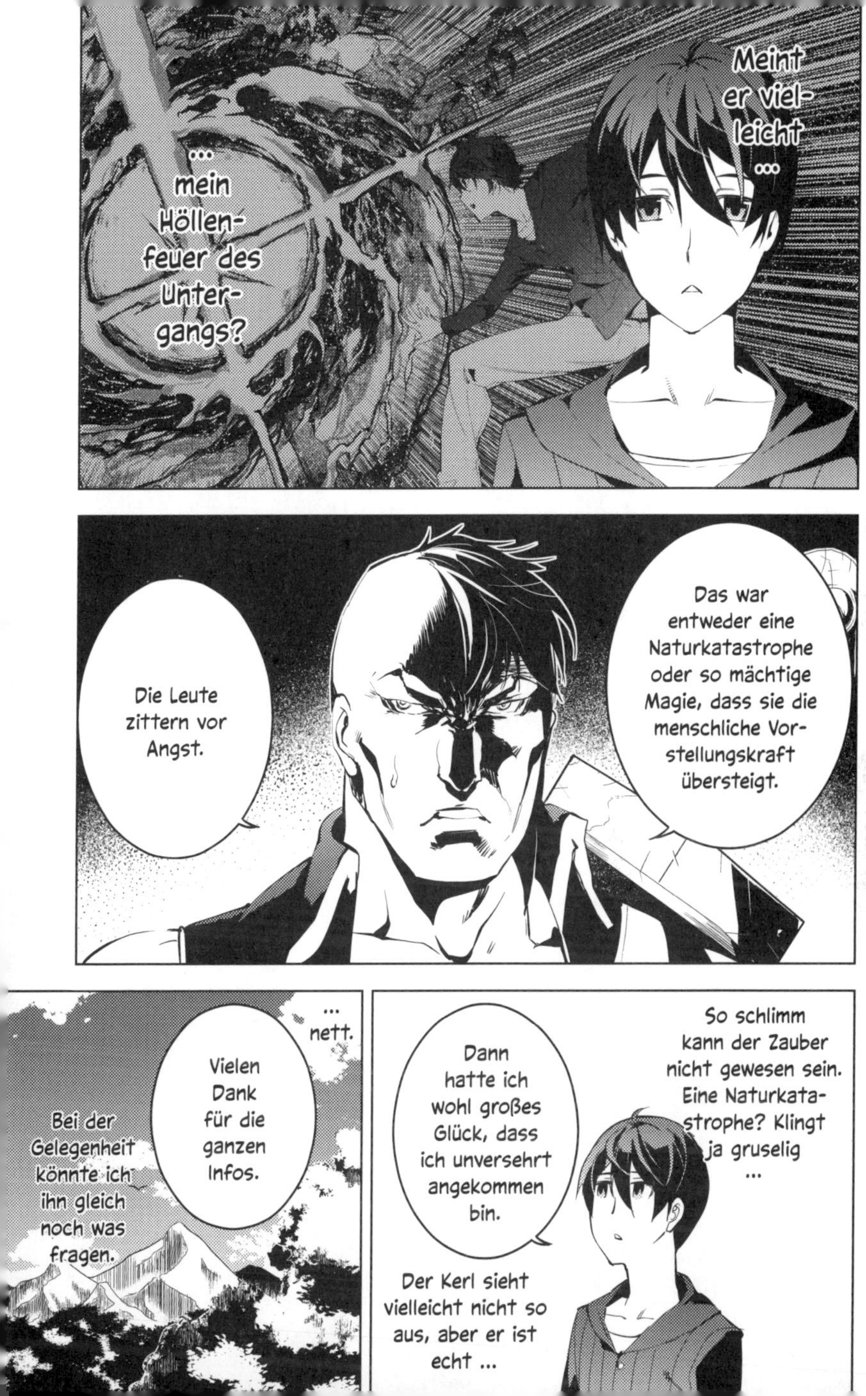
Meint er vielleicht ...
... mein Höllenfeuer des Untergangs?
Das war entweder eine Naturkatastrophe oder so mächtige Magie, dass sie die menschliche Vorstellungskraft übersteigt.
Die Leute zittern vor Angst.
So schlimm kann der Zauber nicht gewesen sein. Eine Naturkatastrophe? Klingt ja gruselig ...
Dann hatte ich wohl großes Glück, dass ich unversehrt angekommen bin.
Der Kerl sieht vielleicht nicht so aus, aber er ist echt ...
... nett.
Vielen Dank für die ganzen Infos.
Bei der Gelegenheit könnte ich ihn gleich noch was fragen.

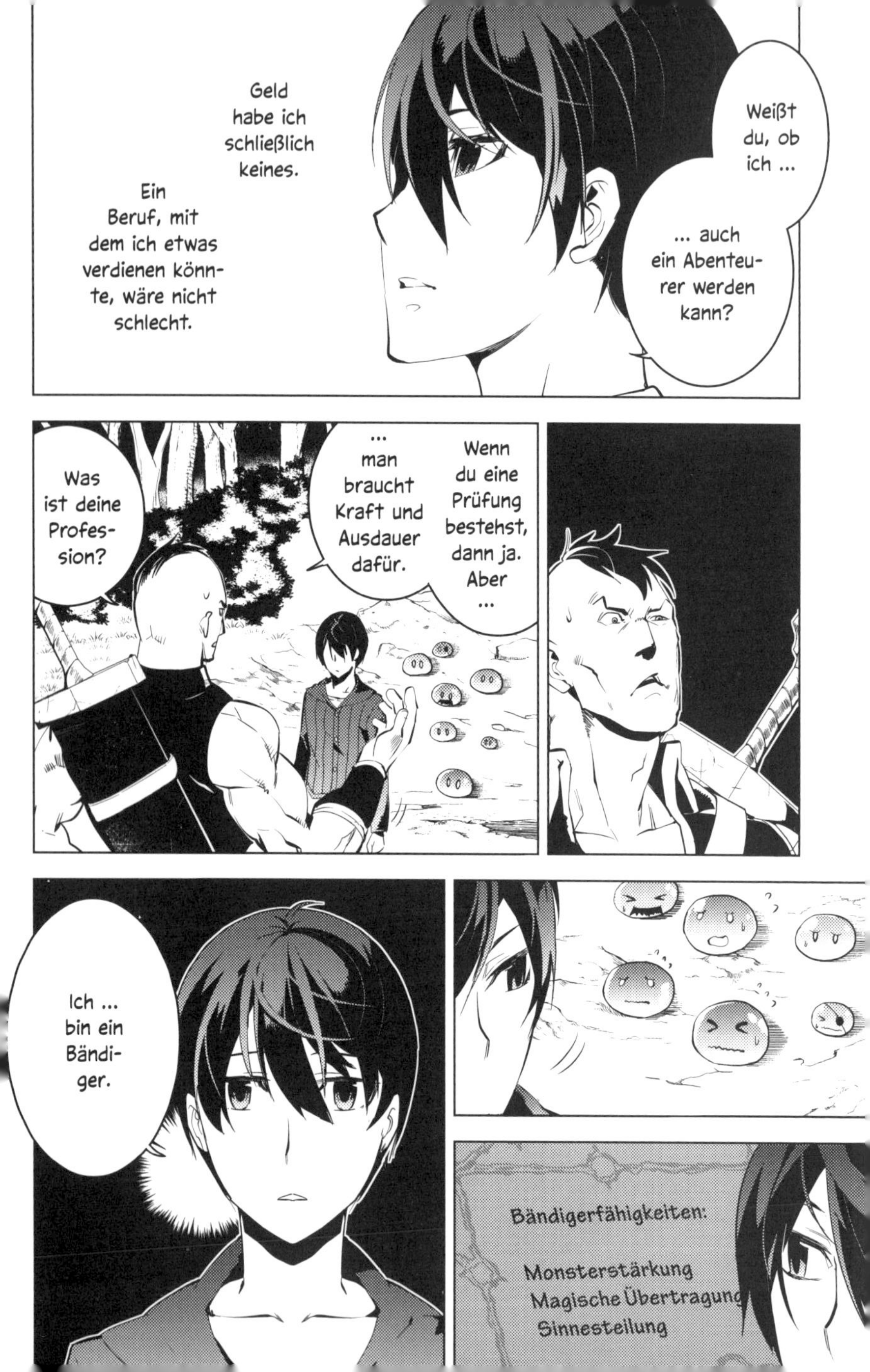
Weißt du, ob ich ...
... auch ein Abenteurer werden kann?
Geld habe ich schließlich keines.
Ein Beruf, mit dem ich etwas verdienen könnte, wäre nicht schlecht.
Wenn du eine Prüfung bestehst, dann ja. Aber ...
... man braucht Kraft und Ausdauer dafür.
Was ist deine Profession?
Ich ... bin ein Bändiger.
Bändigerfähigkeiten:
Monsterstärkung
Magische Übertragung
Sinnesteilung

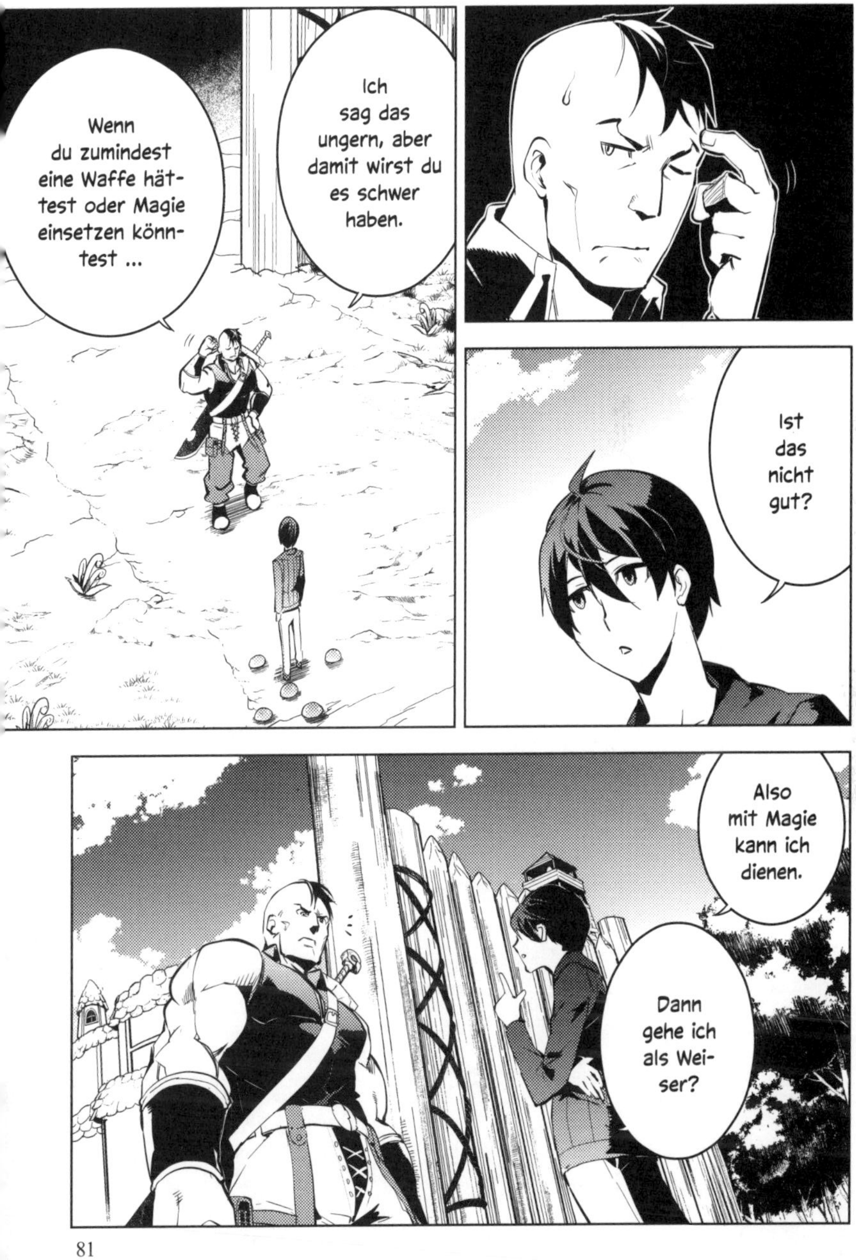
Ich sag das ungern, aber damit wirst du es schwer haben.
Wenn du zumindest eine Waffe hättest oder Magie einsetzen könntest ...
Ist das nicht gut?
Also mit Magie kann ich dienen.
Dann gehe ich als Weiser?

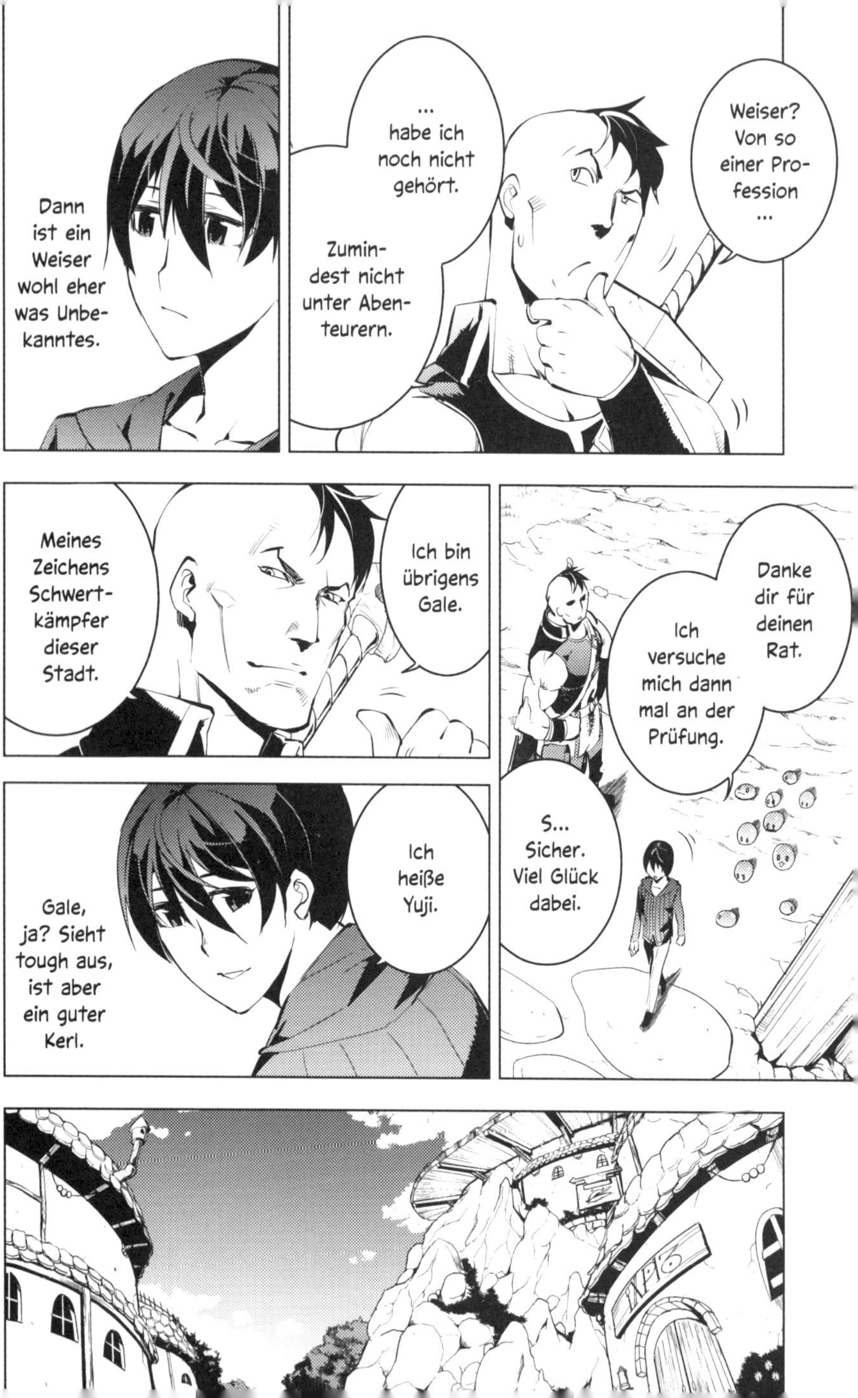
Weiser? Von so einer Profession ...
... habe ich noch nicht gehört.
Zumindest nicht unter Abenteurern.
Dann ist ein Weiser wohl eher was Unbekanntes.
Ich bin übrigens Gale.
Meines Zeichens Schwertkämpfer dieser Stadt.
Ich heiße Yuji.
Gale, ja? Sieht tough aus, ist aber ein guter Kerl.
Danke dir für deinen Rat.
Ich versuche mich dann mal an der Prüfung.
S... Sicher. Viel Glück dabei.

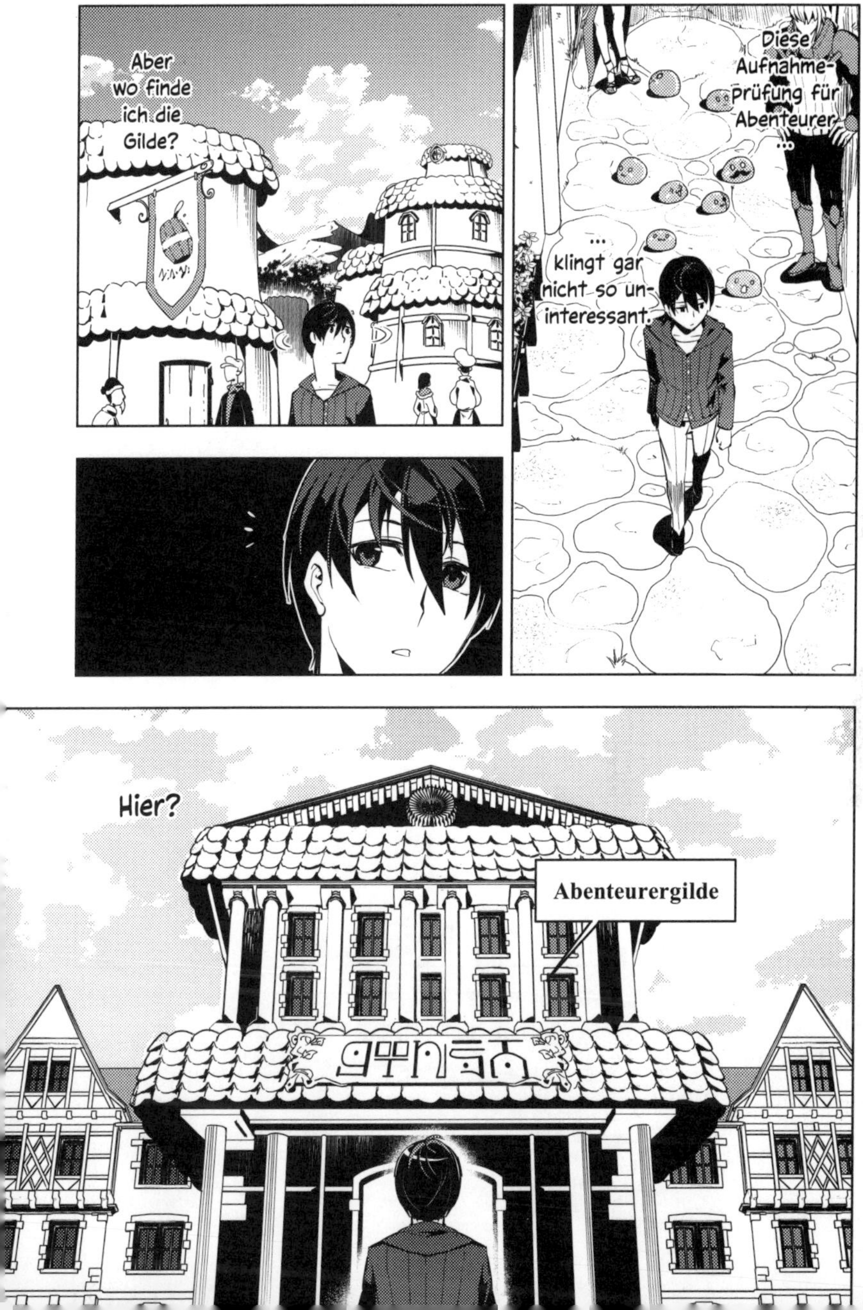
Diese Aufnahme-prüfung für Abenteurer ...
... klingt gar nicht so un-interessant.
Aber wo finde ich die Gilde?
Hier?
Abenteurergilde

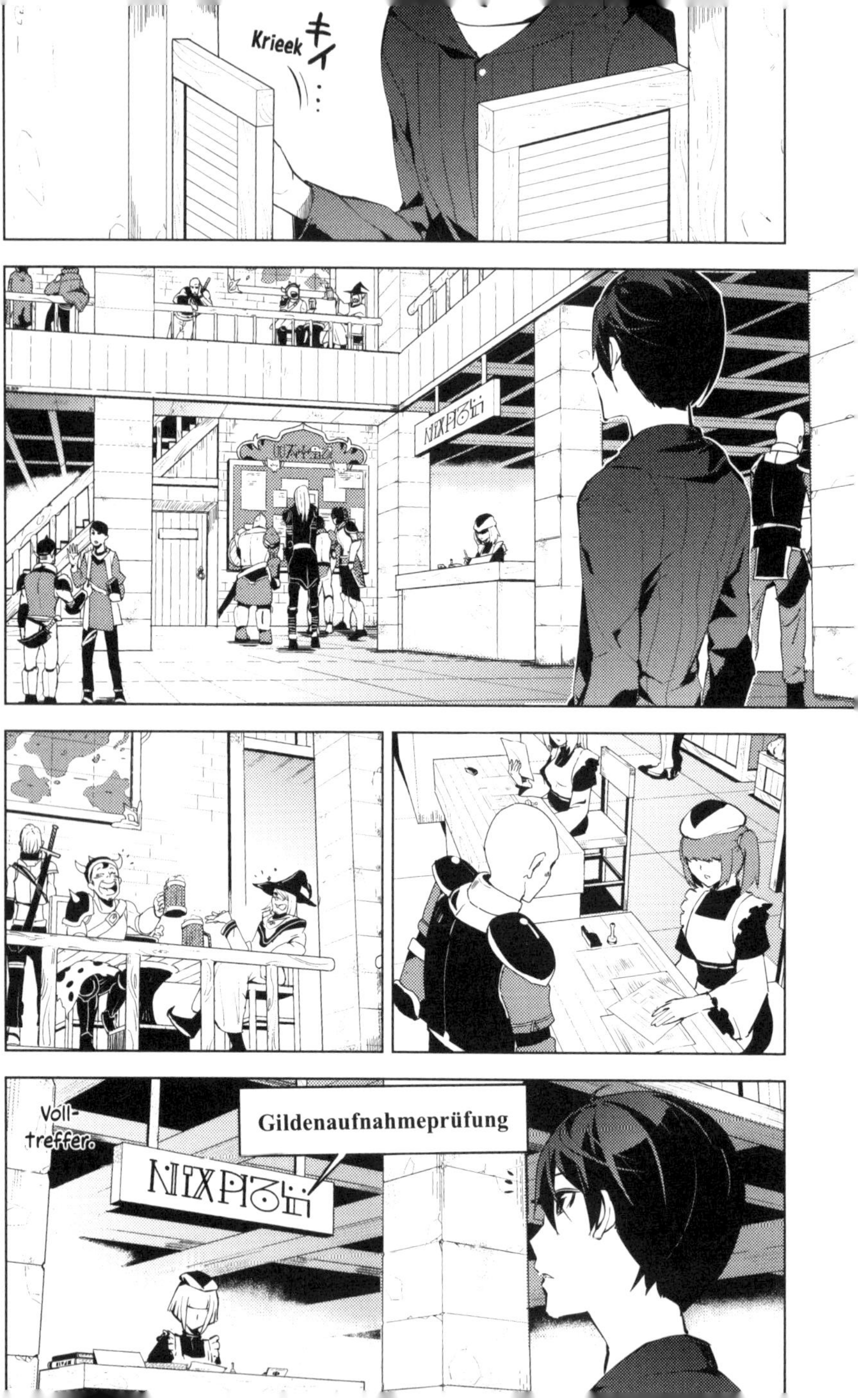
Krieek キイ…
Gildenaufnahmeprüfung
Voll-
treffer.

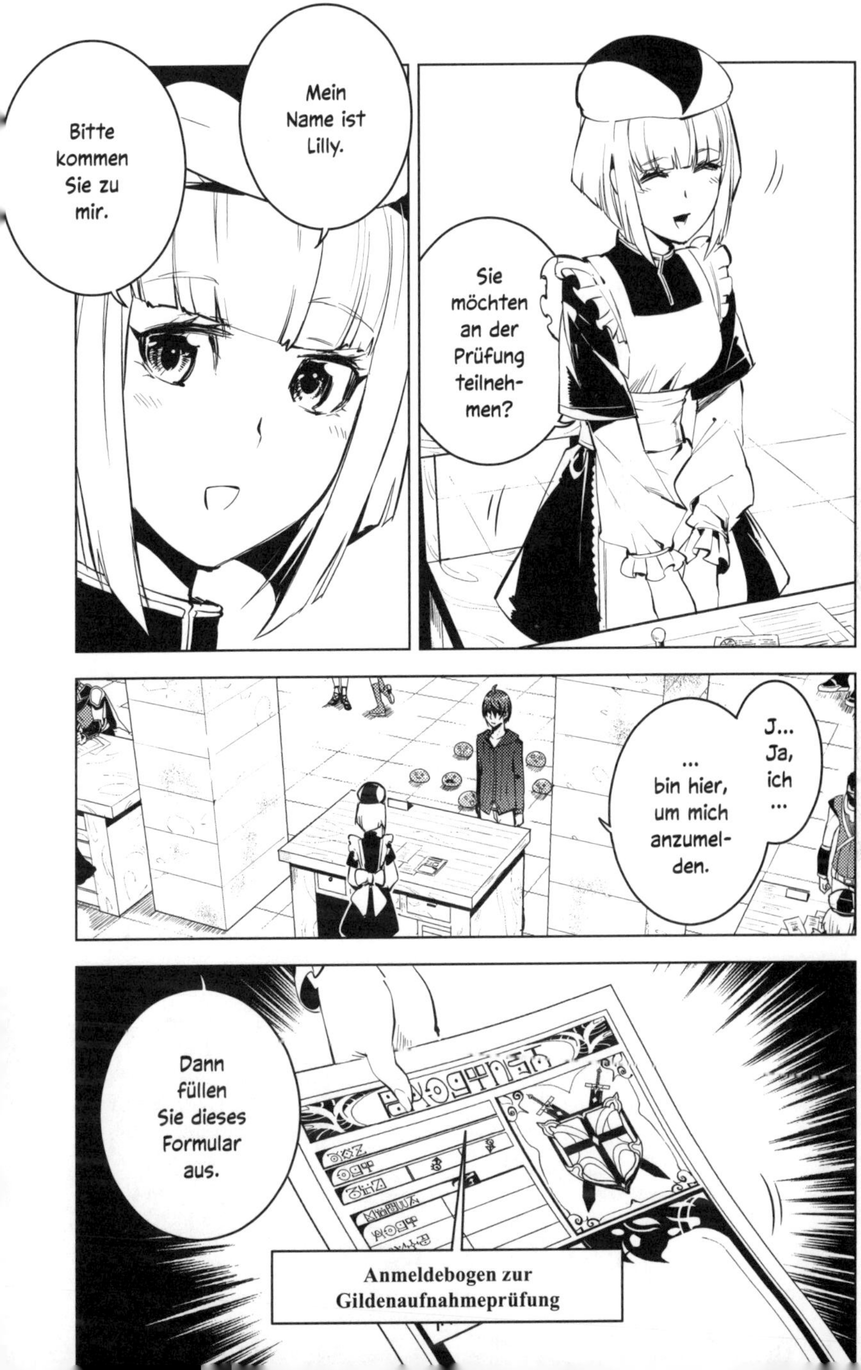
Sie möchten an der Prüfung teilneh-men?
Mein Name ist Lilly.
Bitte kommen Sie zu mir.
J... Ja, ich ...
... bin hier, um mich anzumel-den.
Dann füllen Sie dieses Formular aus.
Anmeldebogen zur Gildenaufnahmeprüfung

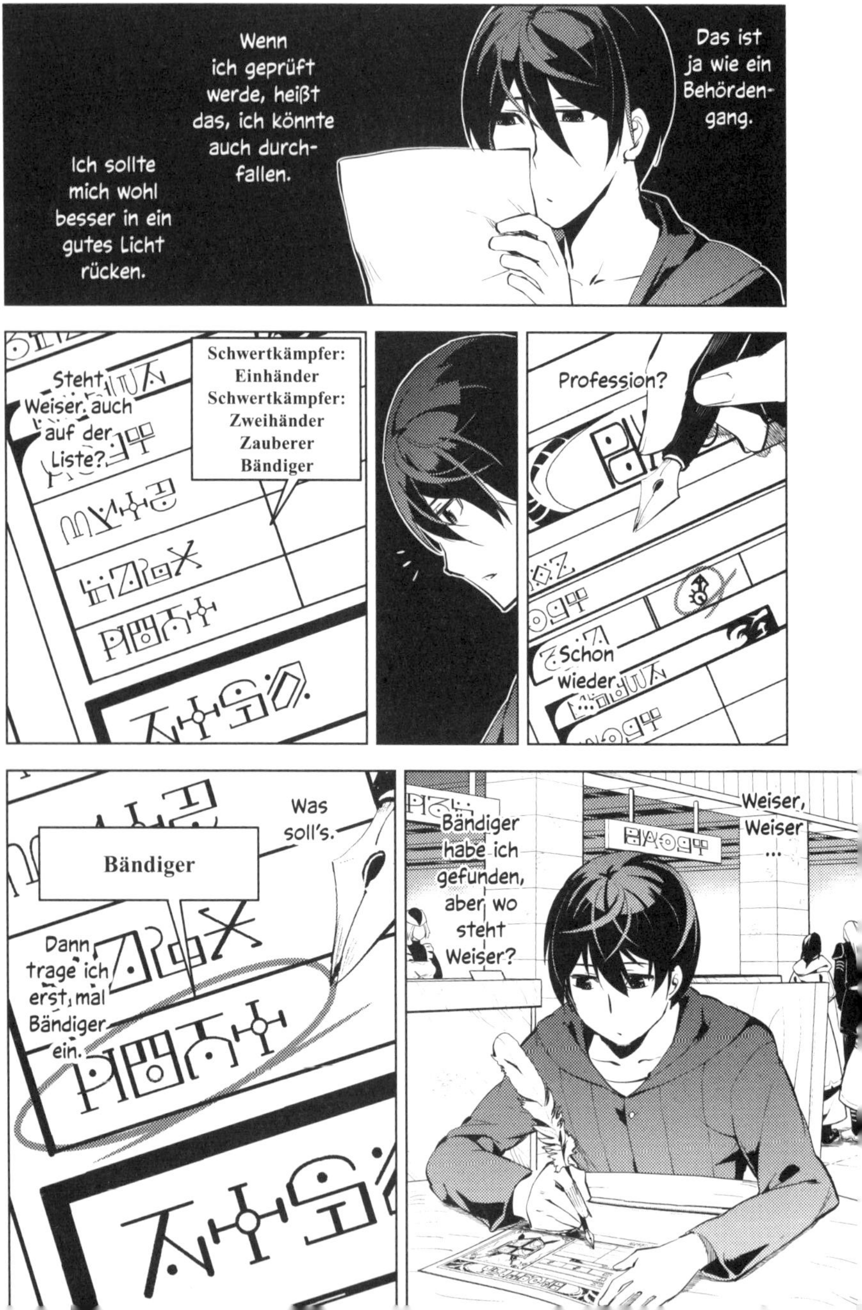

Das ist ja wie ein Behördengang.
Wenn ich geprüft werde, heißt das, ich könnte auch durchfallen.
Ich sollte mich wohl besser in ein gutes Licht rücken.
Profession?
Schwertkämpfer: Einhänder
Schwertkämpfer: Zweihänder
Zauberer
Bändiger
Steht Weiser auch auf der Liste?
Schon wieder ...
Weiser, Weiser ...
Bändiger habe ich gefunden, aber wo steht Weiser?
Was soll's.
Bändiger
Dann trage ich erst mal Bändiger ein.

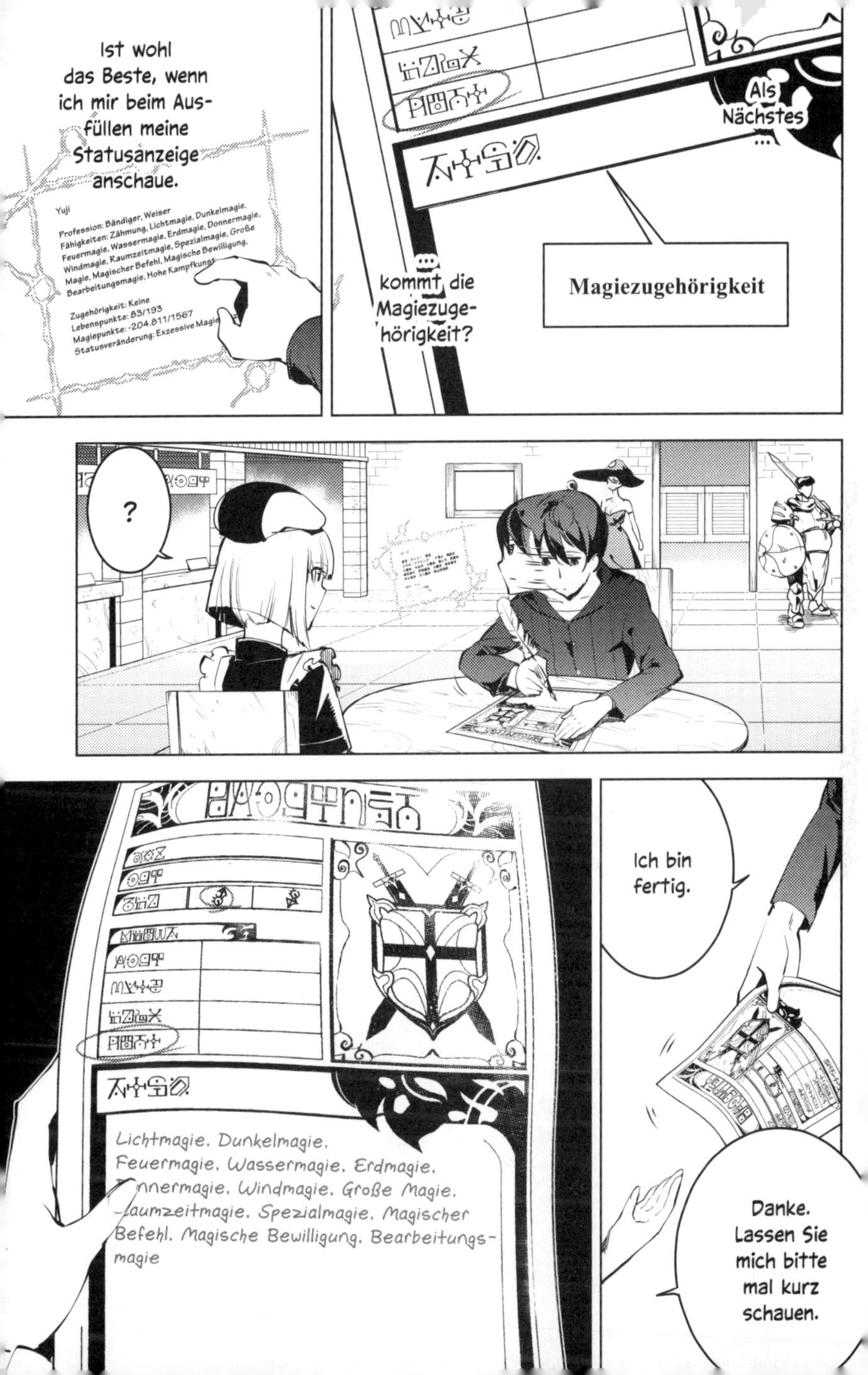

Als Nächstes …
… kommt die Magiezugehörigkeit?
Magiezugehörigkeit
Ist wohl das Beste, wenn ich mir beim Ausfüllen meine Statusanzeige anschaue.
Yuji
Profession: Bändiger, Weiser
Fähigkeiten: Zähmung, Lichtmagie, Dunkelmagie, Feuermagie, Wassermagie, Erdmagie, Donnermagie, Windmagie, Raumzeitmagie, Spezialmagie, Große Magie, Magischer Befehl, Magische Bewilligung, Bearbeitungsmagie, Hohe Kampfkunst
Zugehörigkeit: Keine
Lebenspunkte: 83/193
Magiepunkte: -204.811/1567
Statusveränderung: Exzessive Magie
?
Lichtmagie, Dunkelmagie, Feuermagie, Wassermagie, Erdmagie, Donnermagie, Windmagie, Große Magie, Raumzeitmagie, Spezialmagie, Magischer Befehl, Magische Bewilligung, Bearbeitungsmagie
Ich bin fertig.
Danke. Lassen Sie mich bitte mal kurz schauen.

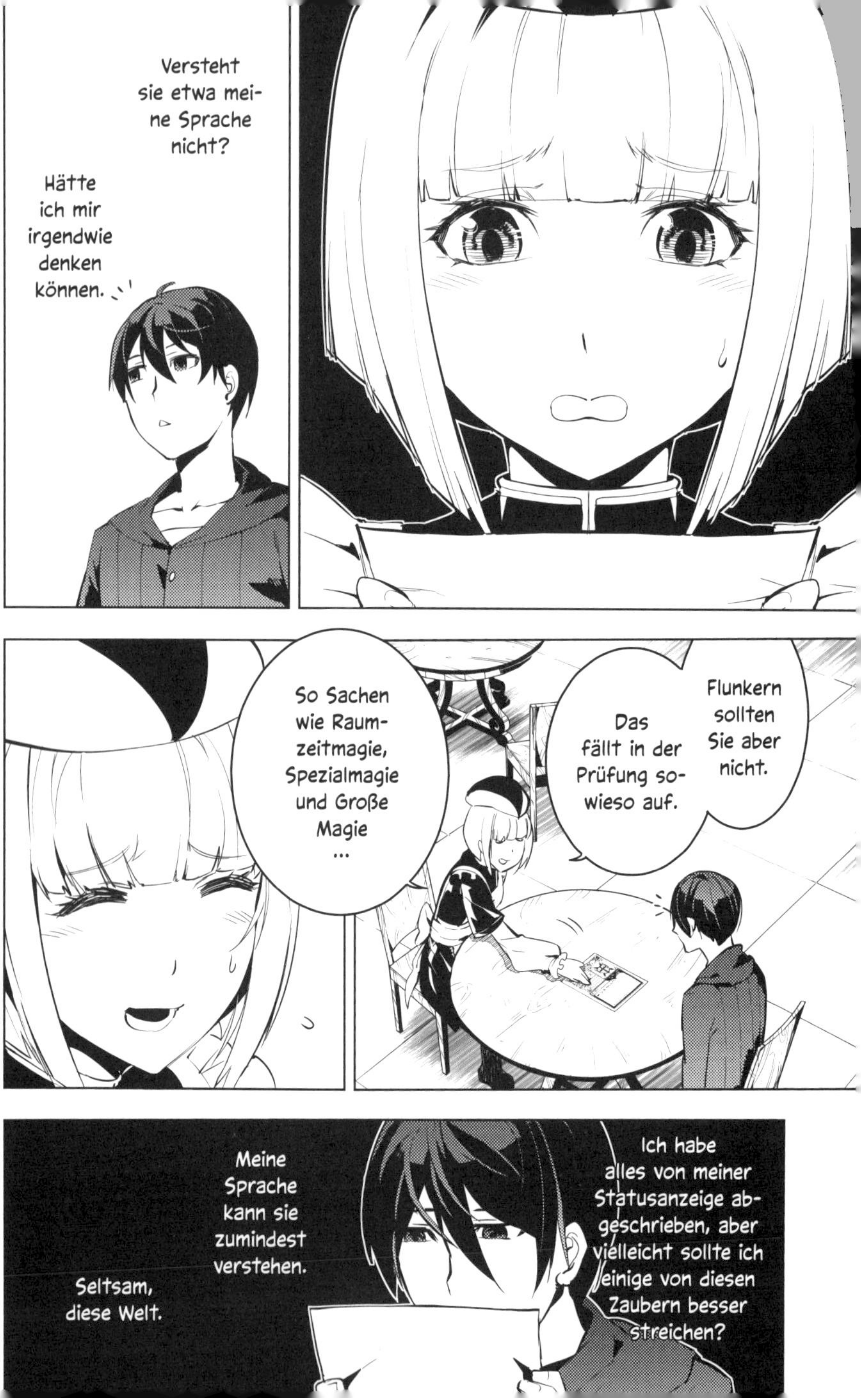
Versteht sie etwa meine Sprache nicht?
Hätte ich mir irgendwie denken können.
Flunkern sollten Sie aber nicht.
Das fällt in der Prüfung sowieso auf.
So Sachen wie Raumzeitmagie, Spezialmagie und Große Magie ...
Ich habe alles von meiner Statusanzeige abgeschrieben, aber vielleicht sollte ich einige von diesen Zaubern besser streichen?
Meine Sprache kann sie zumindest verstehen.
Seltsam, diese Welt.

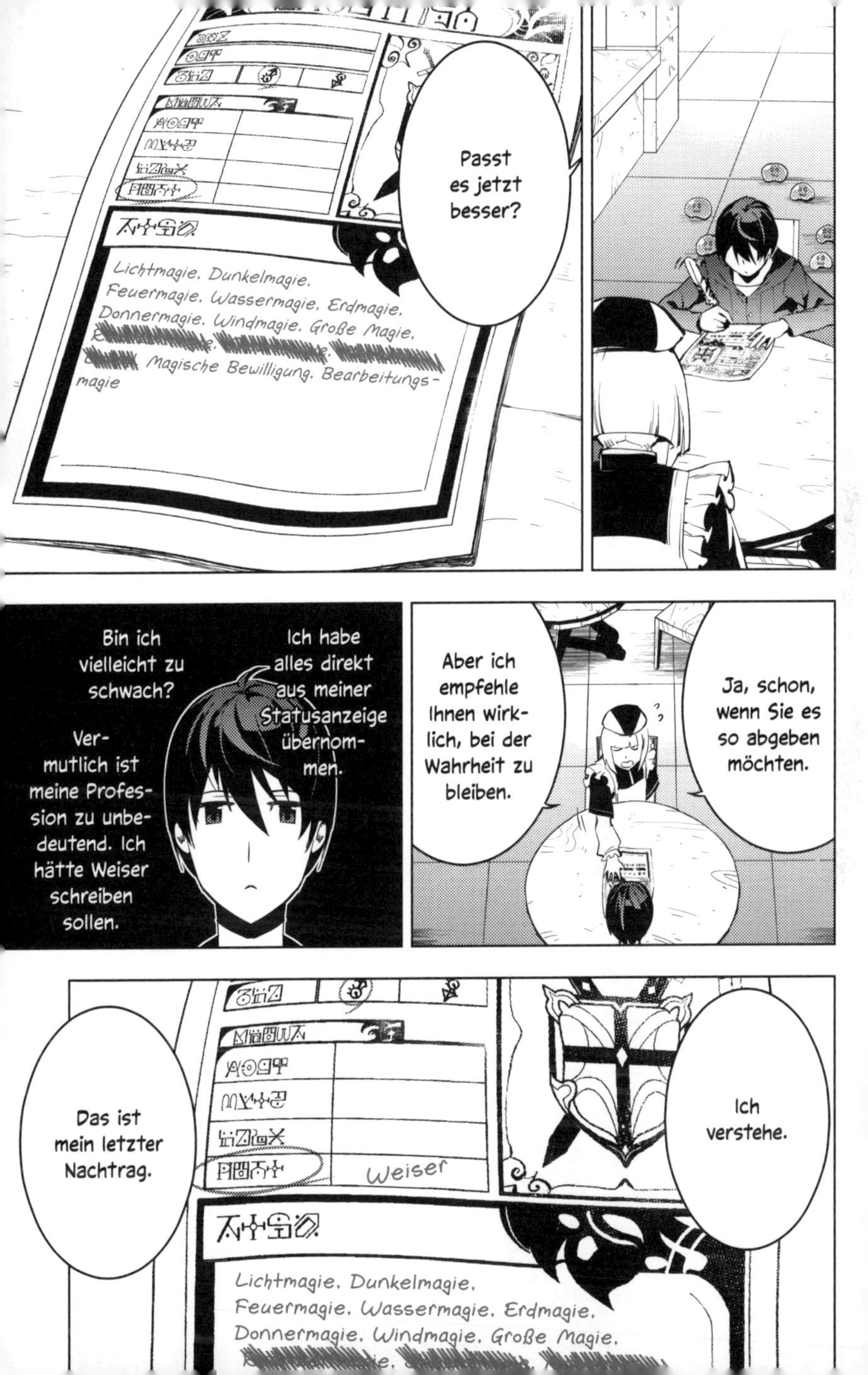

Passt es jetzt besser?
Lichtmagie, Dunkelmagie, Feuermagie, Wassermagie, Erdmagie, Donnermagie, Windmagie, Große Magie, Magische Bewilligung, Bearbeitungsmagie
Ja, schon, wenn Sie es so abgeben möchten.
Aber ich empfehle Ihnen wirklich, bei der Wahrheit zu bleiben.
Ich habe alles direkt aus meiner Statusanzeige übernommen.
Bin ich vielleicht zu schwach?
Vermutlich ist meine Profession zu unbedeutend. Ich hätte Weiser schreiben sollen.
Ich verstehe.
Das ist mein letzter Nachtrag.
Weiser
Lichtmagie, Dunkelmagie, Feuermagie, Wassermagie, Erdmagie, Donnermagie, Windmagie, Große Magie,

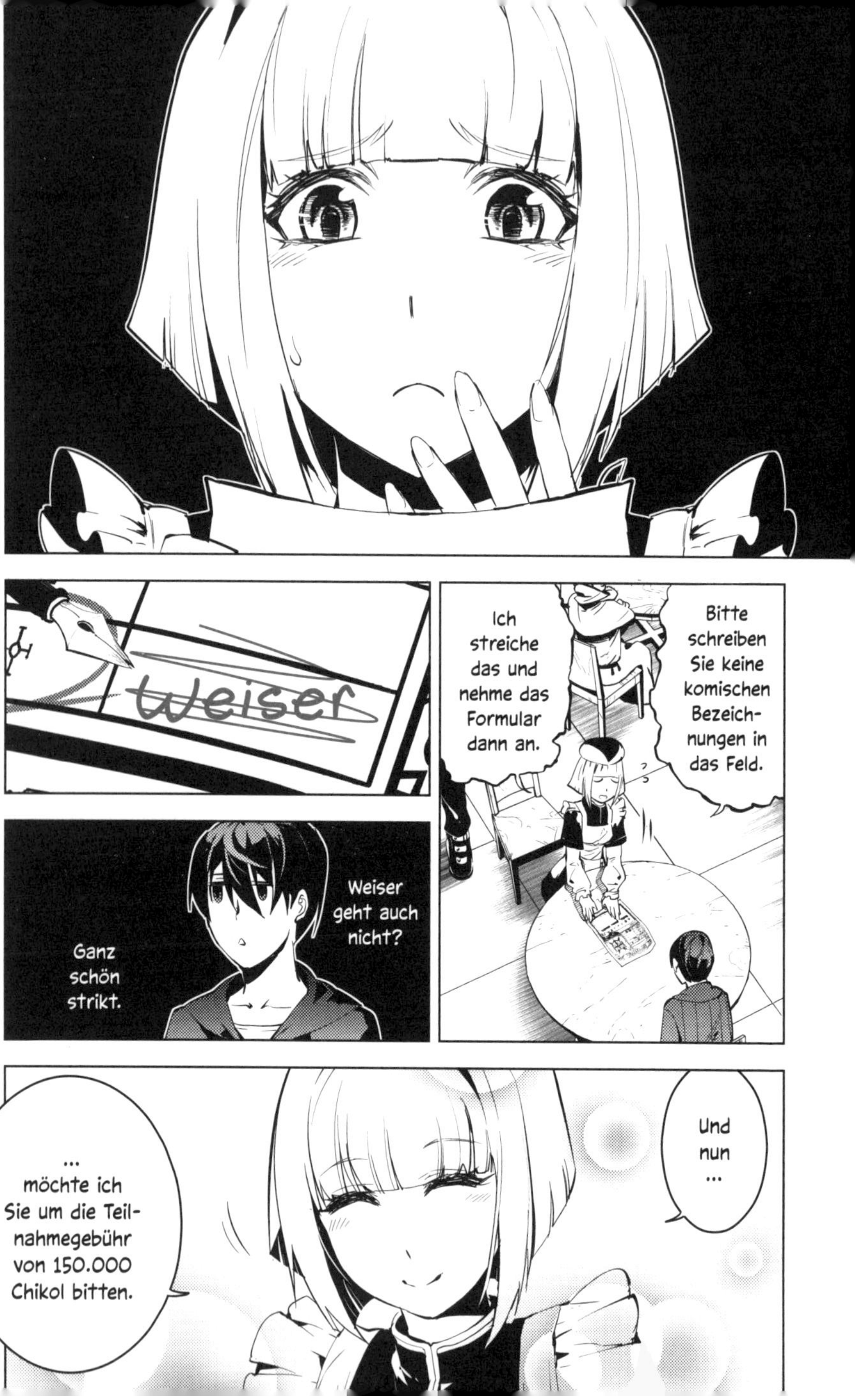
Weiser
Bitte schreiben Sie keine komischen Bezeichnungen in das Feld.
Ich streiche das und nehme das Formular dann an.
Weiser geht auch nicht?
Ganz schön strikt.
Und nun ...
... möchte ich Sie um die Teilnahmegebühr von 150.000 Chikol bitten.

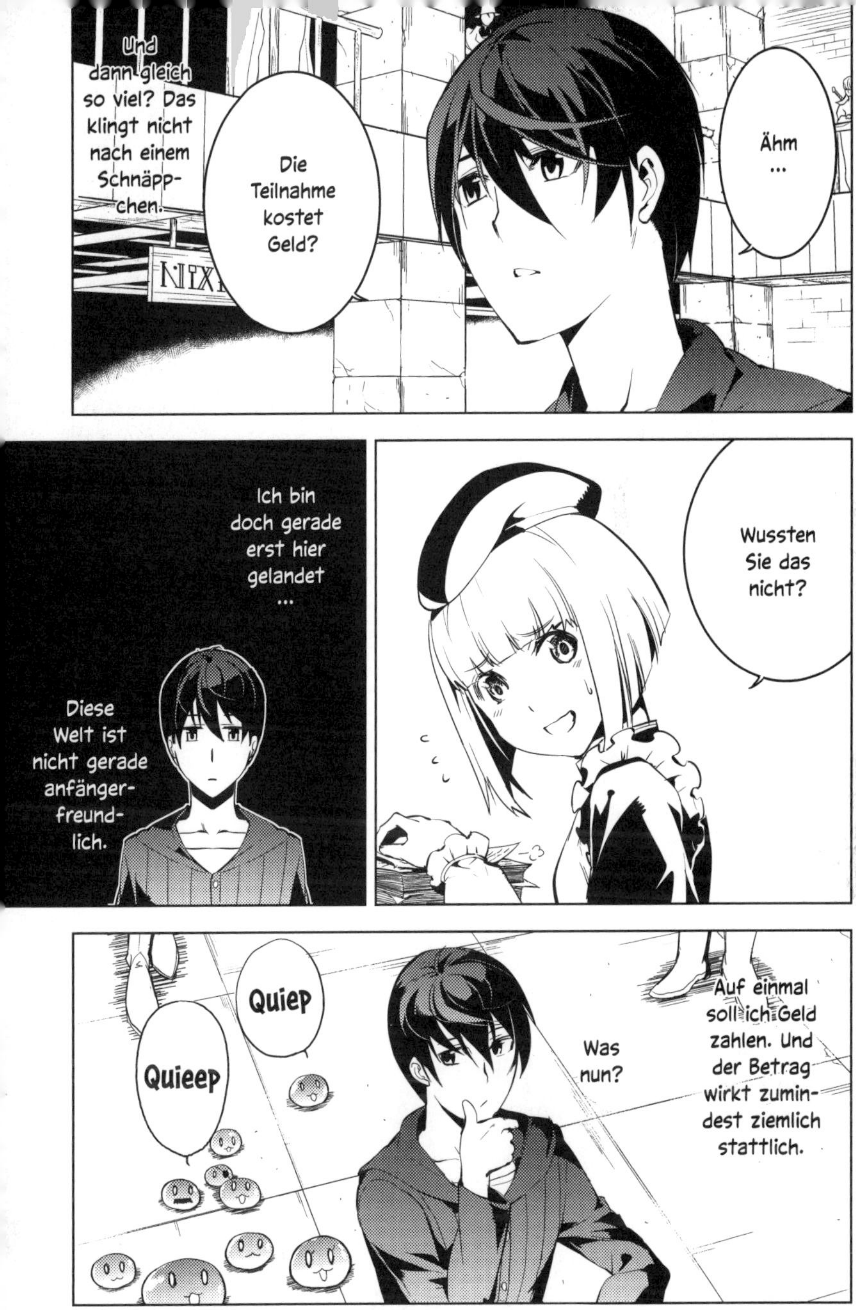
Ähm …
Die Teilnahme kostet Geld?
Und dann gleich so viel? Das klingt nicht nach einem Schnäpp-chen.
Wussten Sie das nicht?
Ich bin doch gerade erst hier gelandet …
Diese Welt ist nicht gerade anfänger-freund-lich.
Auf einmal soll ich Geld zahlen. Und der Betrag wirkt zumin-dest ziemlich stattlich.
Was nun?
Quiep
Quieep

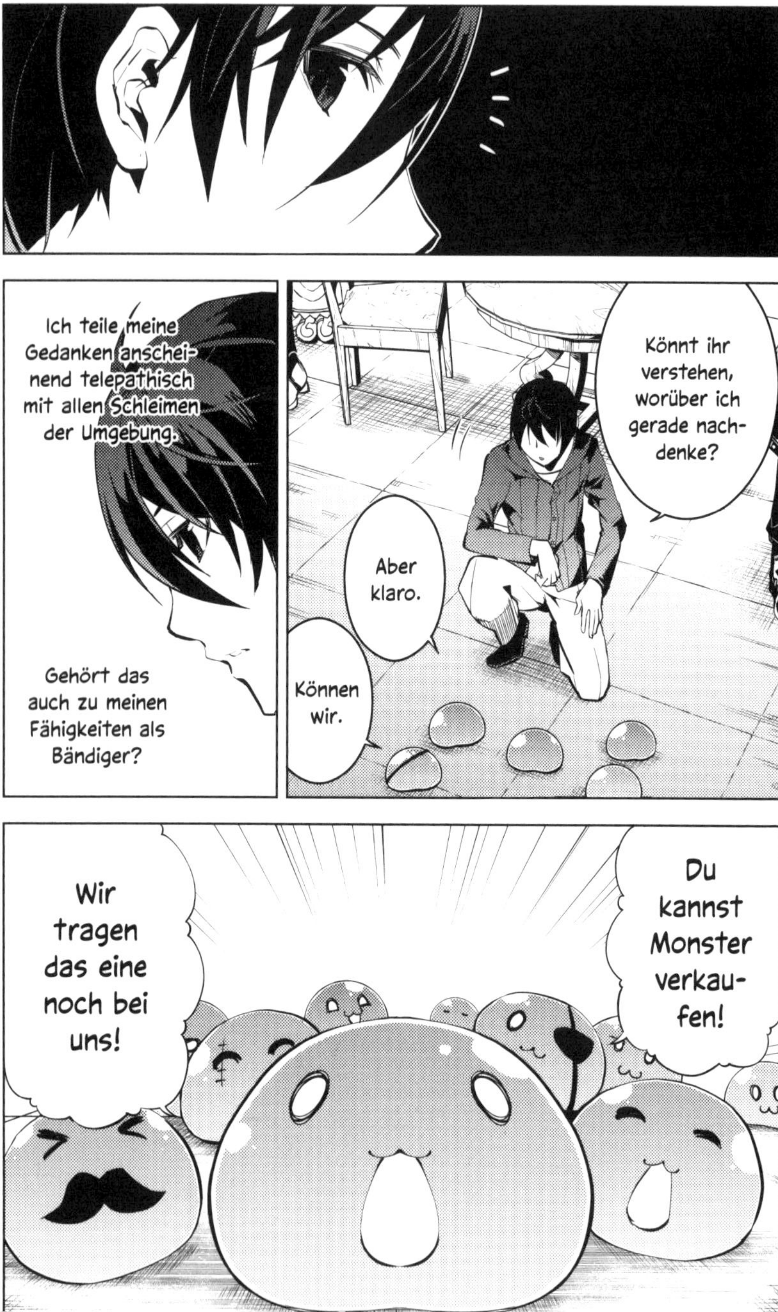
Könnt ihr verstehen, worüber ich gerade nach-denke?
Aber klaro.
Können wir.
Ich teile meine Gedanken anschei-nend telepathisch mit allen Schleimen der Umgebung.
Gehört das auch zu meinen Fähigkeiten als Bändiger?
Du kannst Monster verkau-fen!
Wir tragen das eine noch bei uns!

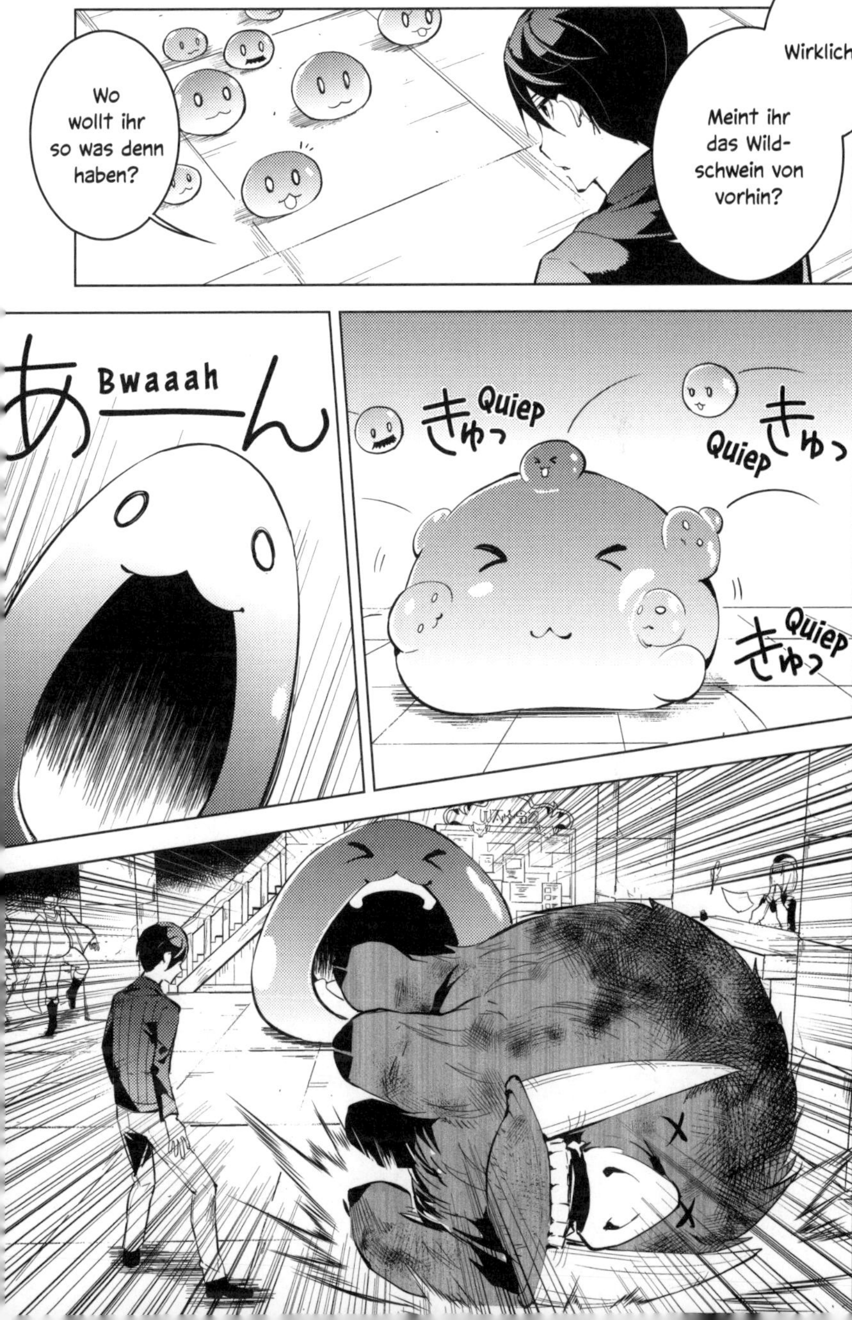
Wirklich?
Meint ihr das Wild-schwein von vorhin?
Wo wollt ihr so was denn haben?
あーーん
Bwaaah
きゅっ
Quiep
きゅっ
Quiep
きゅっ
Quiep

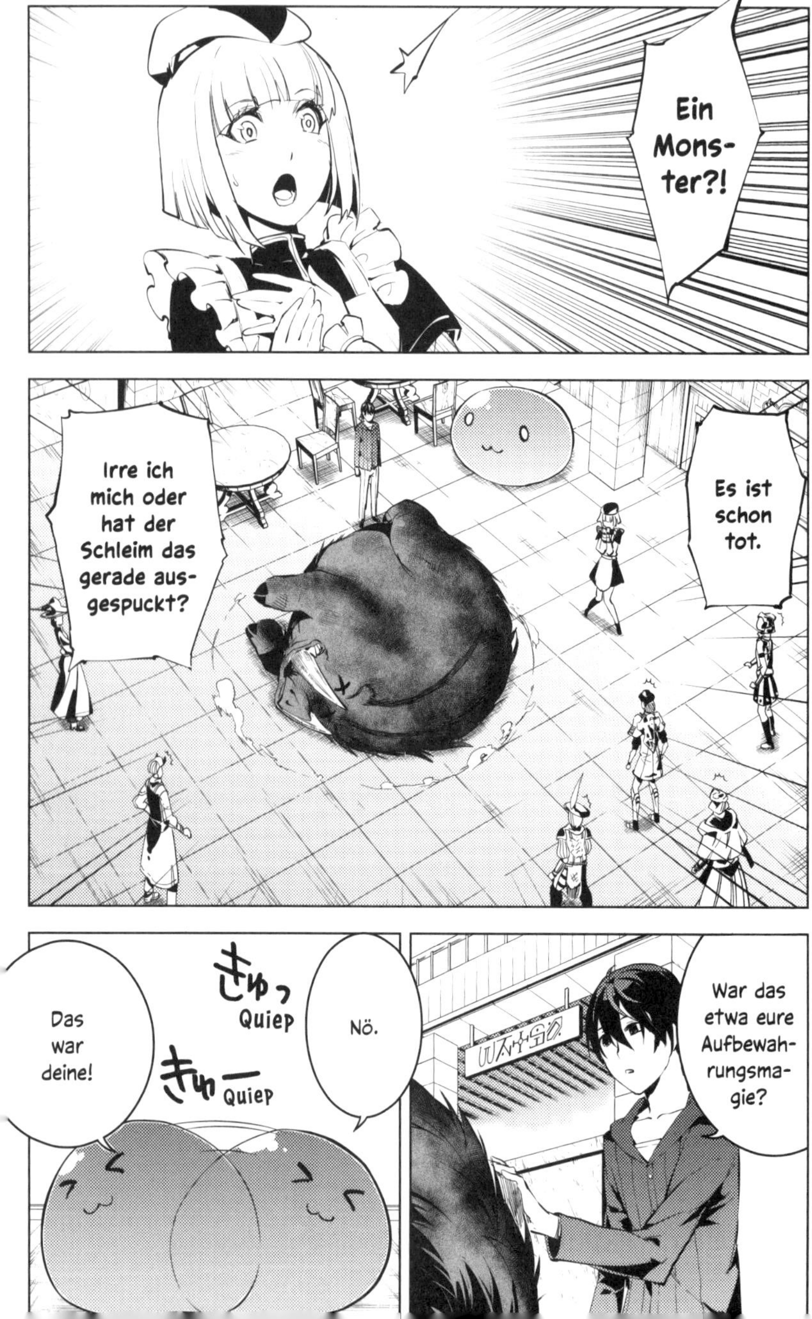
Ein Monster?!
Es ist schon tot.
Irre ich mich oder hat der Schleim das gerade ausgespuckt?
War das etwa eure Aufbewahrungsmagie?
Nö.
きゅっ Quiep
Das war deine!
きゅー Quiep

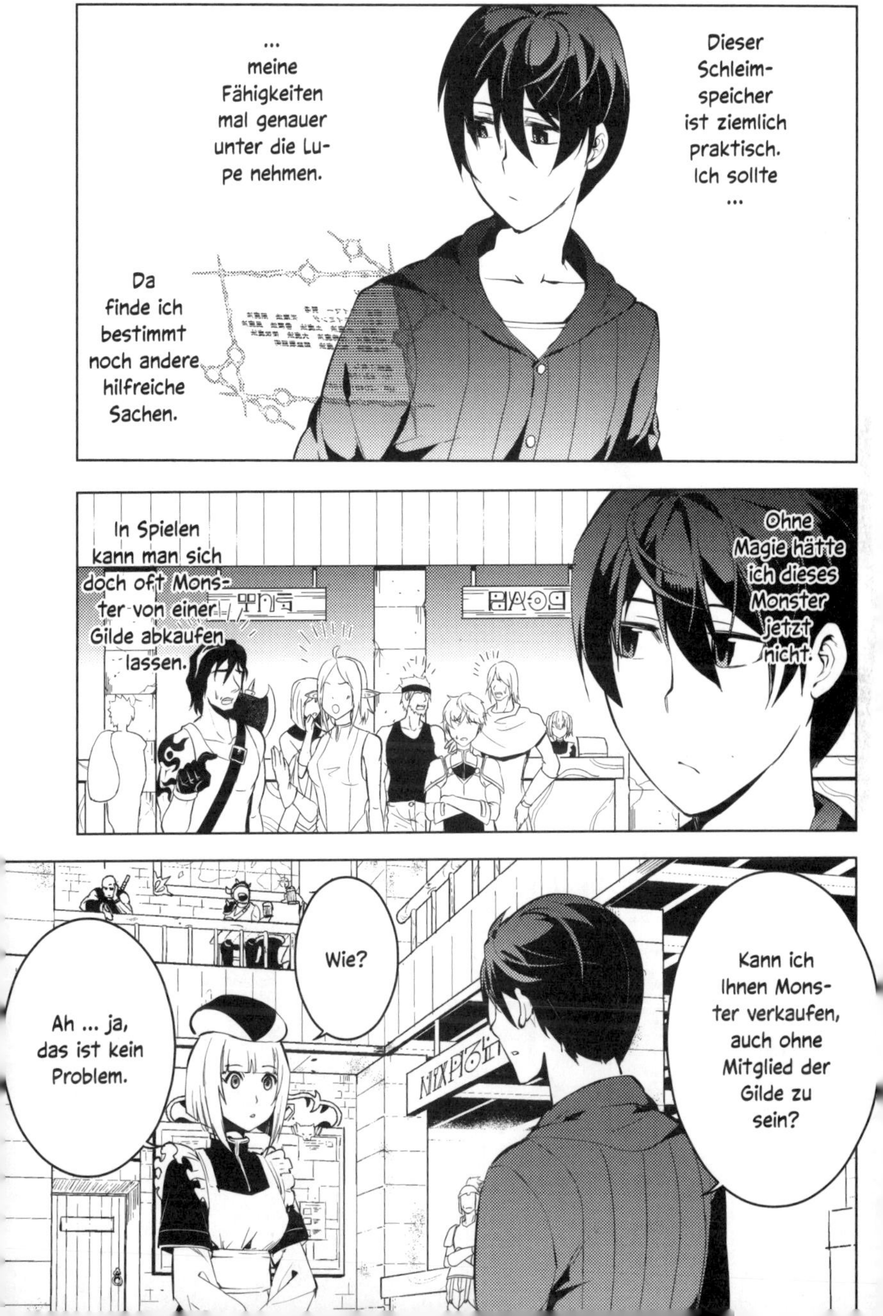
Dieser Schleimspeicher ist ziemlich praktisch. Ich sollte ...
... meine Fähigkeiten mal genauer unter die Lupe nehmen.
Da finde ich bestimmt noch andere hilfreiche Sachen.
Ohne Magie hätte ich dieses Monster jetzt nicht.
In Spielen kann man sich doch oft Monster von einer Gilde abkaufen lassen.
Kann ich Ihnen Monster verkaufen, auch ohne Mitglied der Gilde zu sein?
Wie?
Ah ... ja, das ist kein Problem.

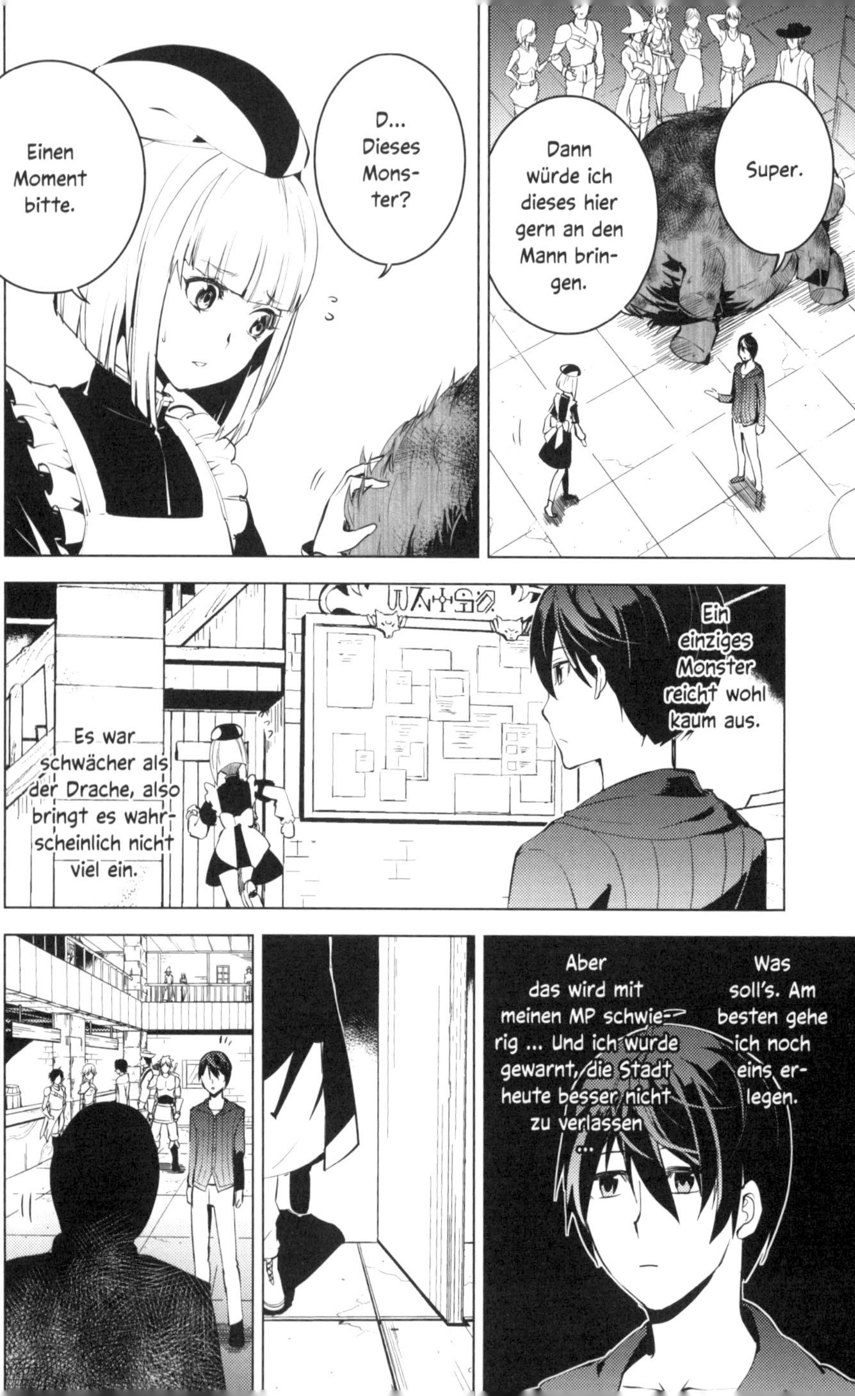
Super.
Dann würde ich dieses hier gern an den Mann bringen.
D... Dieses Monster?
Einen Moment bitte.
Ein einziges Monster reicht wohl kaum aus.
Es war schwächer als der Drache, also bringt es wahrscheinlich nicht viel ein.
Was soll's. Am besten gehe ich noch eins erlegen.
Aber das wird mit meinen MP schwierig ... Und ich würde gewarnt, die Stadt heute besser nicht zu verlassen ...

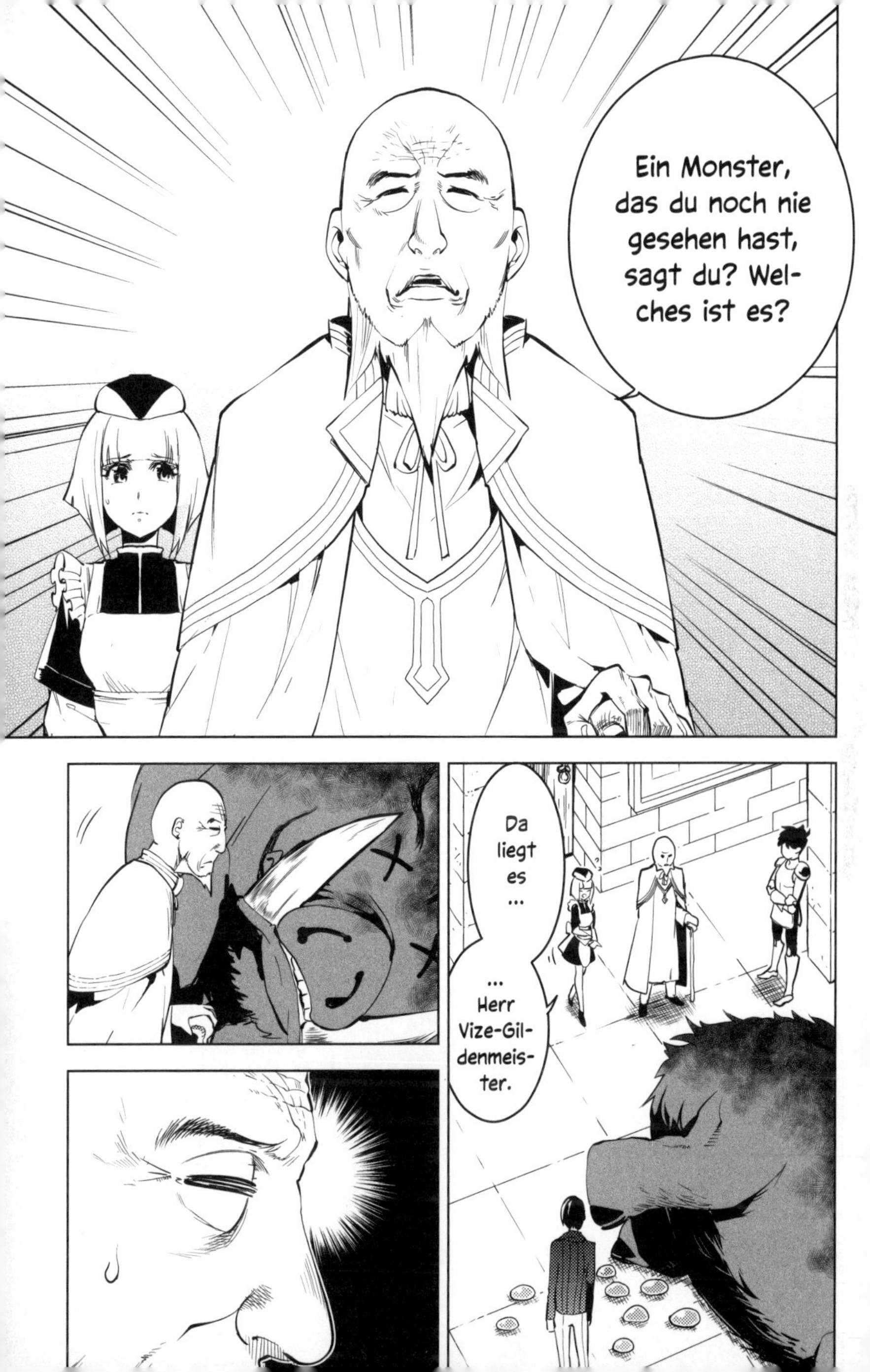
Ein Monster, das du noch nie gesehen hast, sagt du? Welches ist es?
Da liegt es ...
... Herr Vize-Gildenmeister.

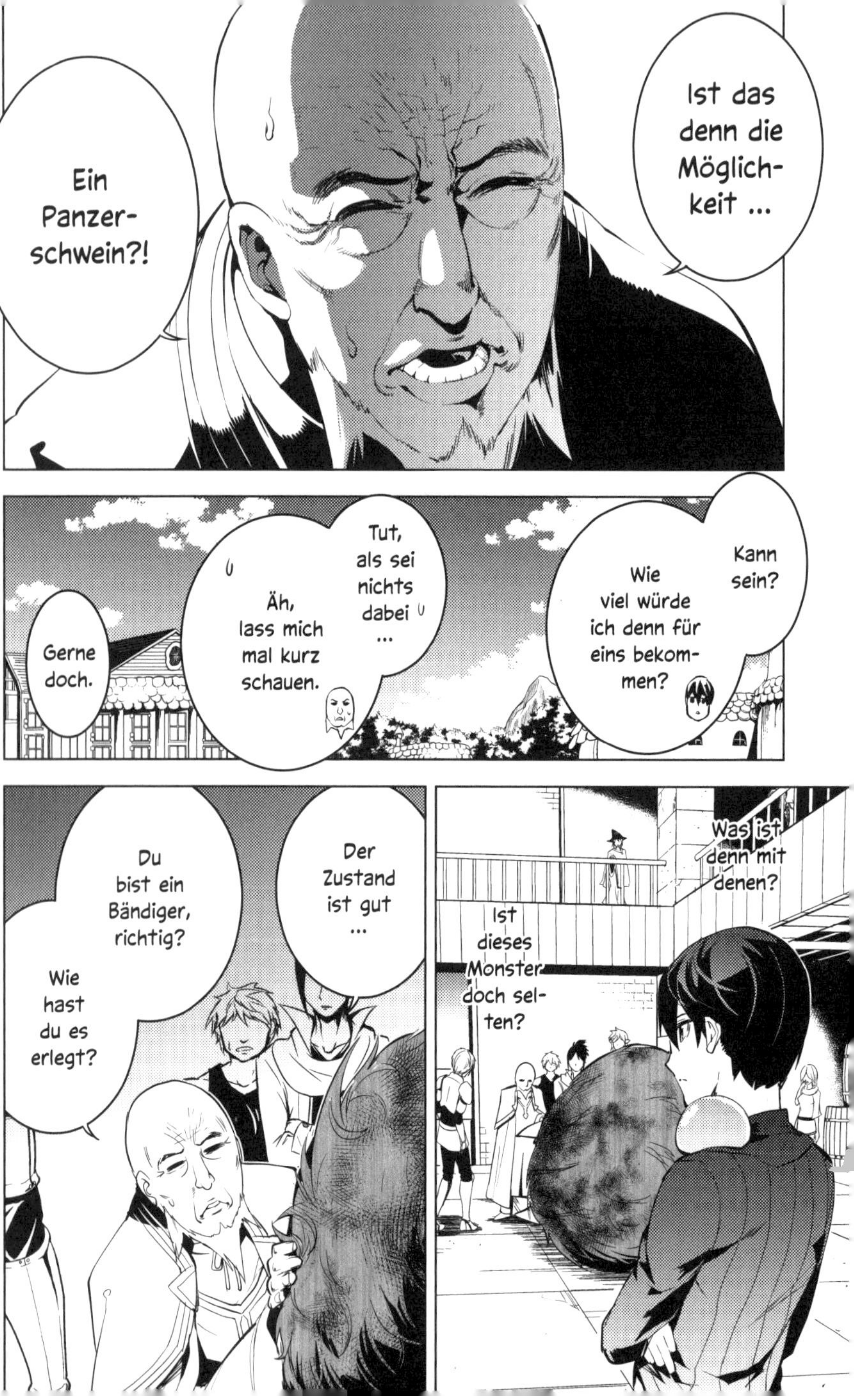
Ist das denn die Möglichkeit ...
Ein Panzerschwein?!
Kann sein?
Wie viel würde ich denn für eins bekommen?
Tut, als sei nichts dabei ...
Äh, lass mich mal kurz schauen.
Gerne doch.
Was ist denn mit denen?
Ist dieses Monster doch selten?
Der Zustand ist gut ...
Du bist ein Bändiger, richtig?
Wie hast du es erlegt?

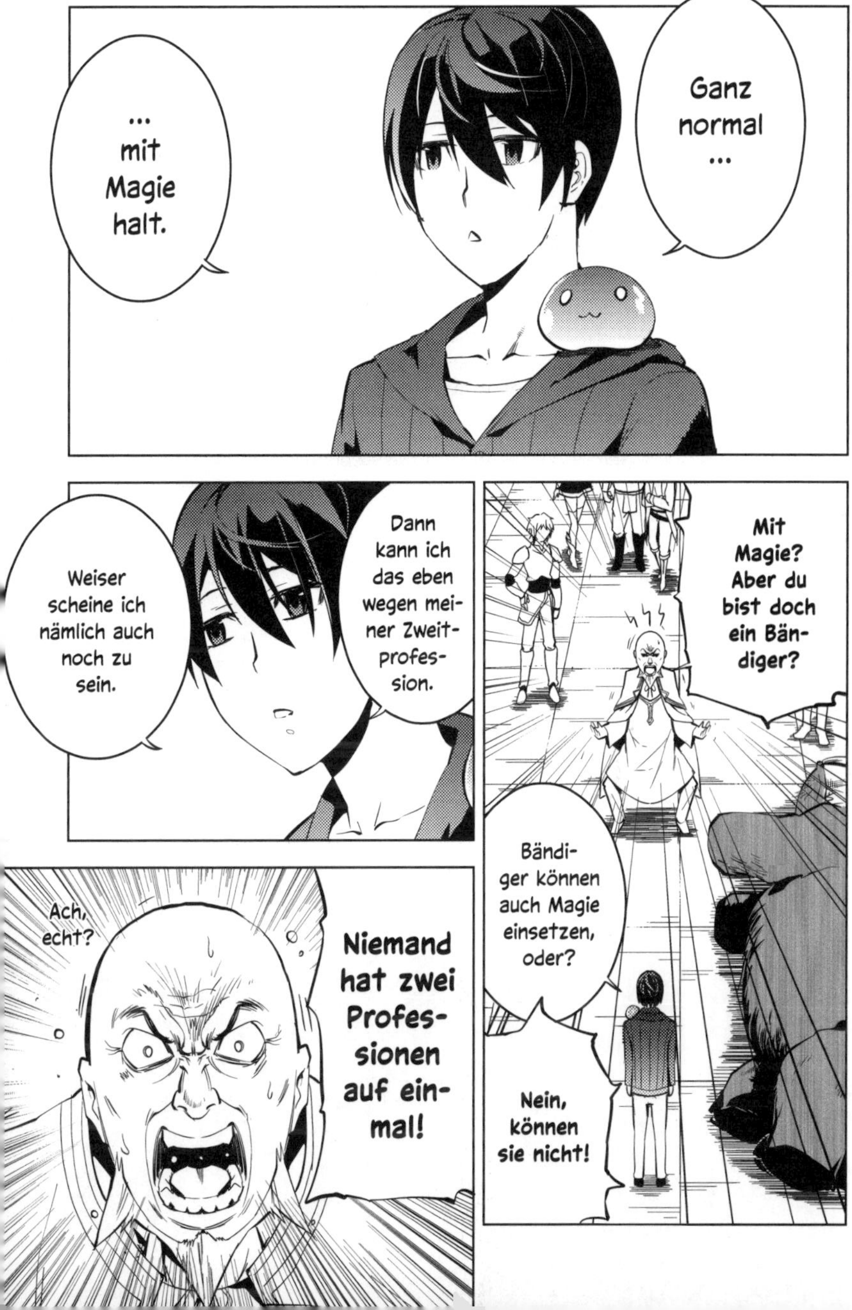
Ganz normal ...
... mit Magie halt.
Mit Magie? Aber du bist doch ein Bändiger?
Bändiger können auch Magie einsetzen, oder?
Nein, können sie nicht!
Dann kann ich das eben wegen meiner Zweitprofession.
Weiser scheine ich nämlich auch noch zu sein.
Niemand hat zwei Professionen auf einmal!
Ach, echt?

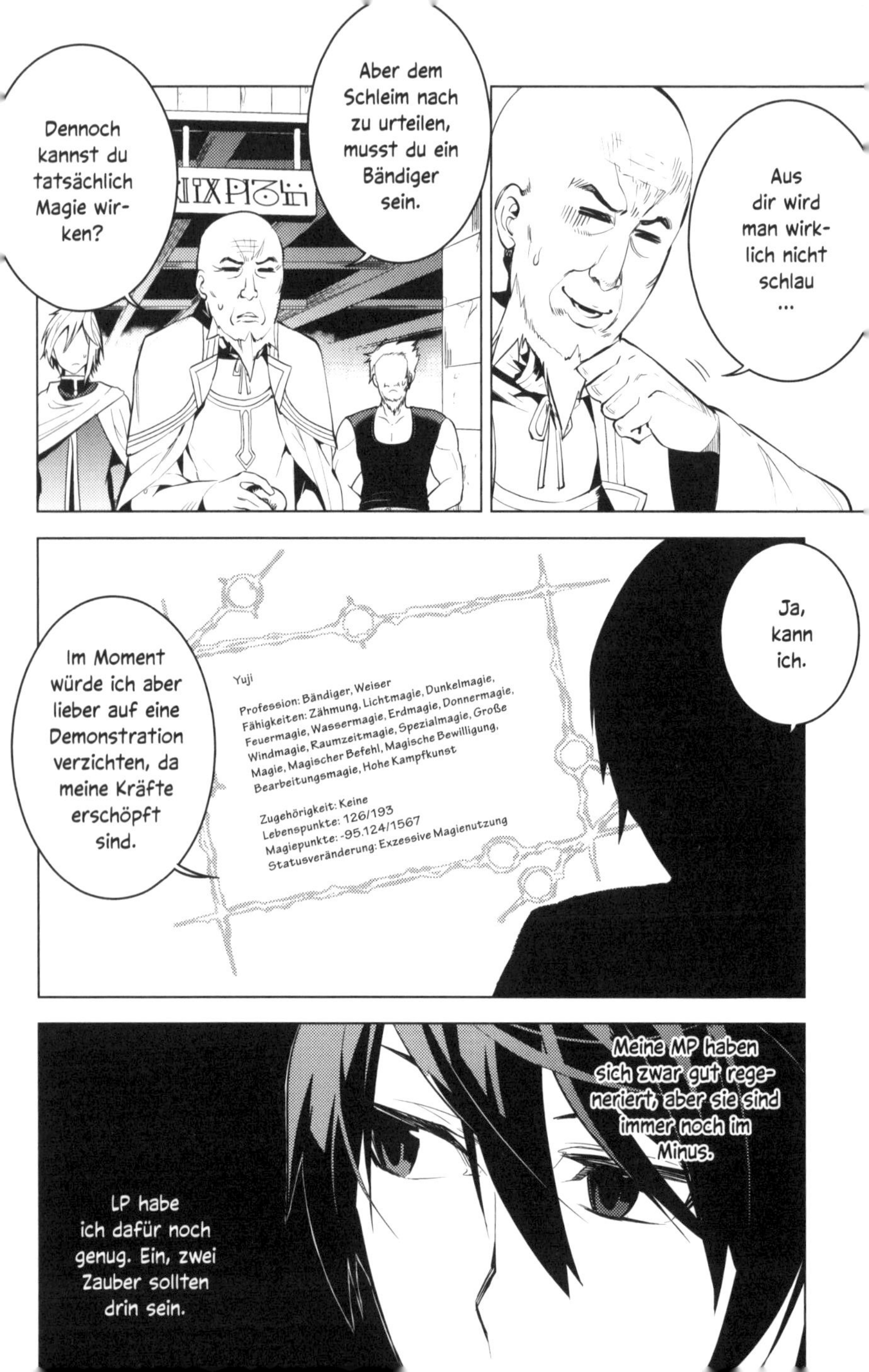
Aus dir wird man wirklich nicht schlau …
Aber dem Schleim nach zu urteilen, musst du ein Bändiger sein.
Dennoch kannst du tatsächlich Magie wirken?
Ja, kann ich.
Yuji
Profession: Bändiger, Weiser
Fähigkeiten: Zähmung, Lichtmagie, Dunkelmagie, Feuermagie, Wassermagie, Erdmagie, Donnermagie, Windmagie, Raumzeitmagie, Spezialmagie, Große Magie, Magischer Befehl, Magische Bewilligung, Bearbeitungsmagie, Hohe Kampfkunst
Zugehörigkeit: Keine
Lebenspunkte: 126/193
Magiepunkte: -95.124/1567
Statusveränderung: Exzessive Magienutzung
Im Moment würde ich aber lieber auf eine Demonstration verzichten, da meine Kräfte erschöpft sind.
Meine MP haben sich zwar gut regeneriert, aber sie sind immer noch im Minus.
LP habe ich dafür noch genug. Ein, zwei Zauber sollten drin sein.

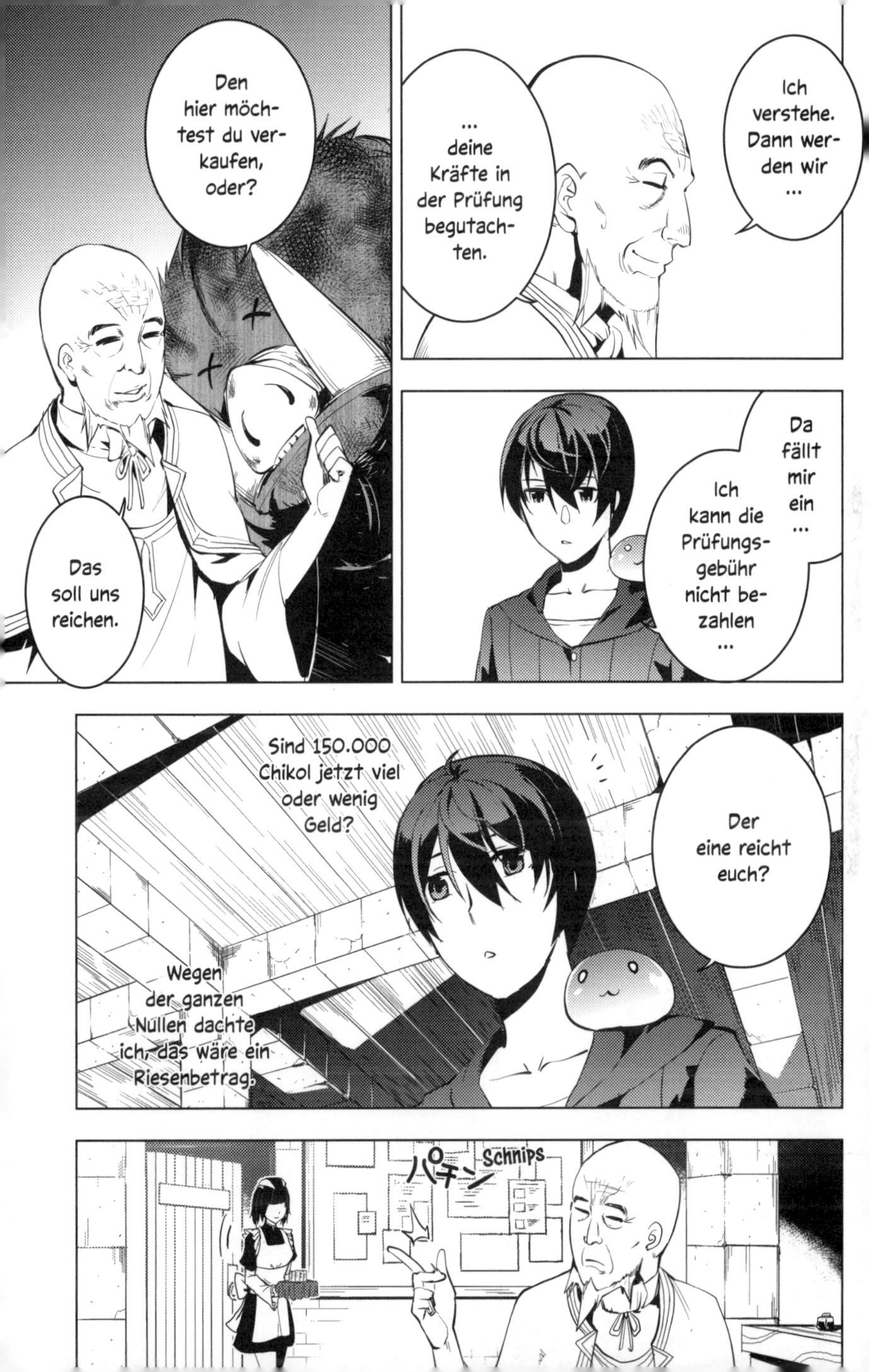
Ich verstehe. Dann werden wir ...
... deine Kräfte in der Prüfung begutachten.
Da fällt mir ein ...
Ich kann die Prüfungsgebühr nicht bezahlen ...
Den hier möchtest du verkaufen, oder?
Das soll uns reichen.
Der eine reicht euch?
Sind 150.000 Chikol jetzt viel oder wenig Geld?
Wegen der ganzen Nullen dachte ich, das wäre ein Riesenbetrag.
パチン
Schnips

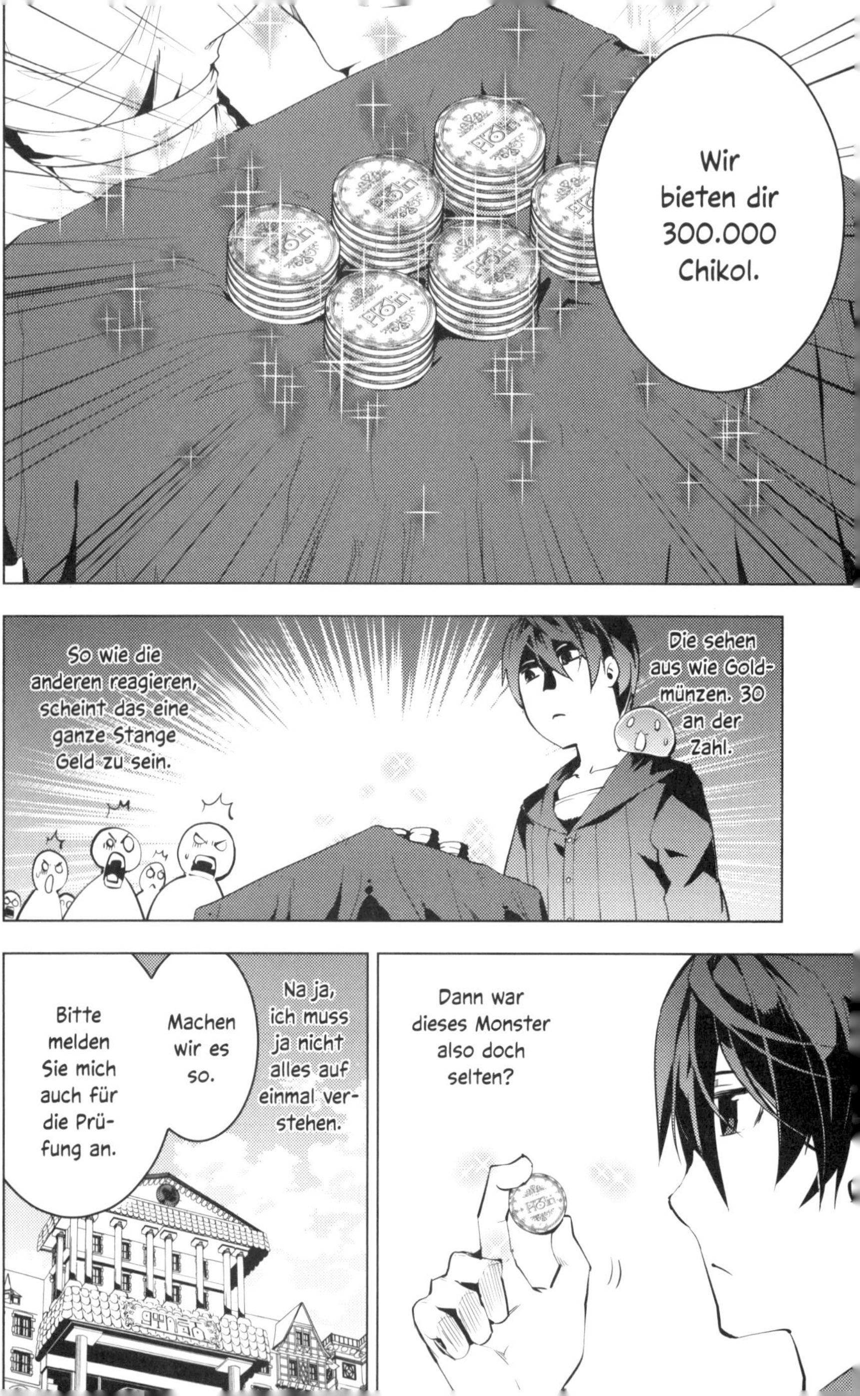
Wir bieten dir 300.000 Chikol.
Die sehen aus wie Goldmünzen. 30 an der Zahl.
So wie die anderen reagieren, scheint das eine ganze Stange Geld zu sein.
Dann war dieses Monster also doch selten?
Na ja, ich muss ja nicht alles auf einmal verstehen.
Machen wir es so.
Bitte melden Sie mich auch für die Prüfung an.

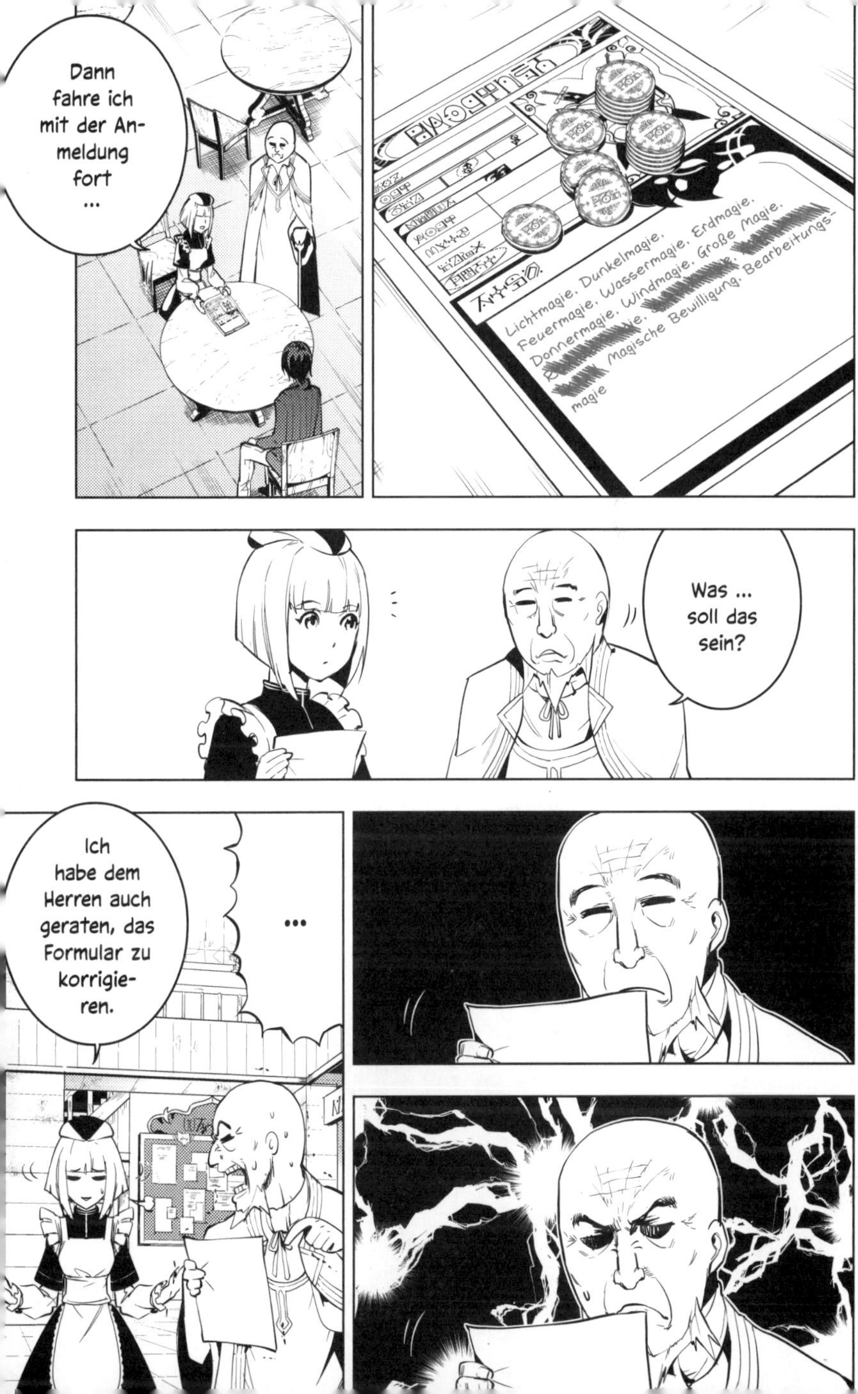
Lichtmagie. Dunkelmagie.
Feuermagie. Wassermagie. Erdmagie.
Donnermagie. Windmagie. Große Magie.
Magische Bewilligung. Bearbeitungs-
magie
Dann fahre ich mit der Anmeldung fort ...
Was ... soll das sein?
...
Ich habe dem Herren auch geraten, das Formular zu korrigieren.

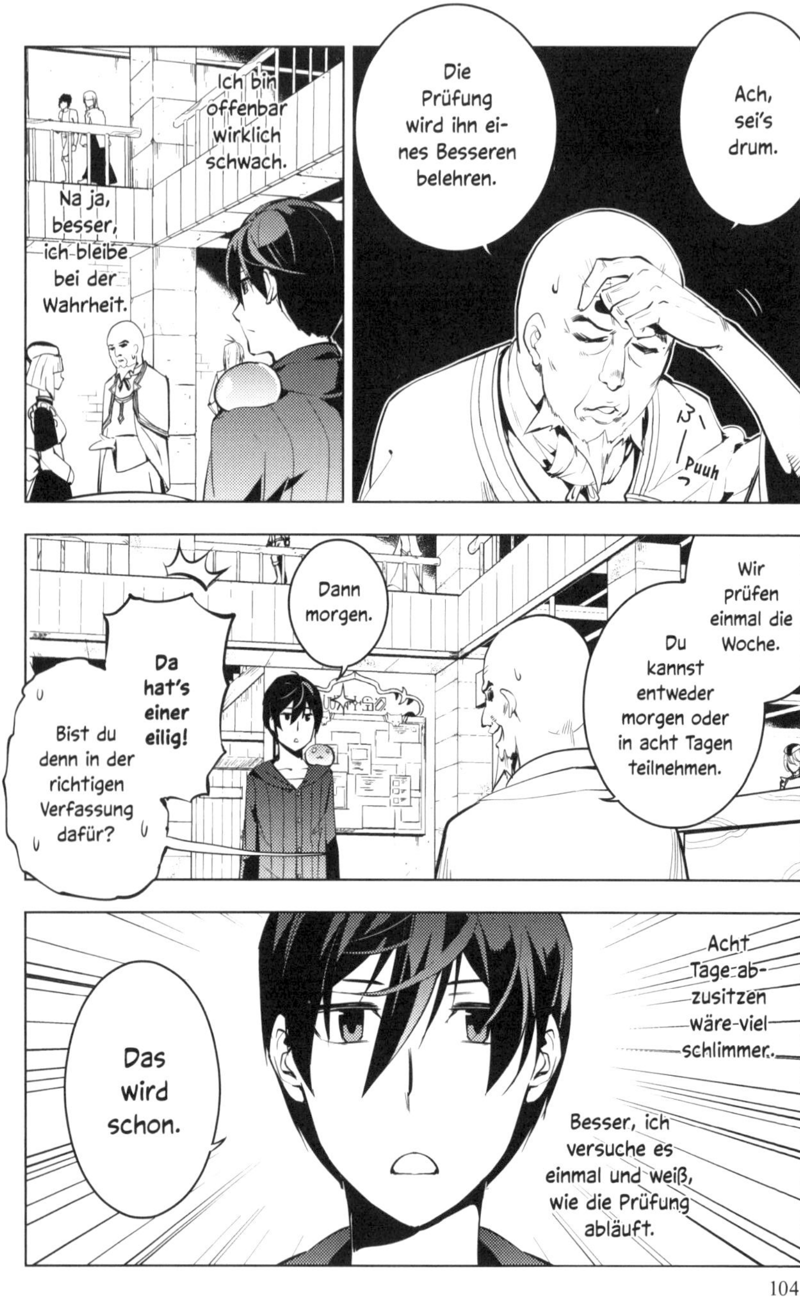
Ach, sei's drum.
Die Prüfung wird ihn eines Besseren belehren.
Puuh
Ich bin offenbar wirklich schwach.
Na ja, besser, ich bleibe bei der Wahrheit.
Wir prüfen einmal die Woche.
Du kannst entweder morgen oder in acht Tagen teilnehmen.
Dann morgen.
Da hat's einer eilig!
Bist du denn in der richtigen Verfassung dafür?
Acht Tage abzusitzen wäre viel schlimmer.
Besser, ich versuche es einmal und weiß, wie die Prüfung abläuft.
Das wird schon.

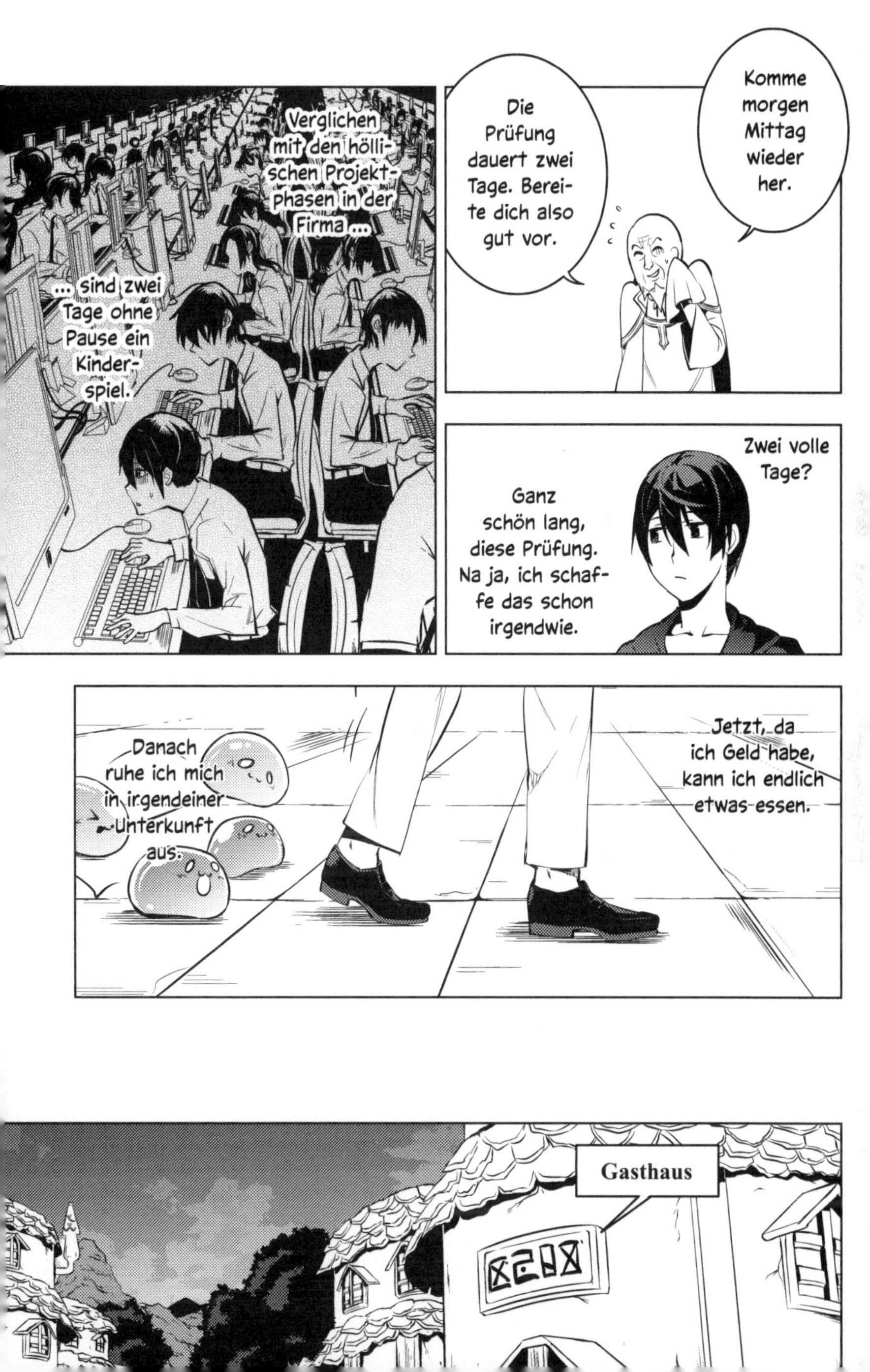

Komme morgen Mittag wieder her.
Die Prüfung dauert zwei Tage. Bereite dich also gut vor.
Zwei volle Tage?
Ganz schön lang, diese Prüfung. Na ja, ich schaffe das schon irgendwie.
Verglichen mit den höllischen Projektphasen in der Firma ...
... sind zwei Tage ohne Pause ein Kinderspiel.
Jetzt, da ich Geld habe, kann ich endlich etwas essen.
Danach ruhe ich mich in irgendeiner Unterkunft aus.
Gasthaus

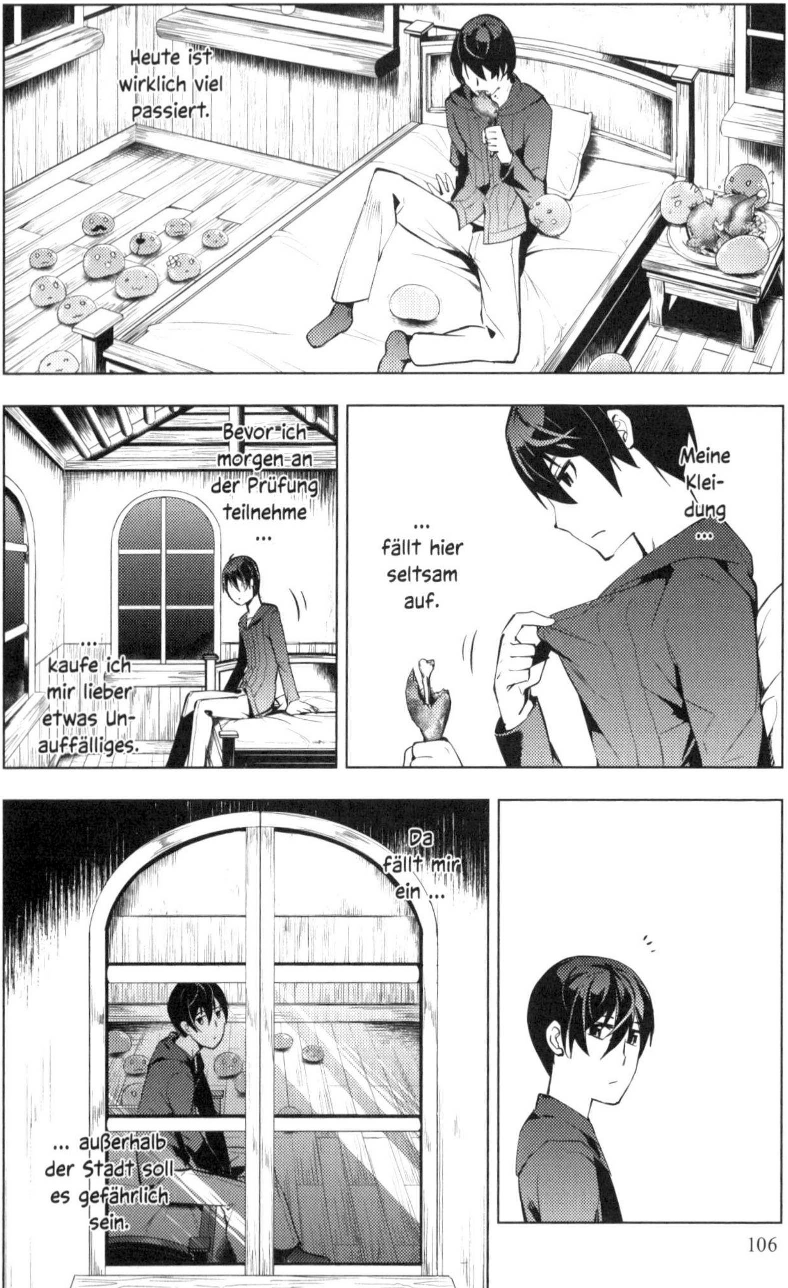
Heute ist wirklich viel passiert.
Meine Klei-dung ...
... fällt hier seltsam auf.
Bevor ich morgen an der Prüfung teilnehme ...
... kaufe ich mir lieber etwas Un-auffälliges.
Da fällt mir ein ...
... außerhalb der Stadt soll es gefährlich sein.

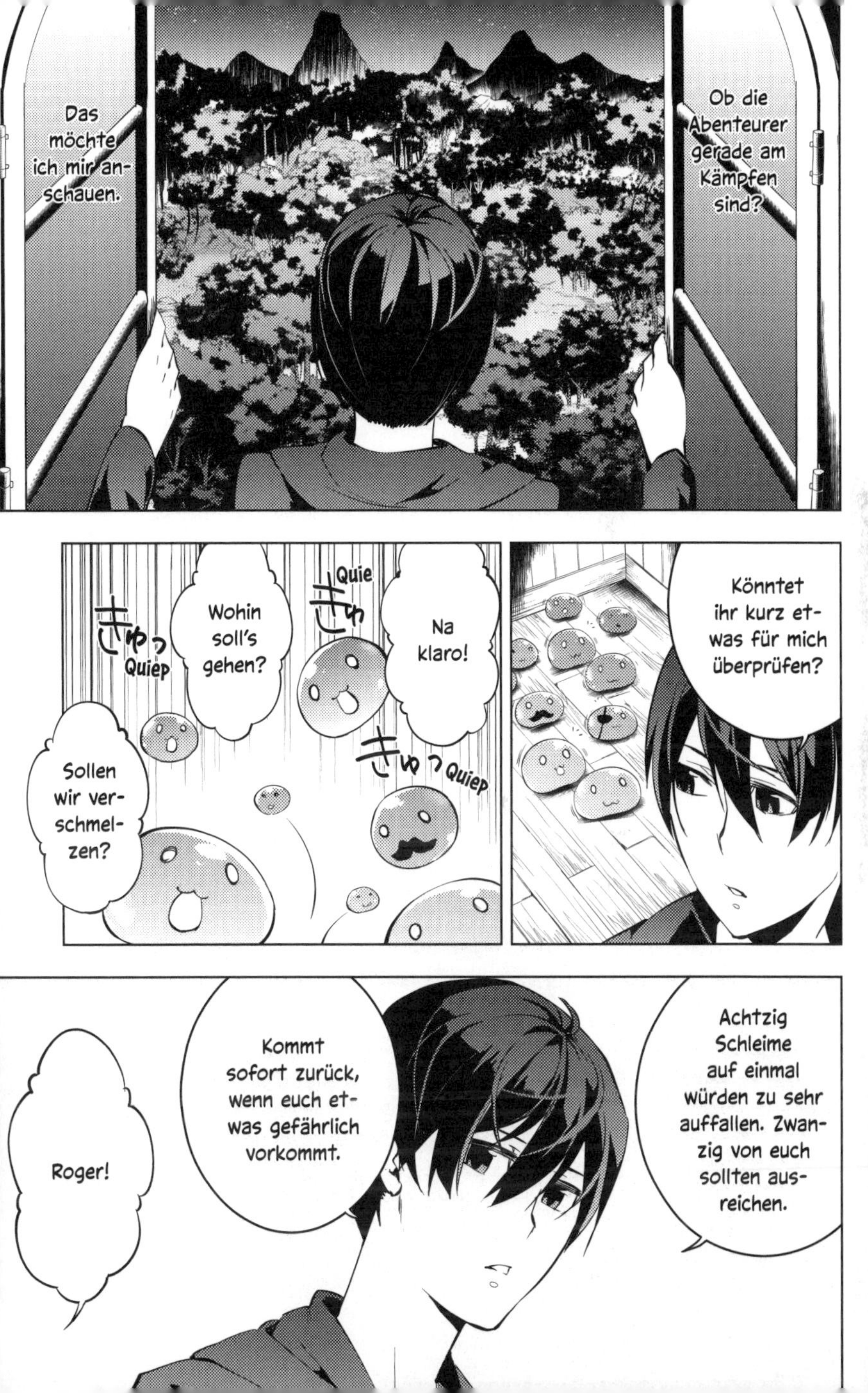

Ob die Abenteurer gerade am Kämpfen sind?
Das möchte ich mir anschauen.
Könntet ihr kurz etwas für mich überprüfen?
Quie
きゅ
Na klaro!
Wohin soll's gehen?
きゅっ
Quiep
きゅっ
Quiep
Sollen wir verschmelzen?
Achtzig Schleime auf einmal würden zu sehr auffallen. Zwanzig von euch sollten ausreichen.
Kommt sofort zurück, wenn euch etwas gefährlich vorkommt.
Roger!

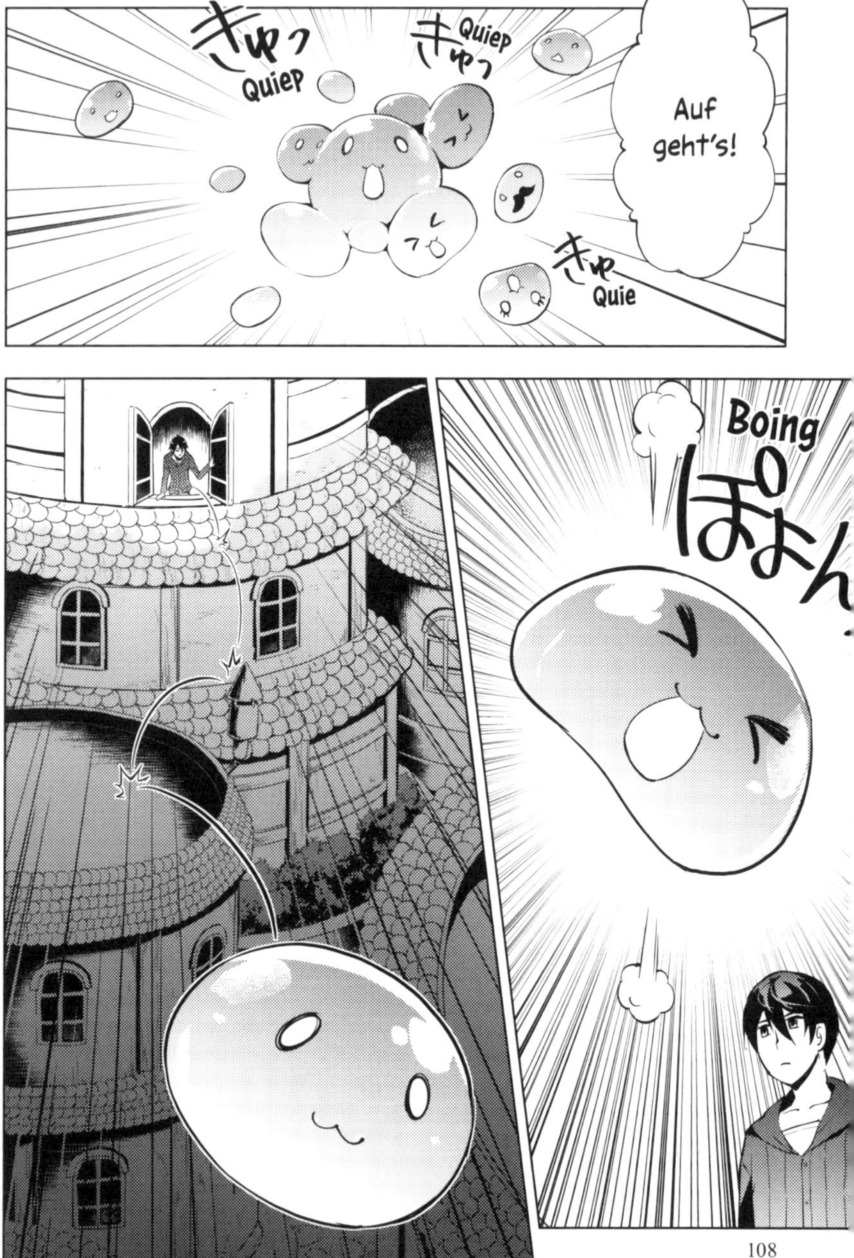
Auf geht's!
きゅっ
Quiep
きゅっ
Quiep
きゅ
Quie
Boing
ぽよん

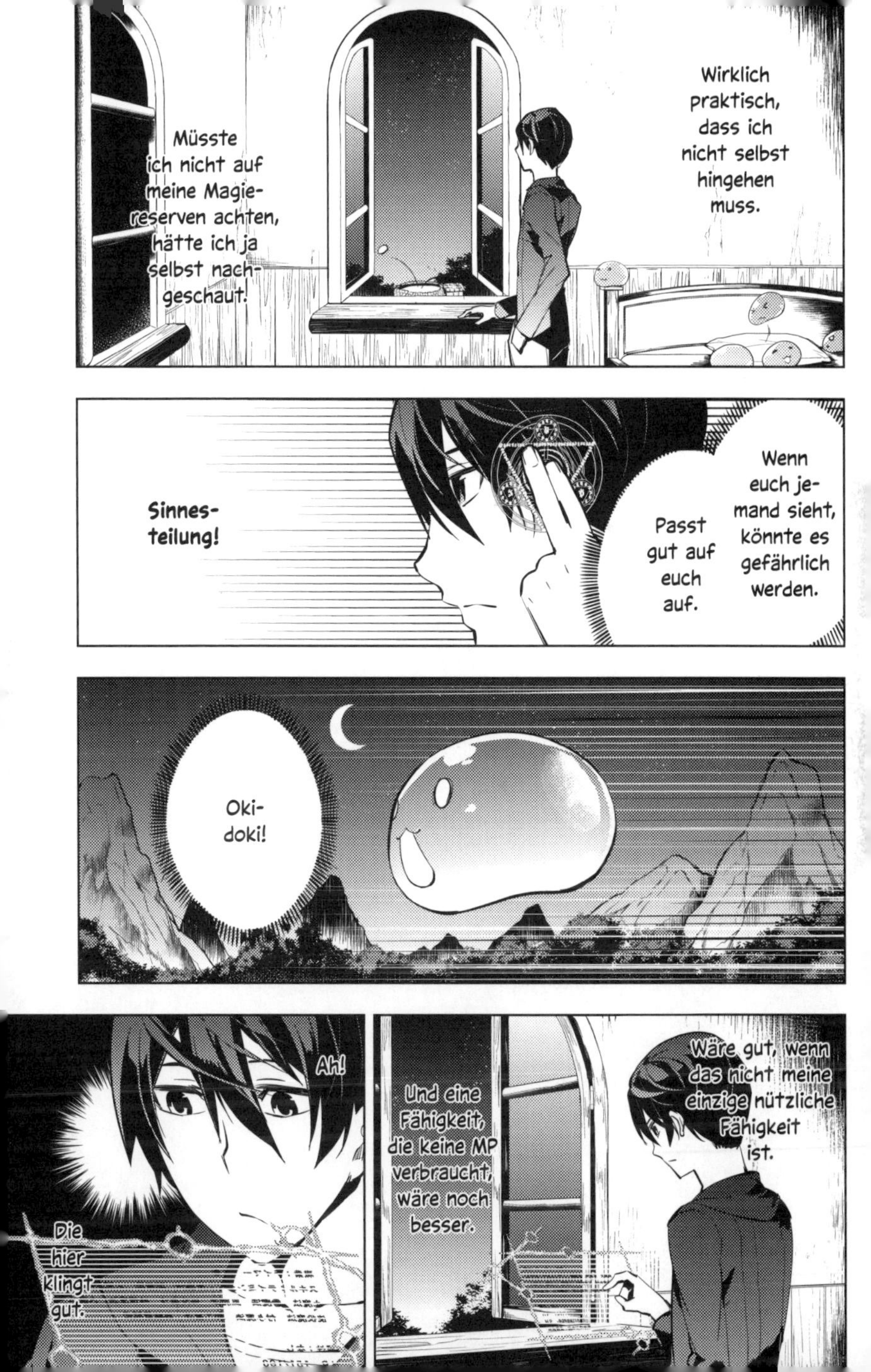

Wirklich praktisch, dass ich nicht selbst hingehen muss.
Müsste ich nicht auf meine Magiereserven achten, hätte ich ja selbst nachgeschaut!
Wenn euch jemand sieht, könnte es gefährlich werden.
Passt gut auf euch auf.
Sinnesteilung!
Oki-doki!
Wäre gut, wenn das nicht meine einzige nützliche Fähigkeit ist.
Und eine Fähigkeit, die keine MP verbraucht, wäre noch besser.
Ah!
Die hier klingt gut.

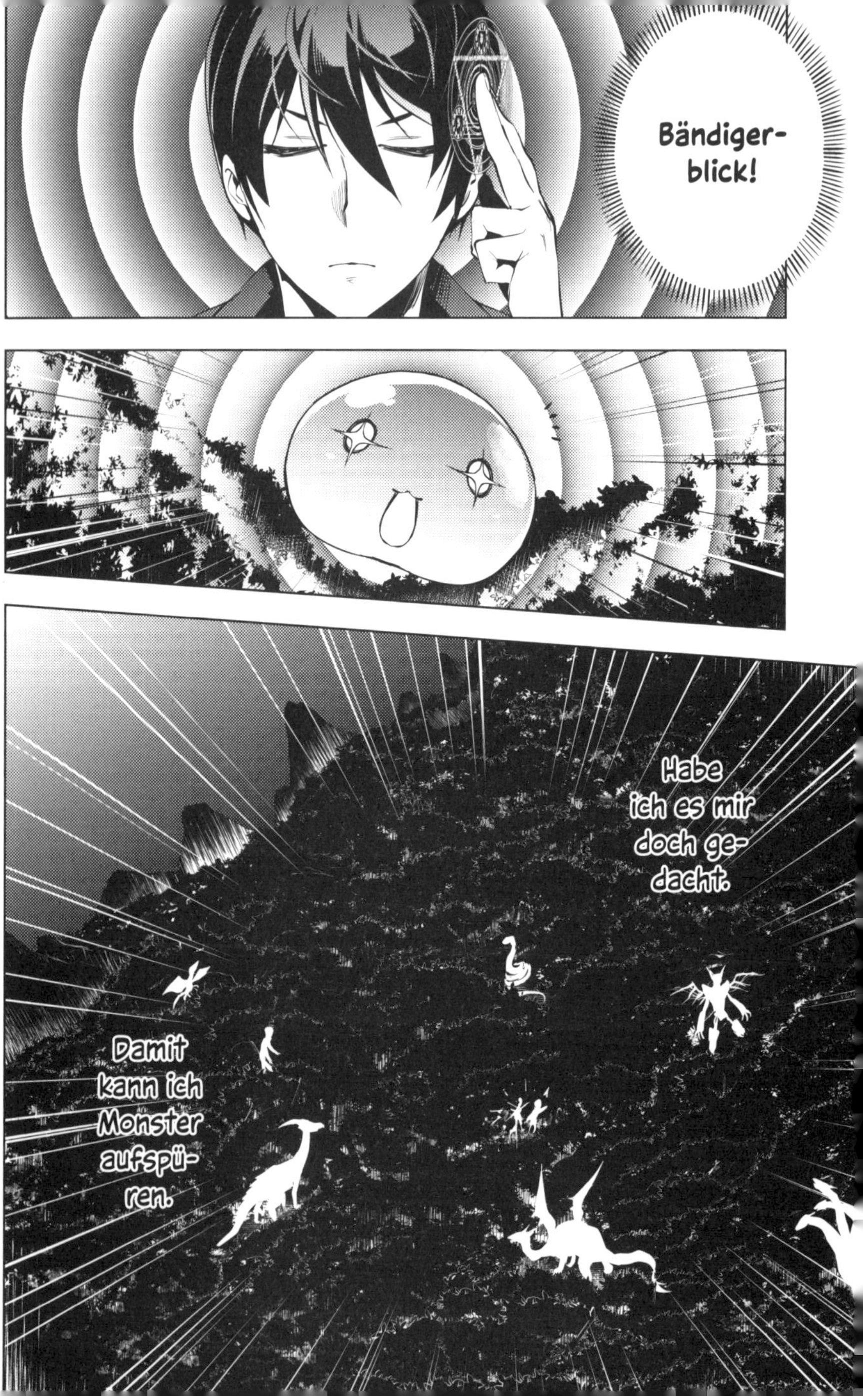
Bändiger-
blick!
Habe ich es mir doch gedacht.
Damit kann ich Monster aufspüren.

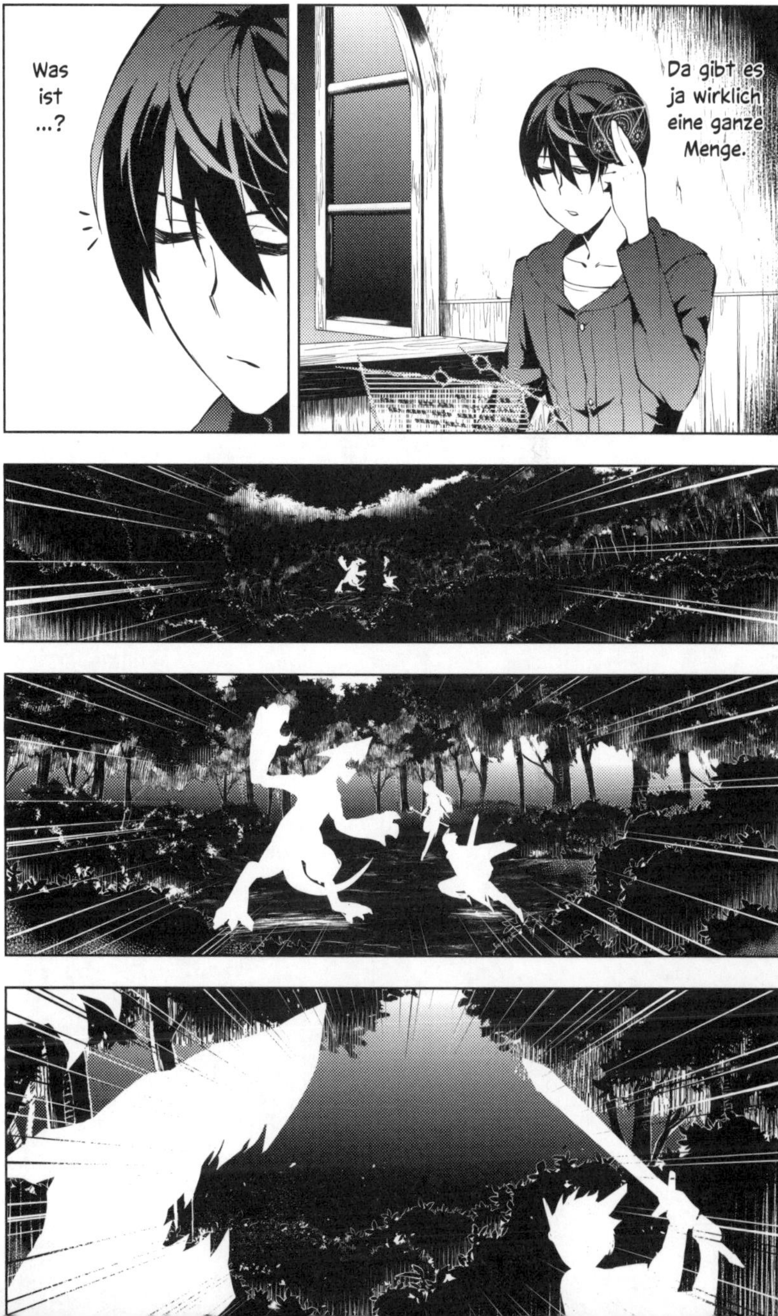
Da gibt es ja wirklich eine ganze Menge.
Was ist ...?

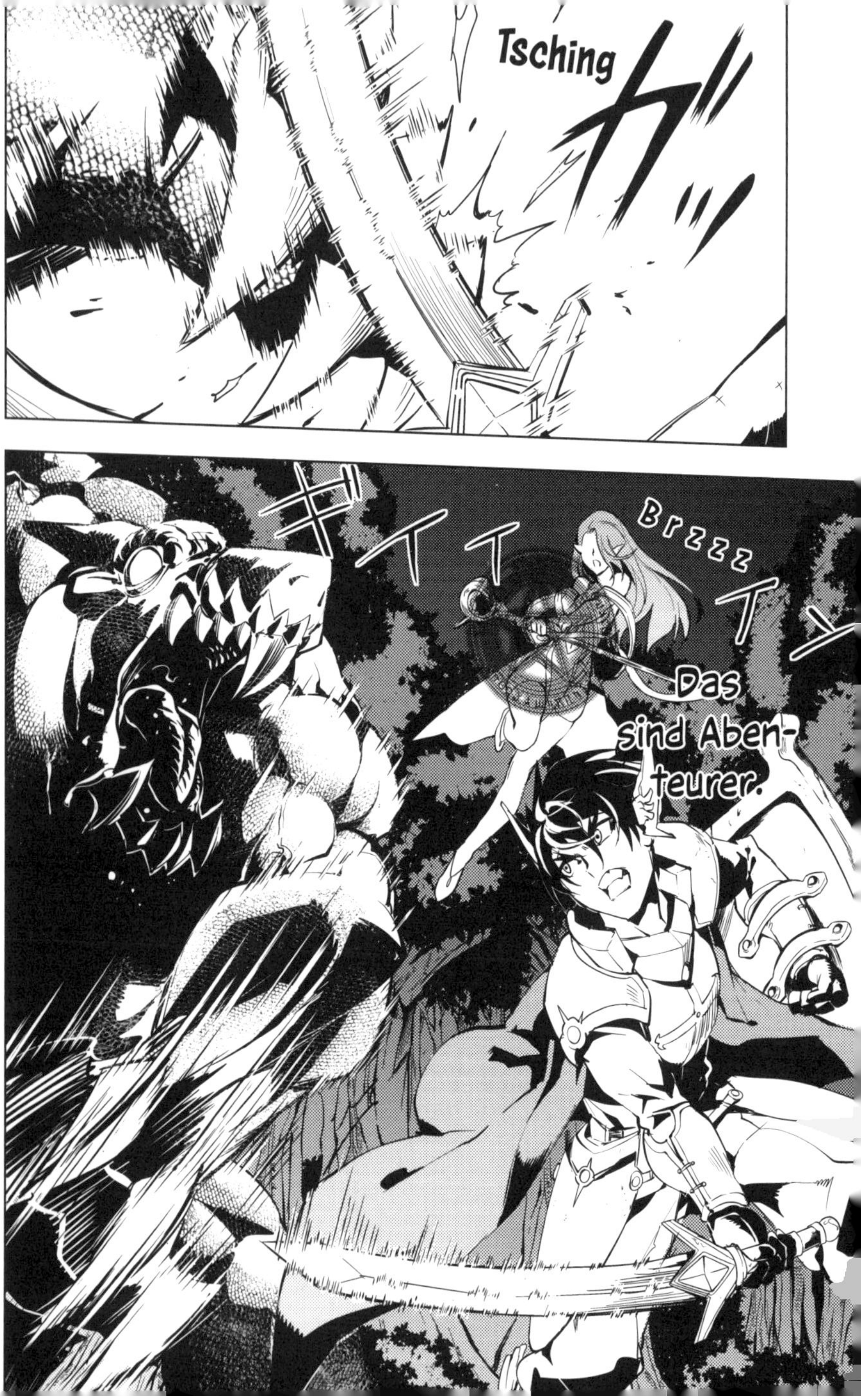
Tsching
ガッ
Brzzz
ギィイイン
Das sind Abenteurer.

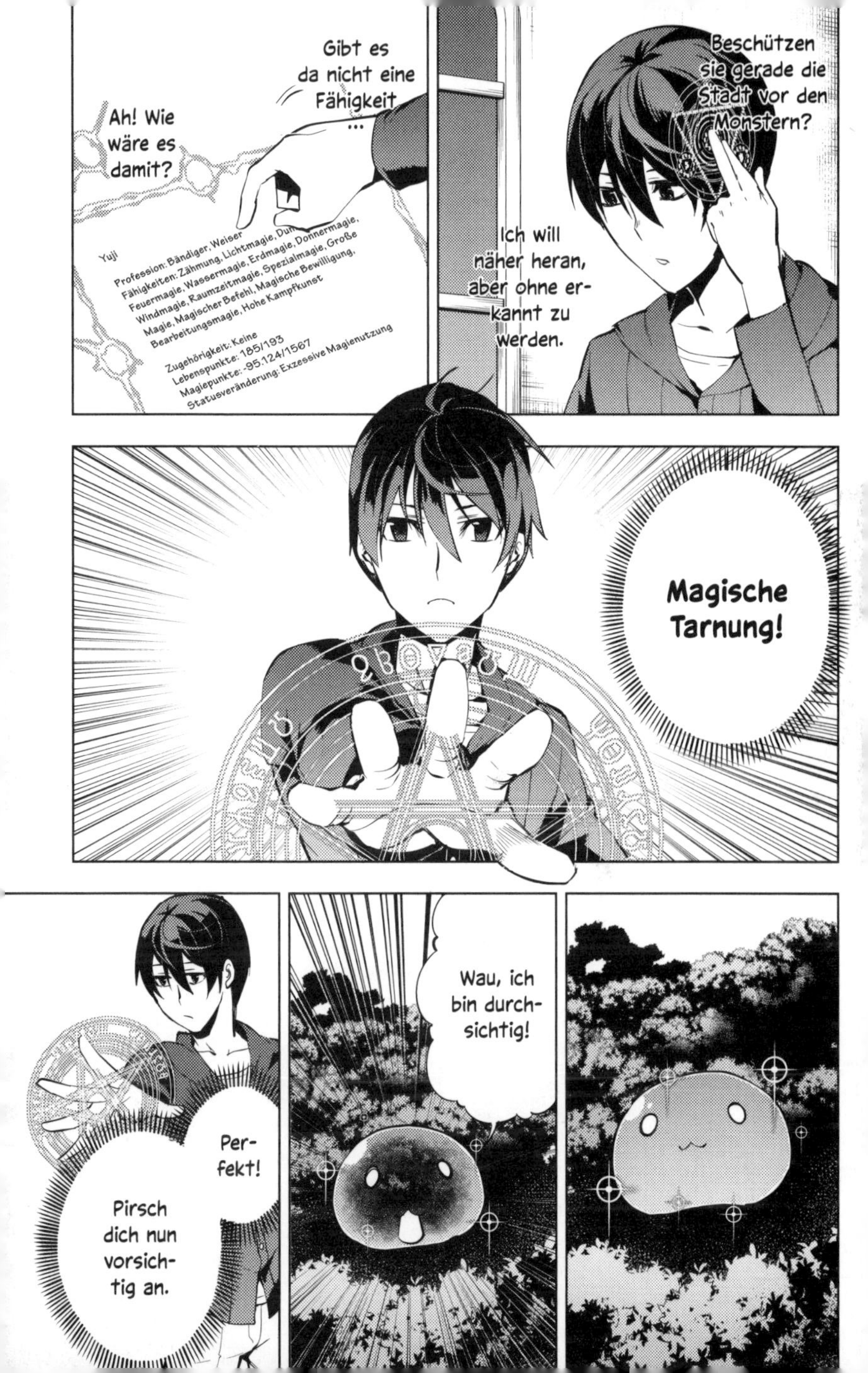
Beschützen sie gerade die Stadt vor den Monstern?
Ich will näher heran, aber ohne erkannt zu werden.
Gibt es da nicht eine Fähigkeit ...
Ah! Wie wäre es damit?
Yuji
Profession: Bändiger, Weiser
Fähigkeiten: Zähmung, Lichtmagie, Dun
Feuermagie, Wassermagie, Erdmagie, Donnermagie,
Windmagie, Raumzeitmagie, Spezialmagie, Große
Magie, Magischer Befehl, Magische Bewilligung,
Bearbeitungsmagie, Hohe Kampfkunst
Zugehörigkeit: Keine
Lebenspunkte: 185/193
Magiepunkte: -95.124/1567
Statusveränderung: Exzessive Magienutzung
Magische Tarnung!
Wau, ich bin durchsichtig!
Perfekt!
Pirsch dich nun vorsichtig an.

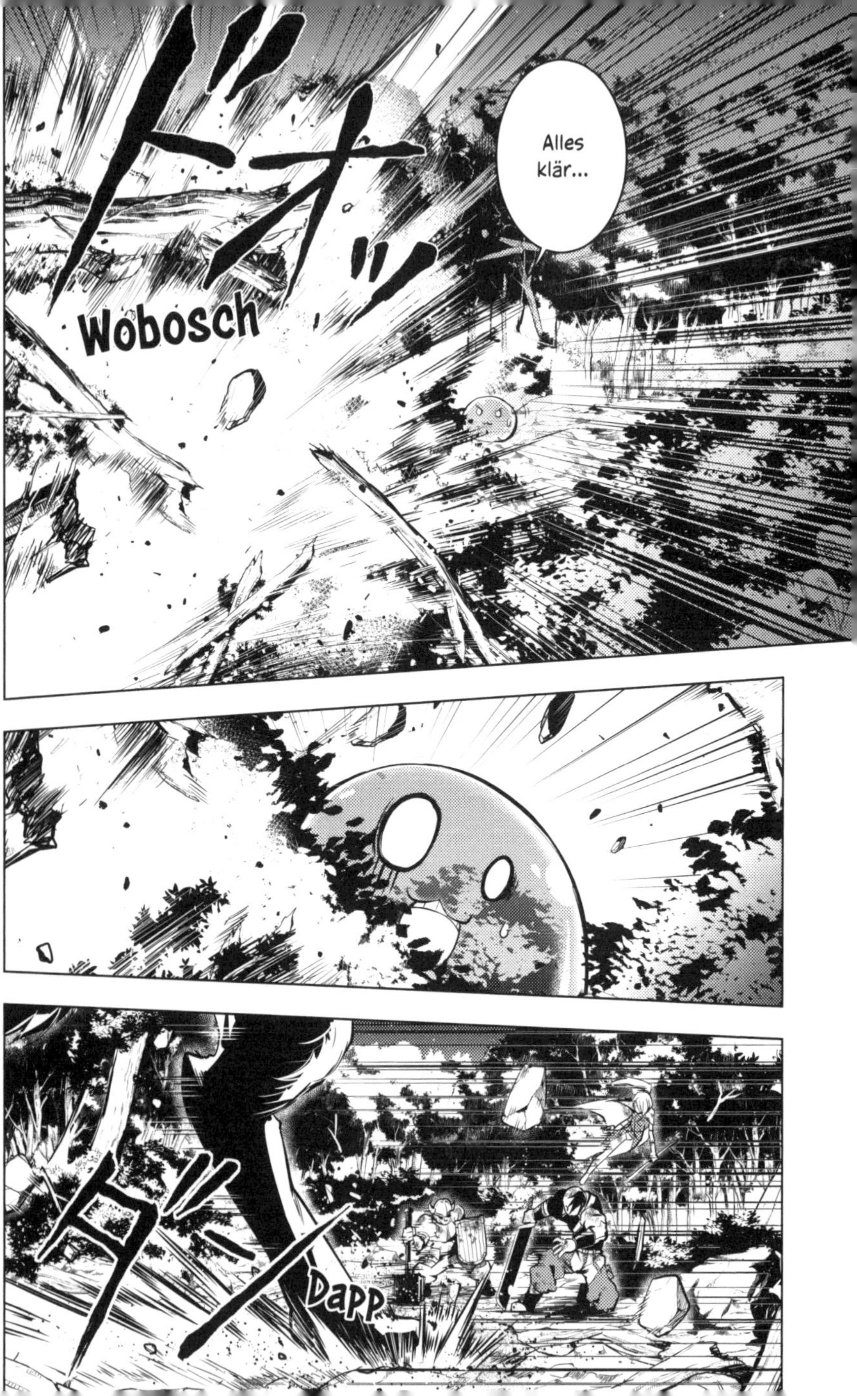
ドオッ
Wobosch
Alles klär...
ダーン
Dapp

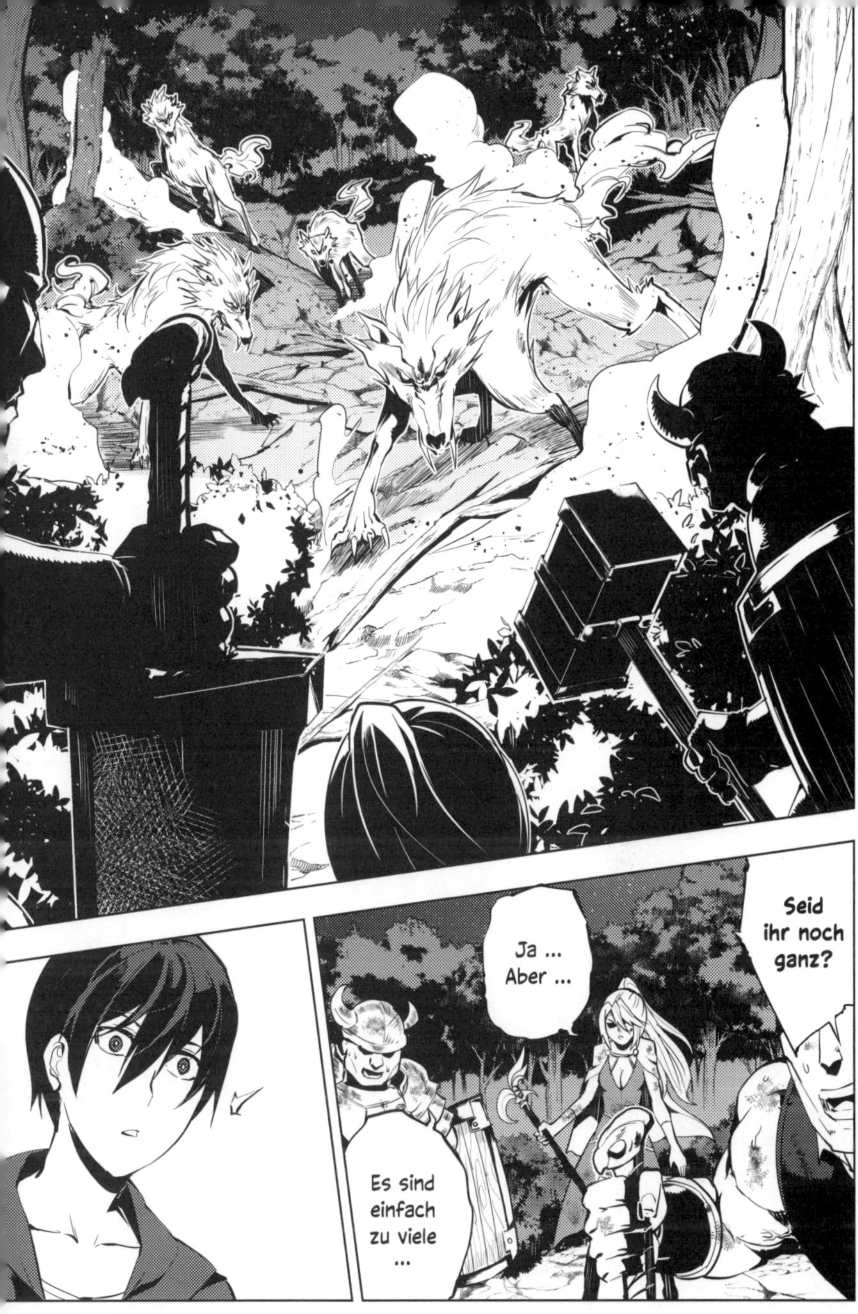
Seid ihr noch ganz?
Ja ... Aber ...
Es sind einfach zu viele ...

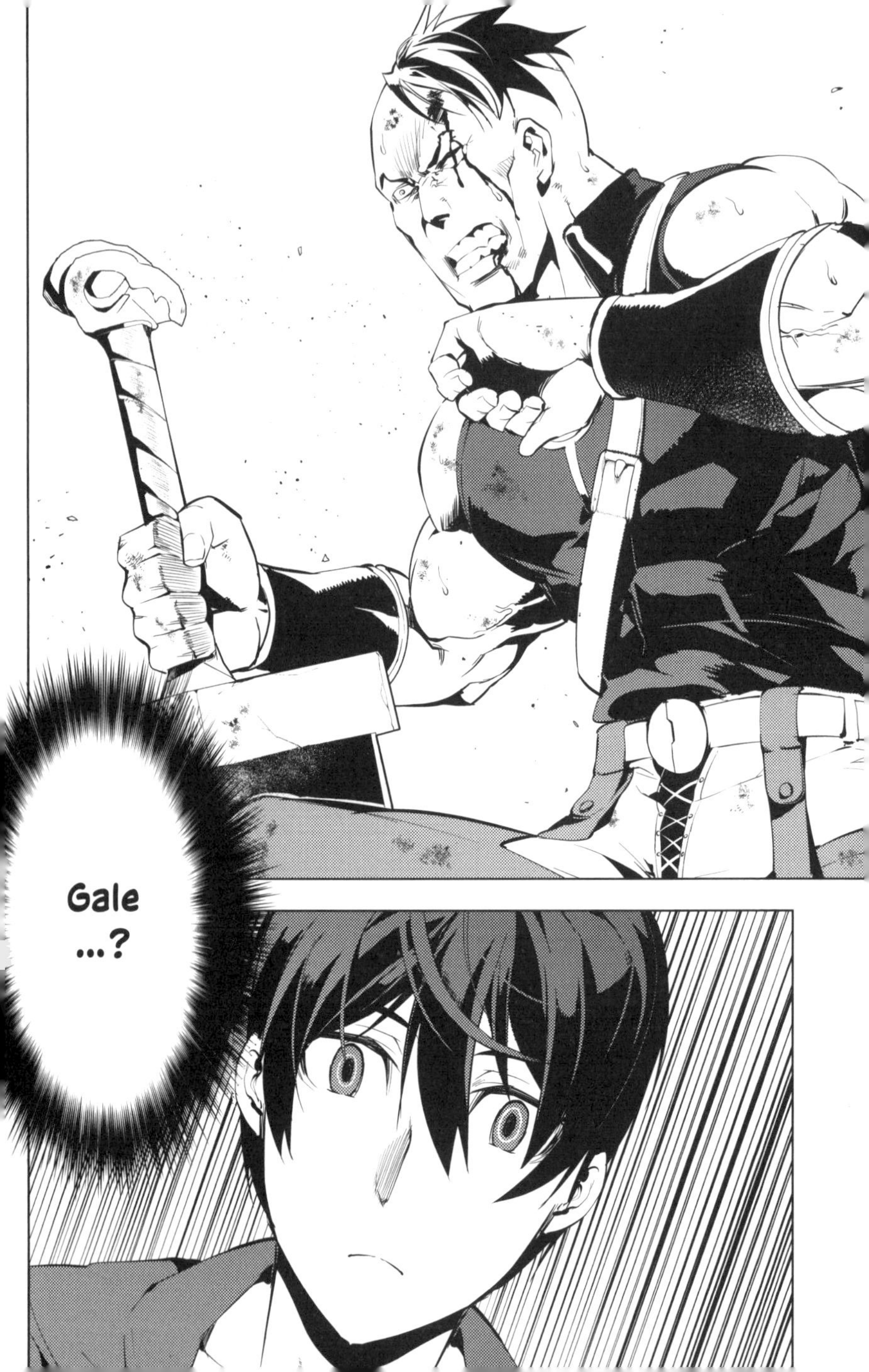
Gale
...?

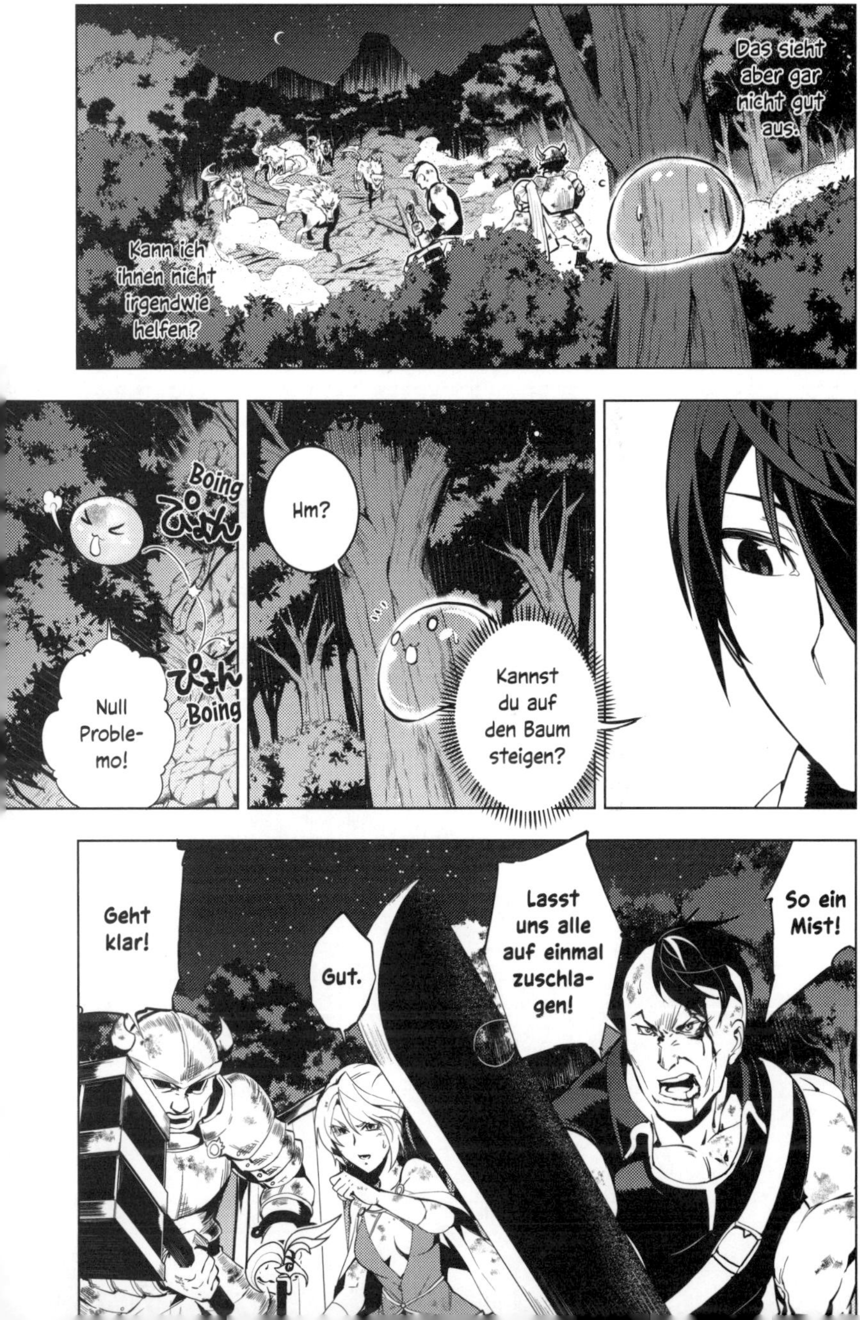
Das sieht aber gar nicht gut aus.
Kann ich ihnen nicht irgendwie helfen?
Kannst du auf den Baum steigen?
Hm?
Boing ぴょん
Null Proble-mo!
ぴょん Boing
So ein Mist!
Lasst uns alle auf einmal zuschlagen!
Gut.
Geht klar!

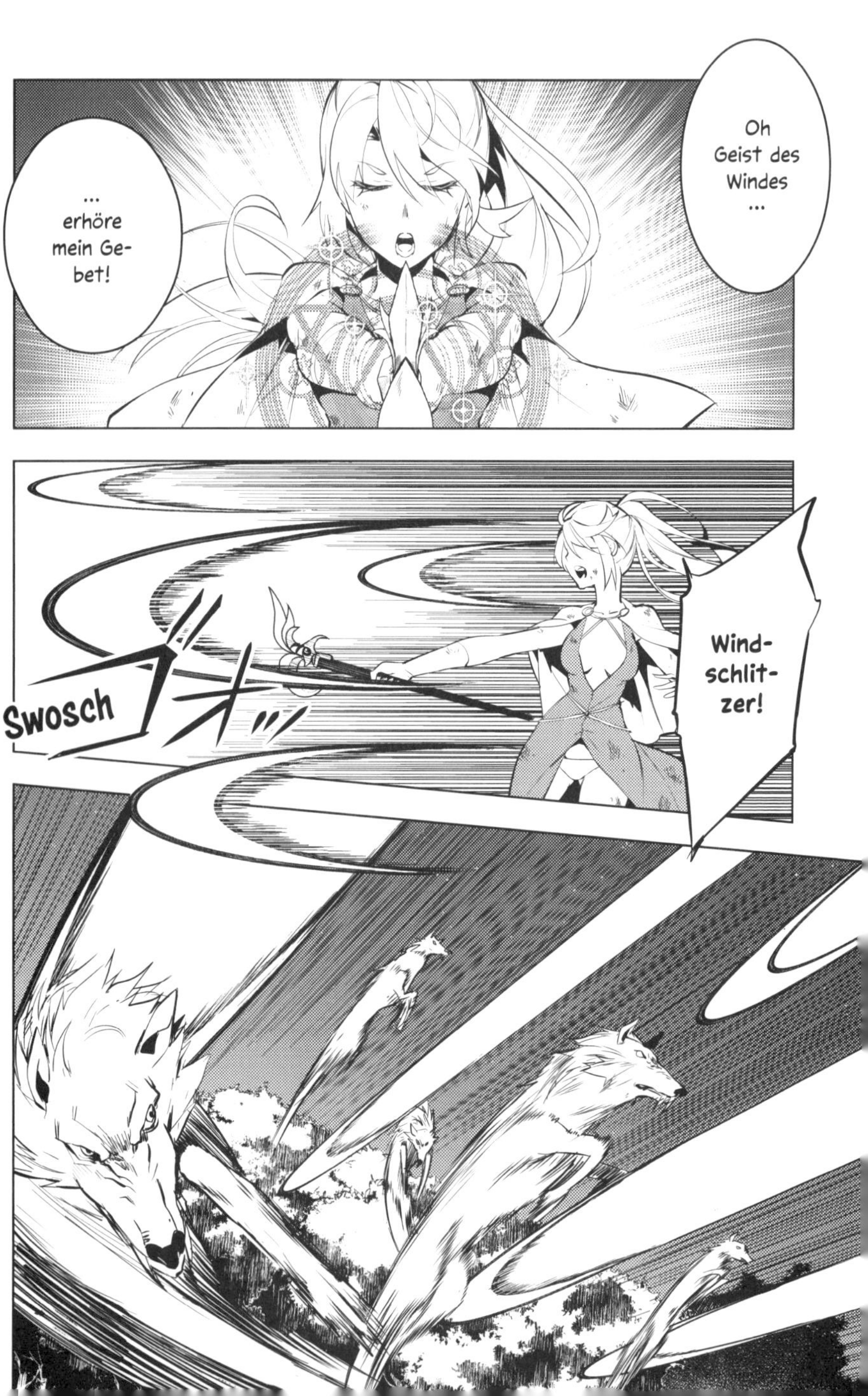
Oh Geist des Windes ...
... erhöre mein Gebet!
Windschlitzer!
Swosch

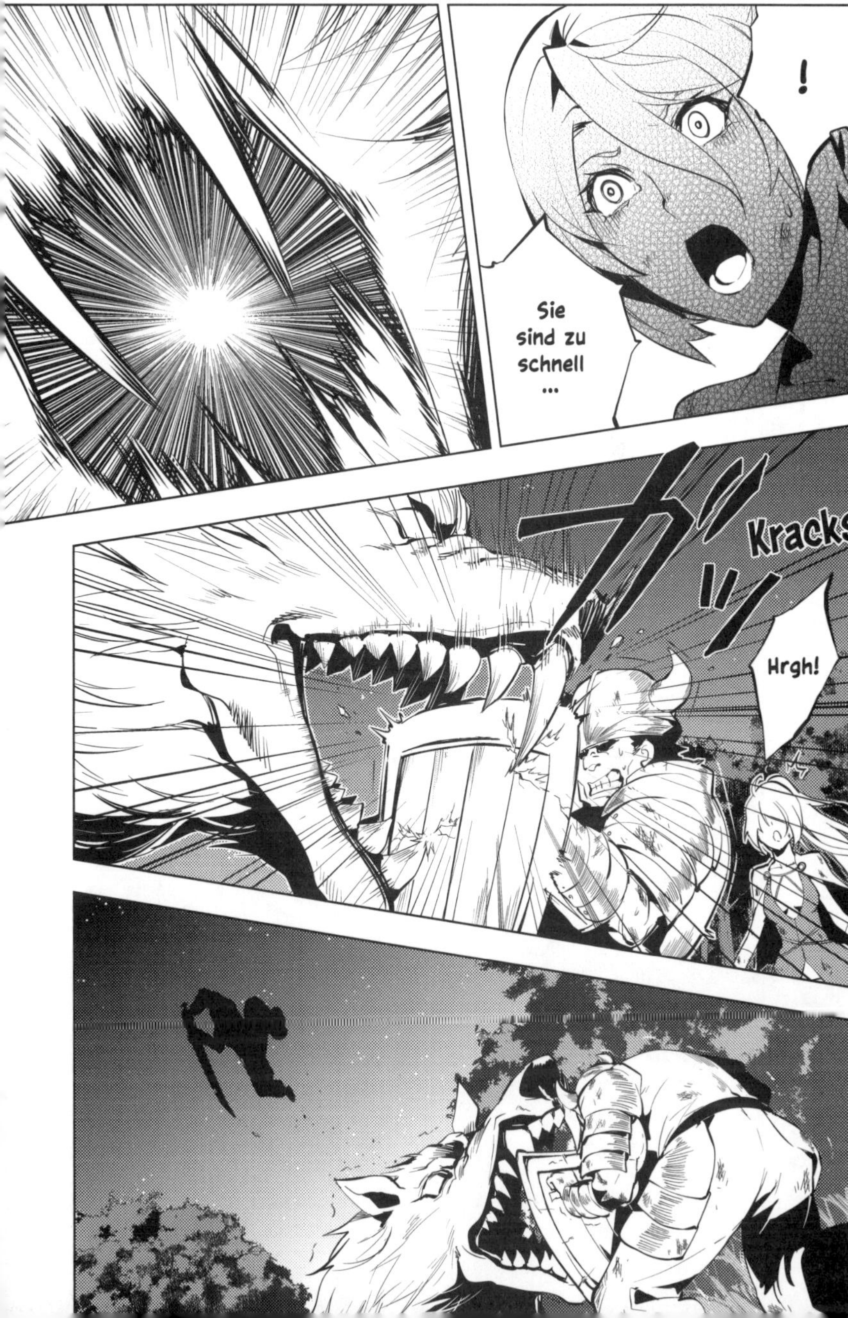
!
Sie sind zu schnell ...
Kracks
Hrgh!

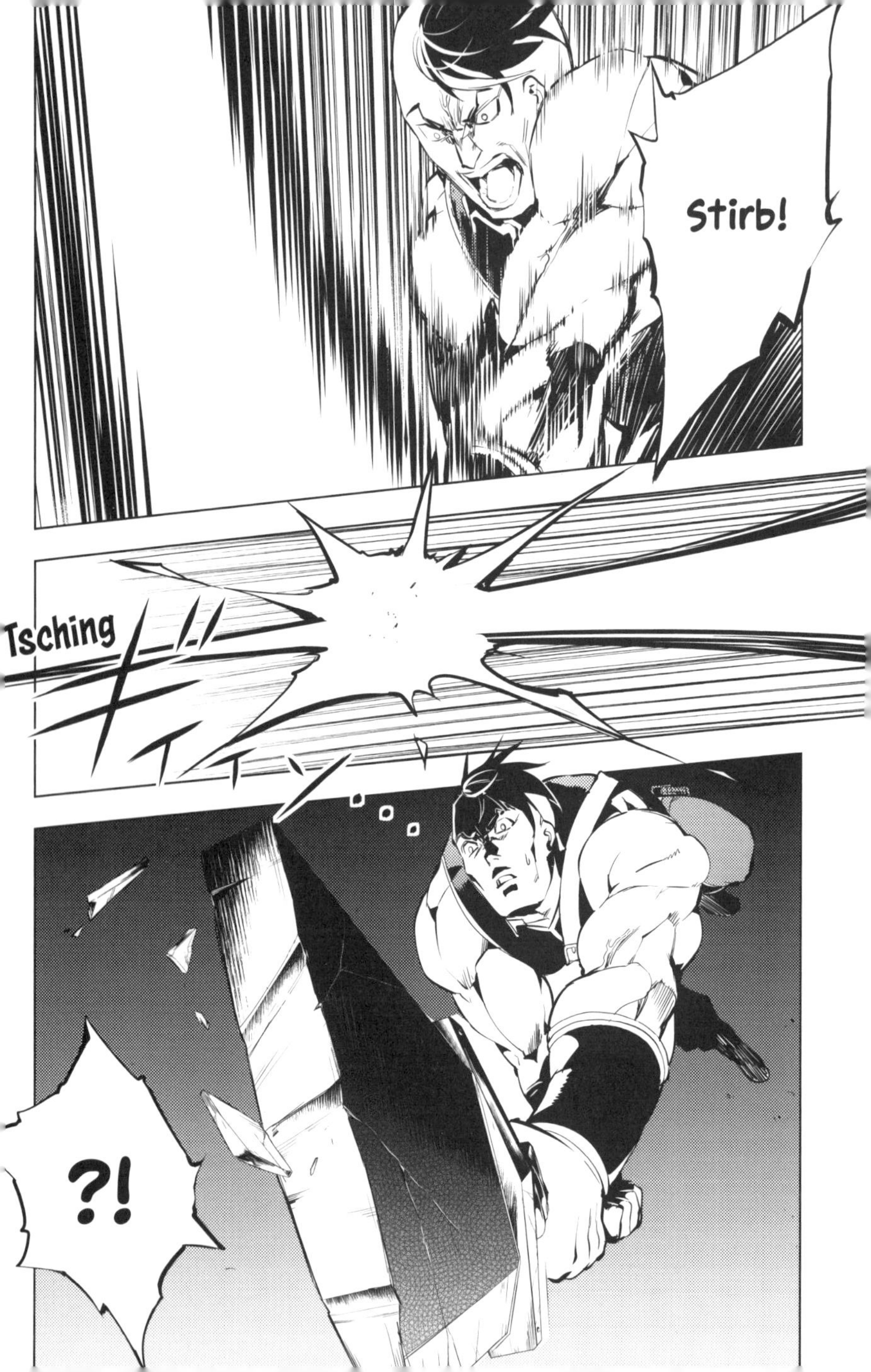
Stirb!
Tsching
?!

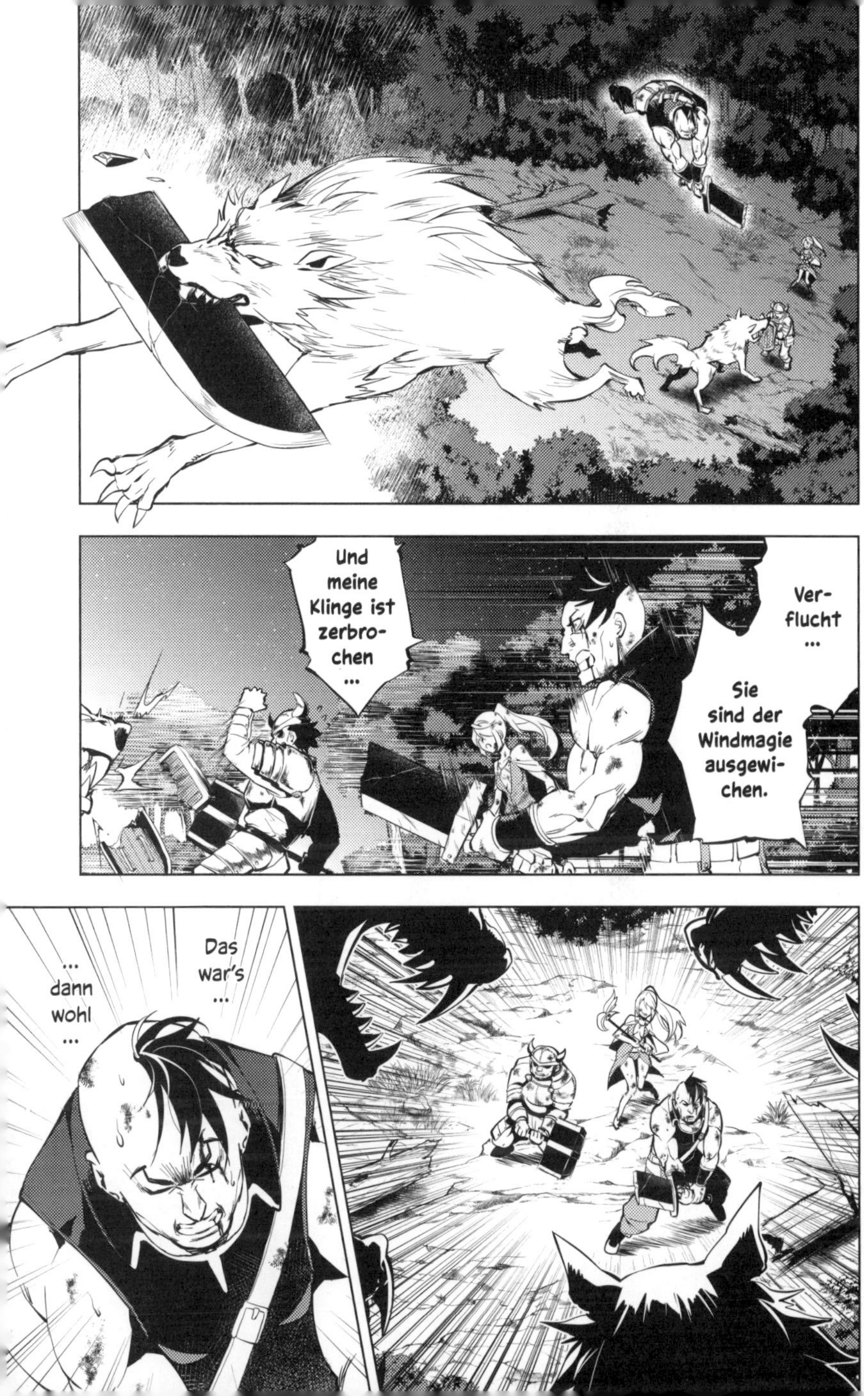
Verflucht ...
Sie sind der Windmagie ausgewichen.
Und meine Klinge ist zerbrochen ...
Das war's ...
... dann wohl ...

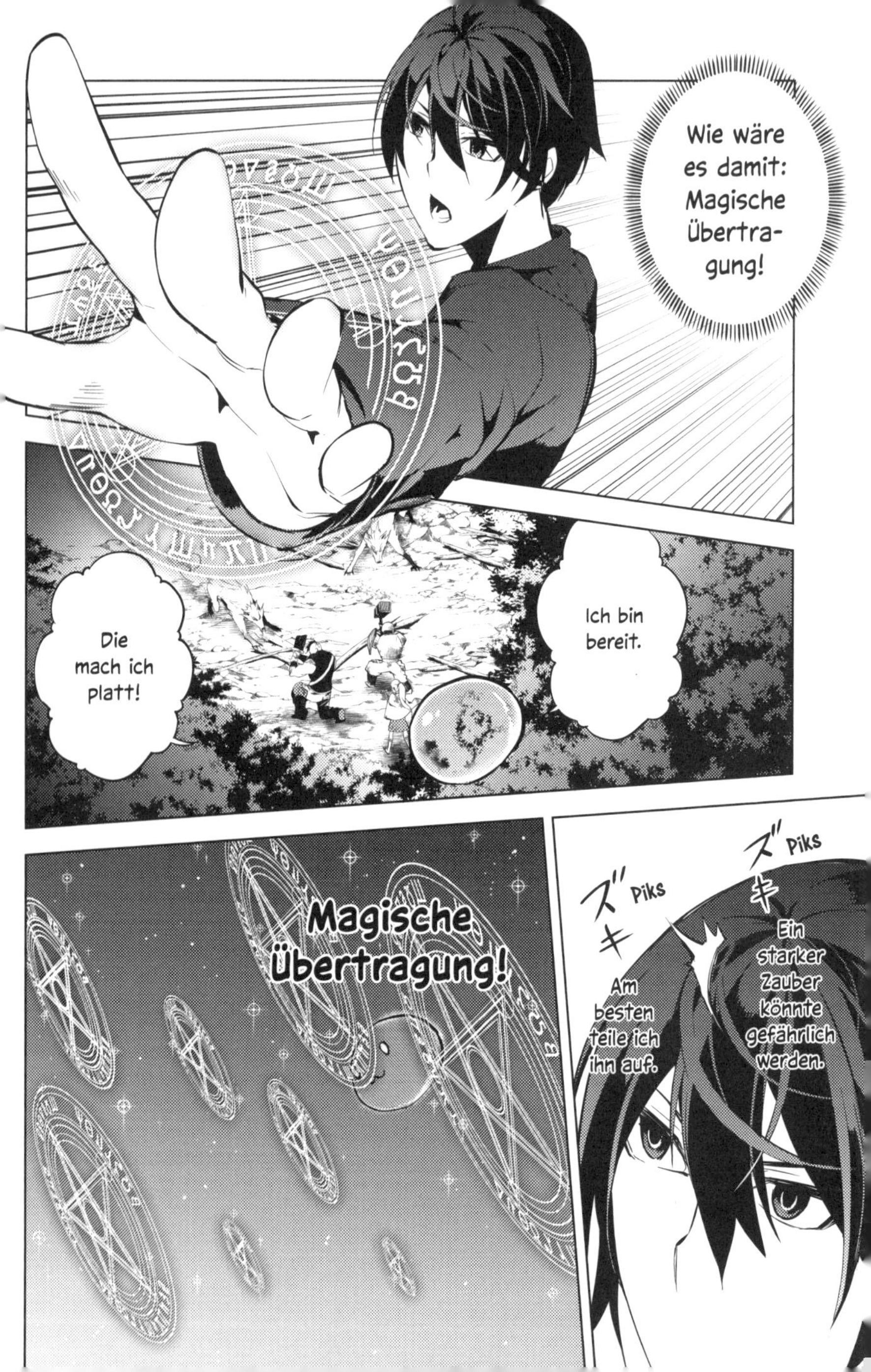
Wie wäre es damit: Magische Übertragung!
Ich bin bereit.
Die mach ich platt!
ズキ Piks
ズキ Piks
Ein starker Zauber könnte gefährlich werden.
Am besten teile ich ihn auf.
Magische Übertragung!

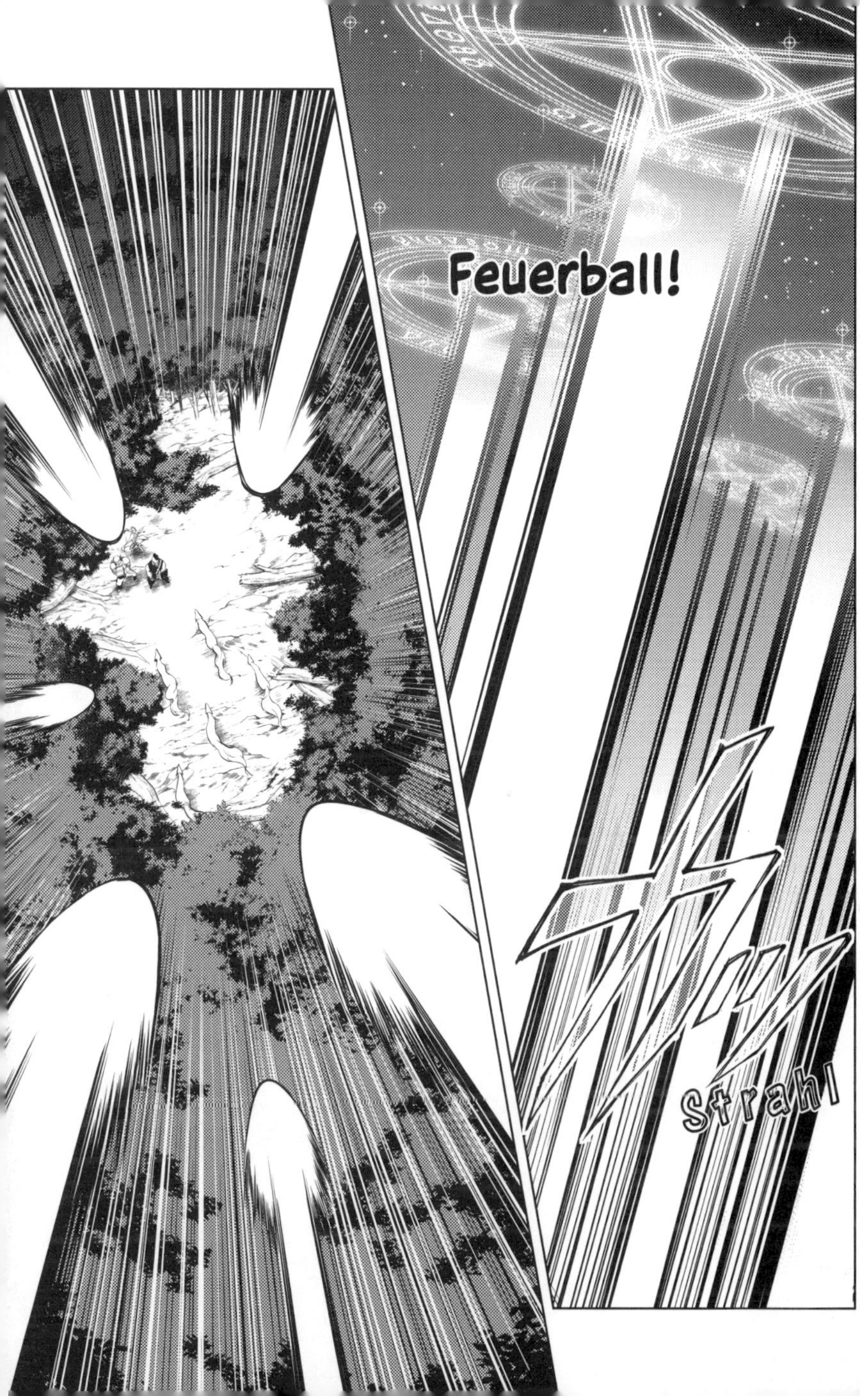
Feuerball!
Strahl

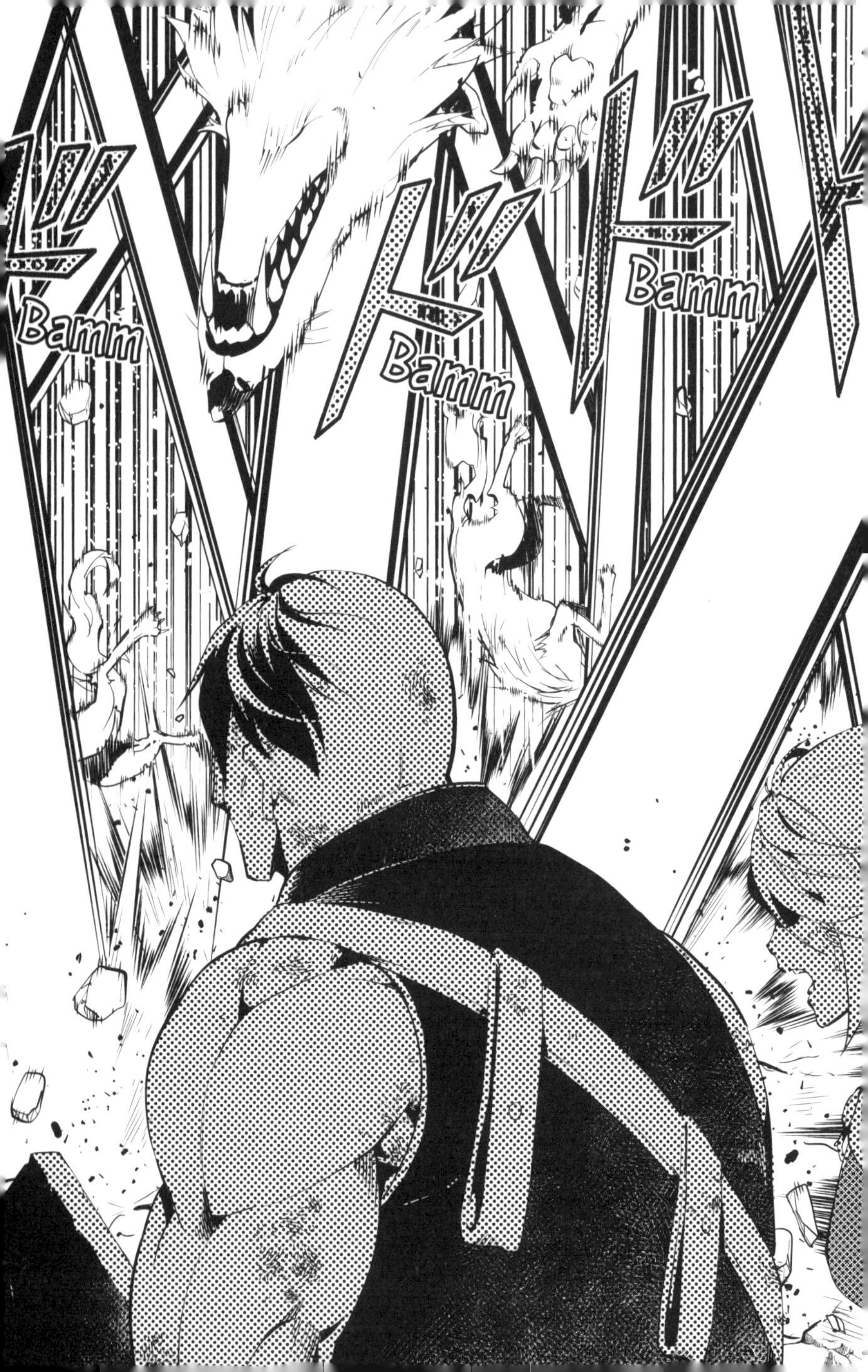
Bamm
Bamm
Bamm

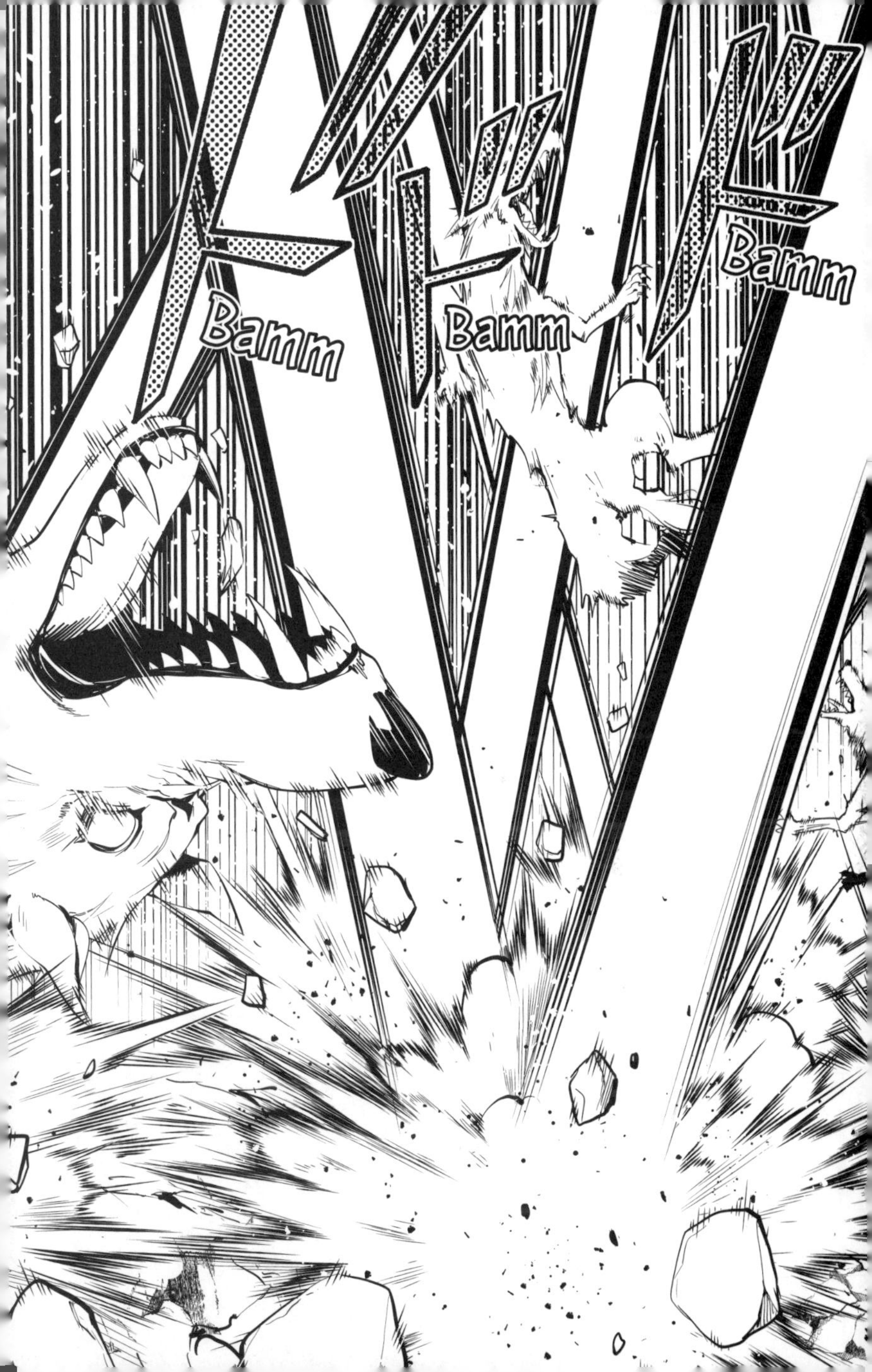
Bamm
Bamm
Bamm

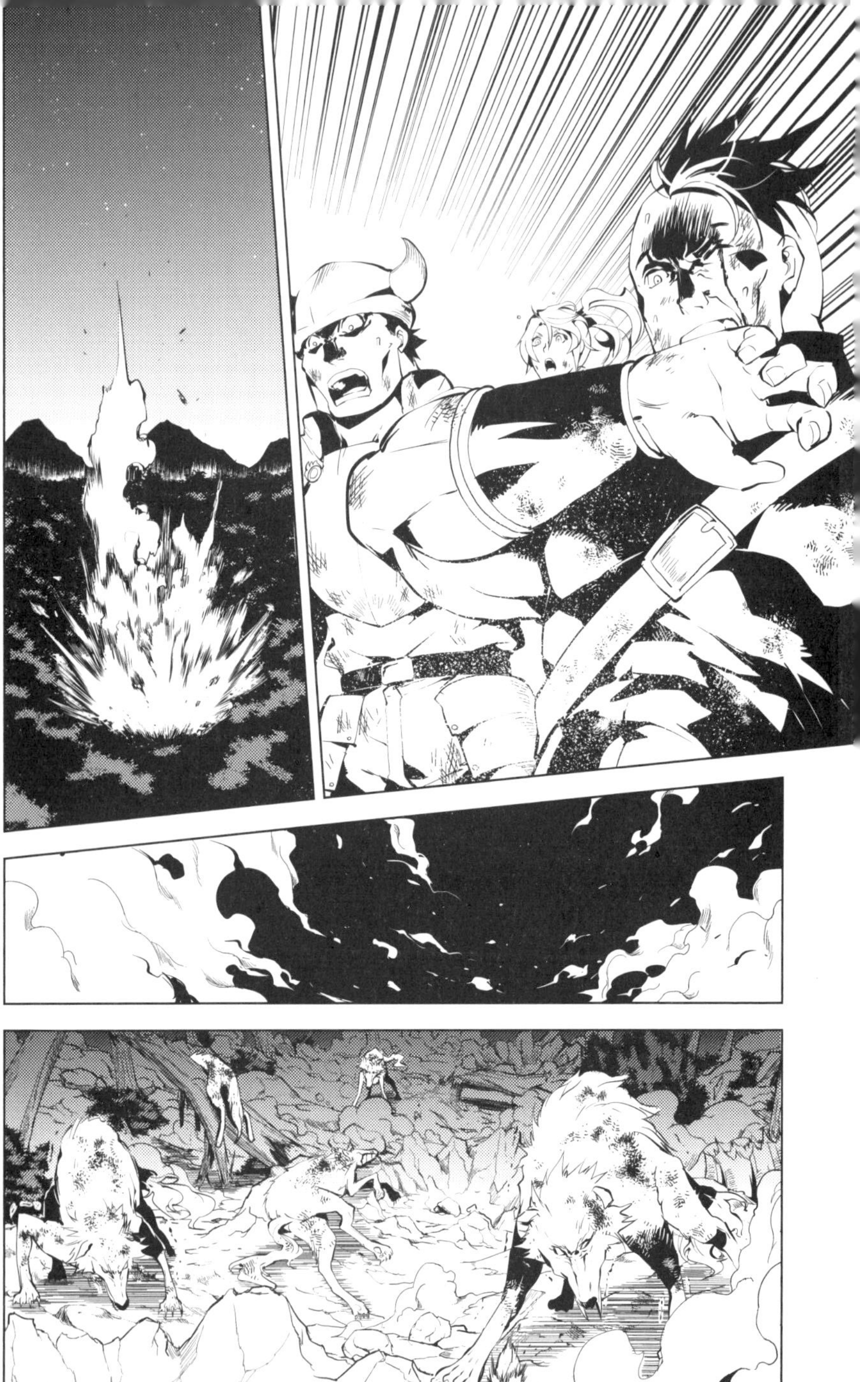

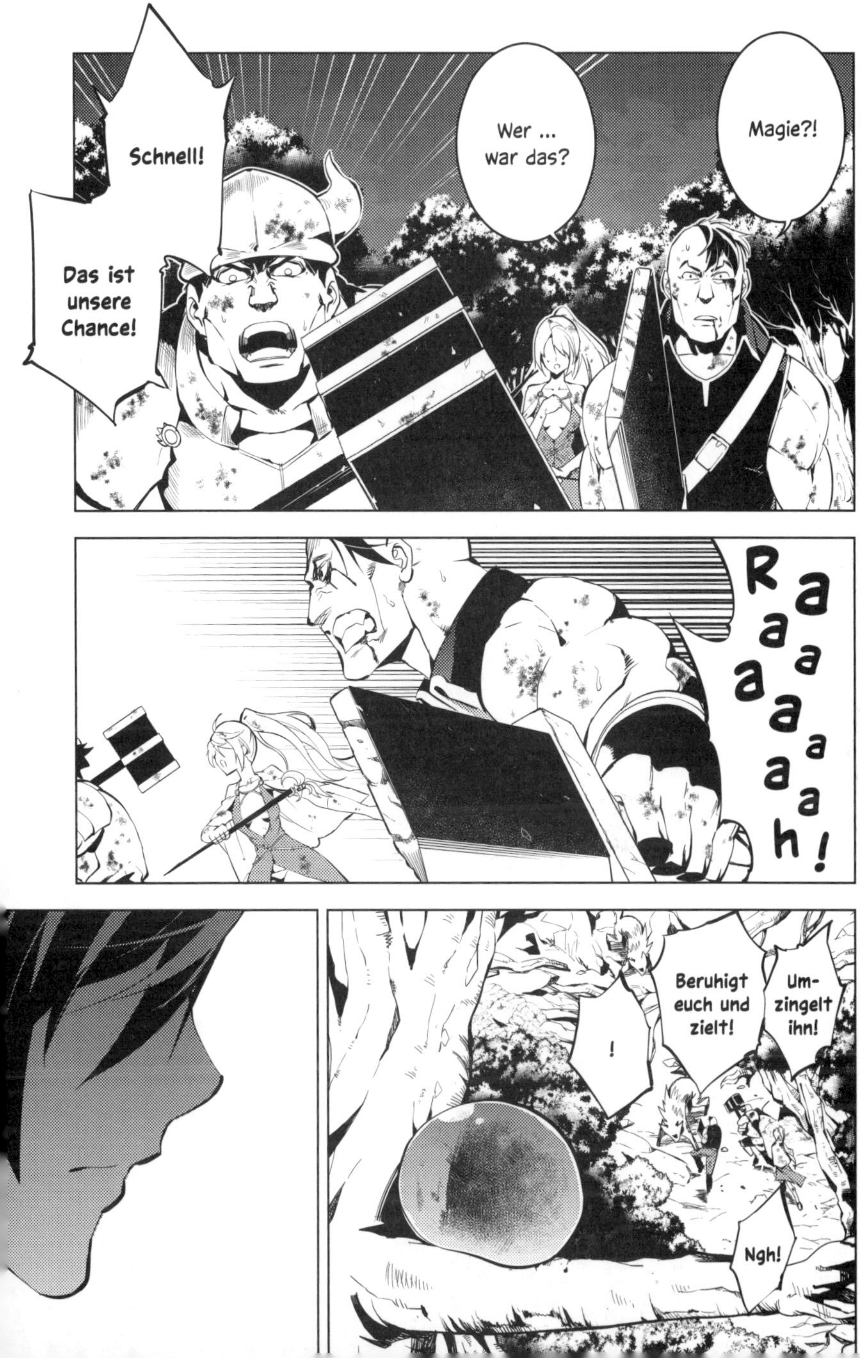
Magie?!
Wer ... war das?
Schnell!
Das ist unsere Chance!
Raaaaaaaaah!
Um-zingelt ihn!
Beruhigt euch und zielt!
!
Ngh!

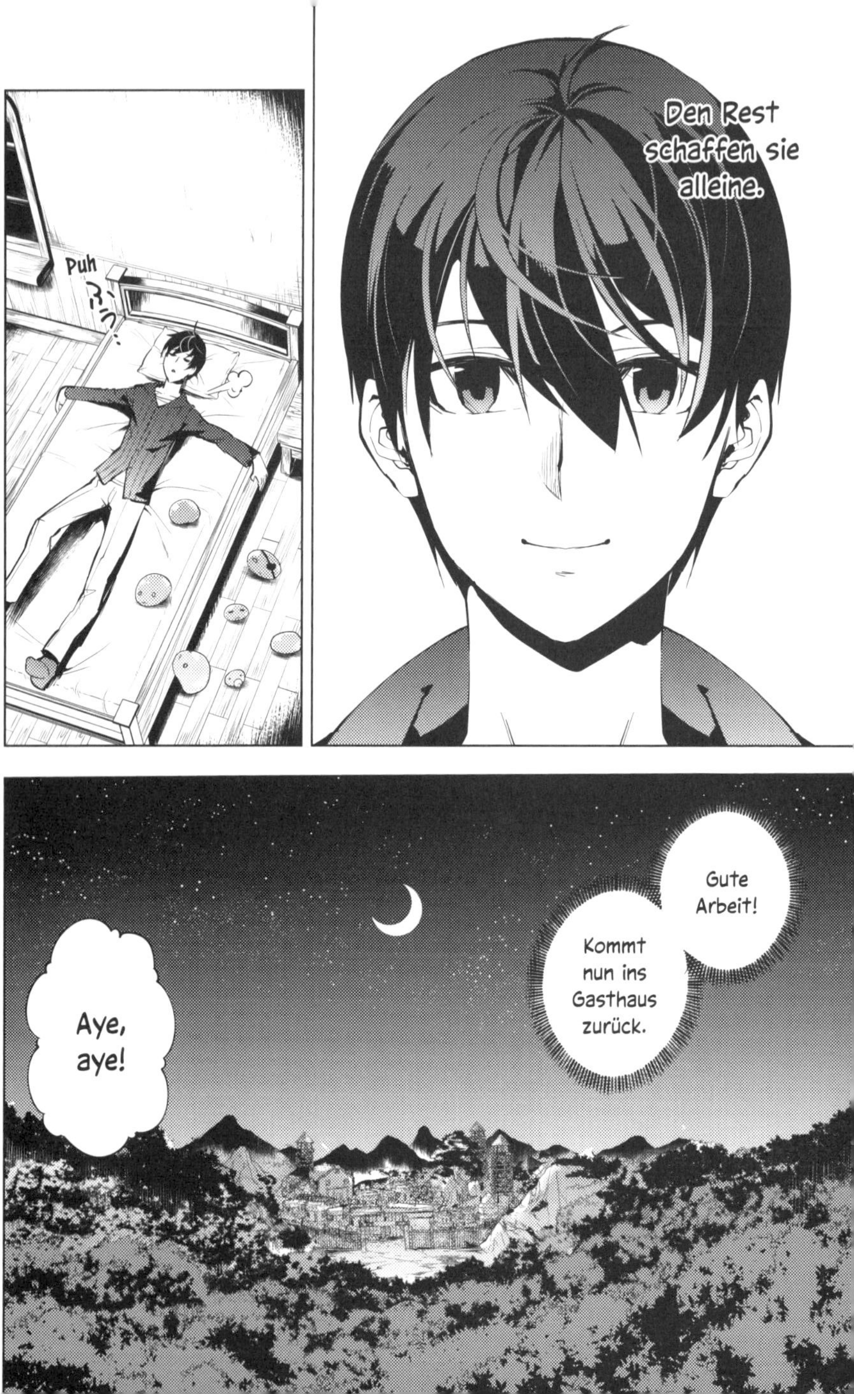
Den Rest schaffen sie alleine.
Puh
Gute Arbeit!
Kommt nun ins Gasthaus zurück.
Aye, aye!

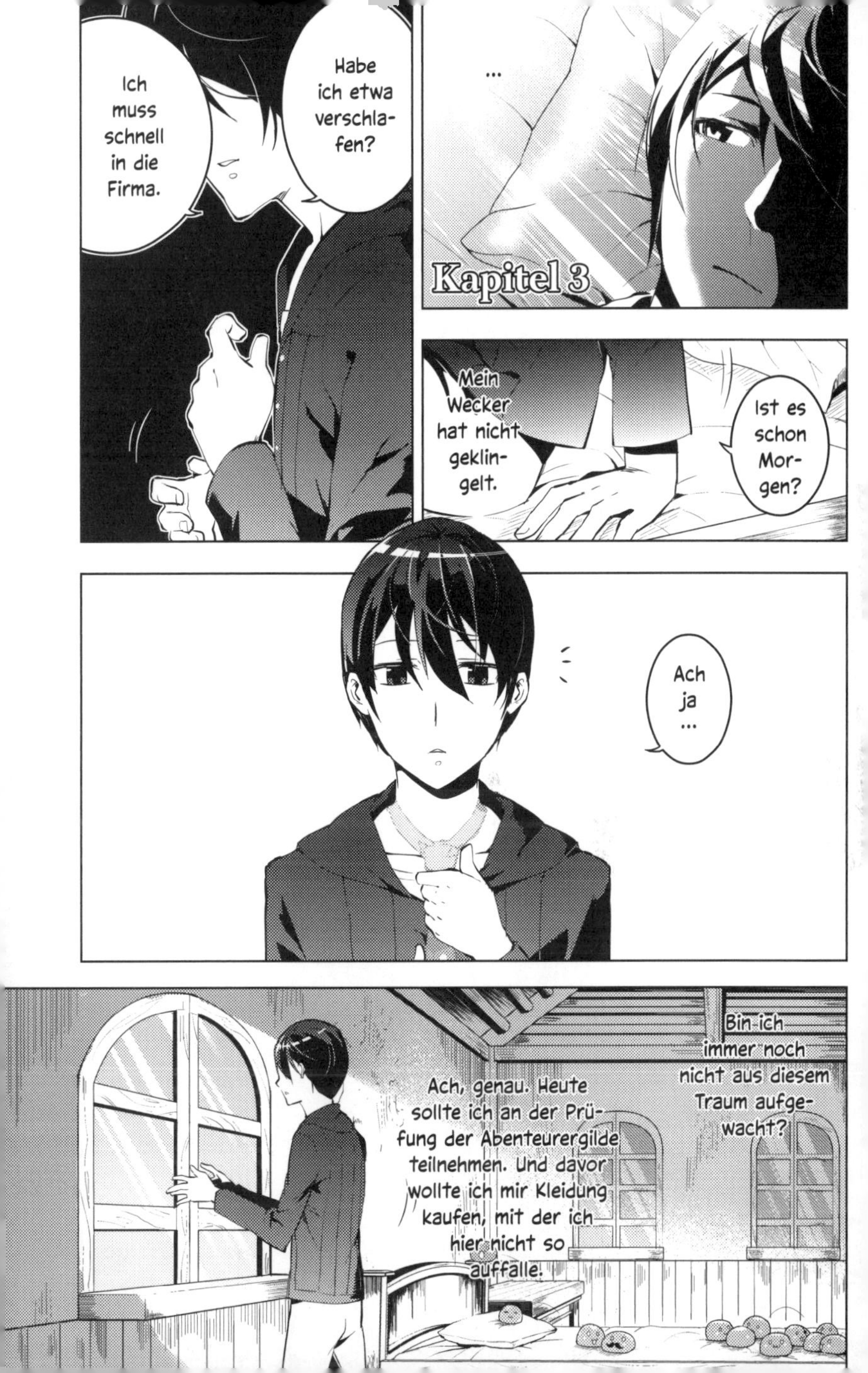
...
Kapitel 3
Ist es schon Morgen?
Mein Wecker hat nicht geklingelt.
Habe ich etwa verschlafen?
Ich muss schnell in die Firma.
Ach ja ...
Bin ich immer noch nicht aus diesem Traum aufgewacht?
Ach, genau. Heute sollte ich an der Prüfung der Abenteurergilde teilnehmen. Und davor wollte ich mir Kleidung kaufen, mit der ich hier nicht so auffalle.

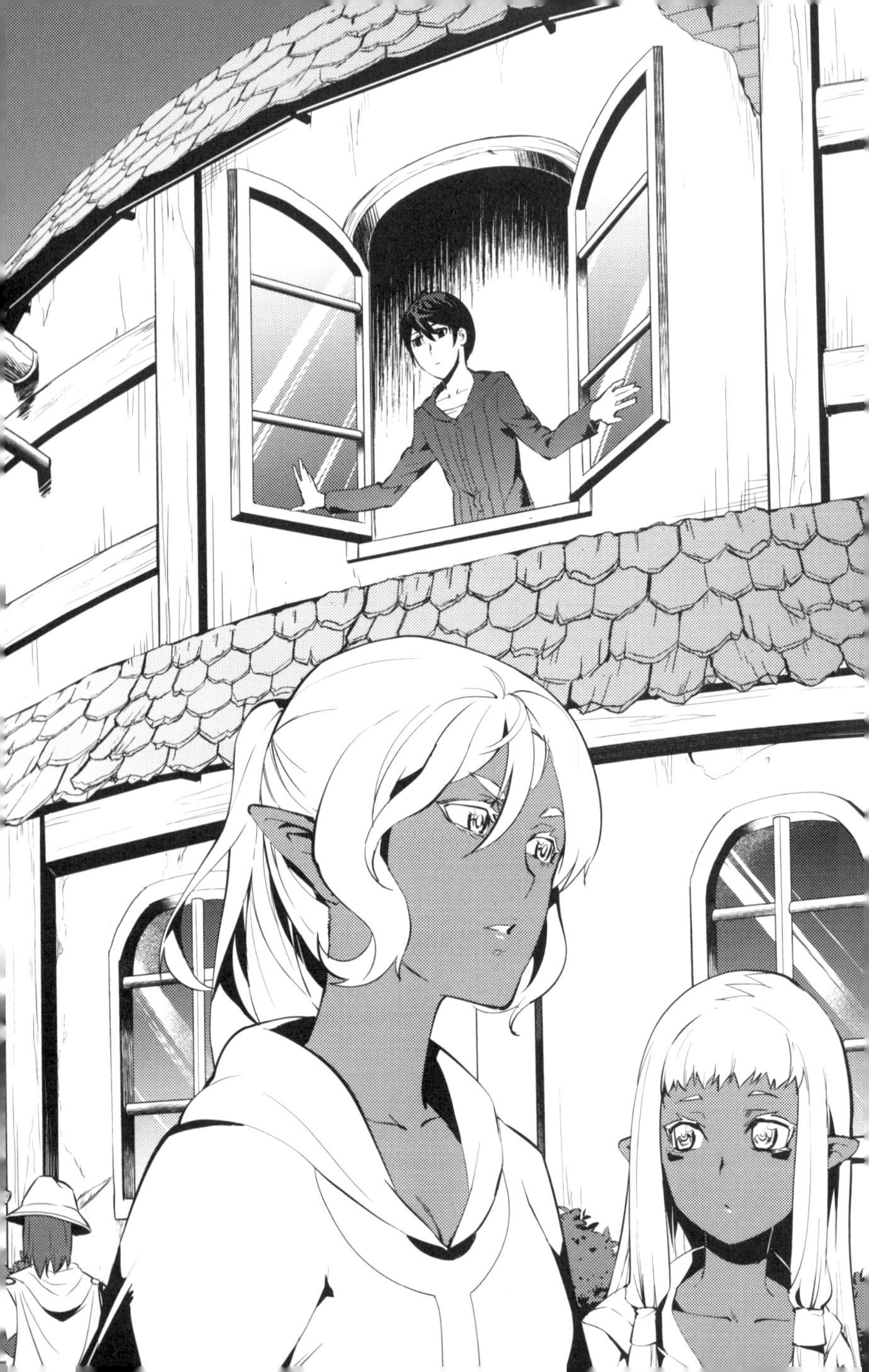

Kapitel 3: Die Prüfung der Abenteurergilde

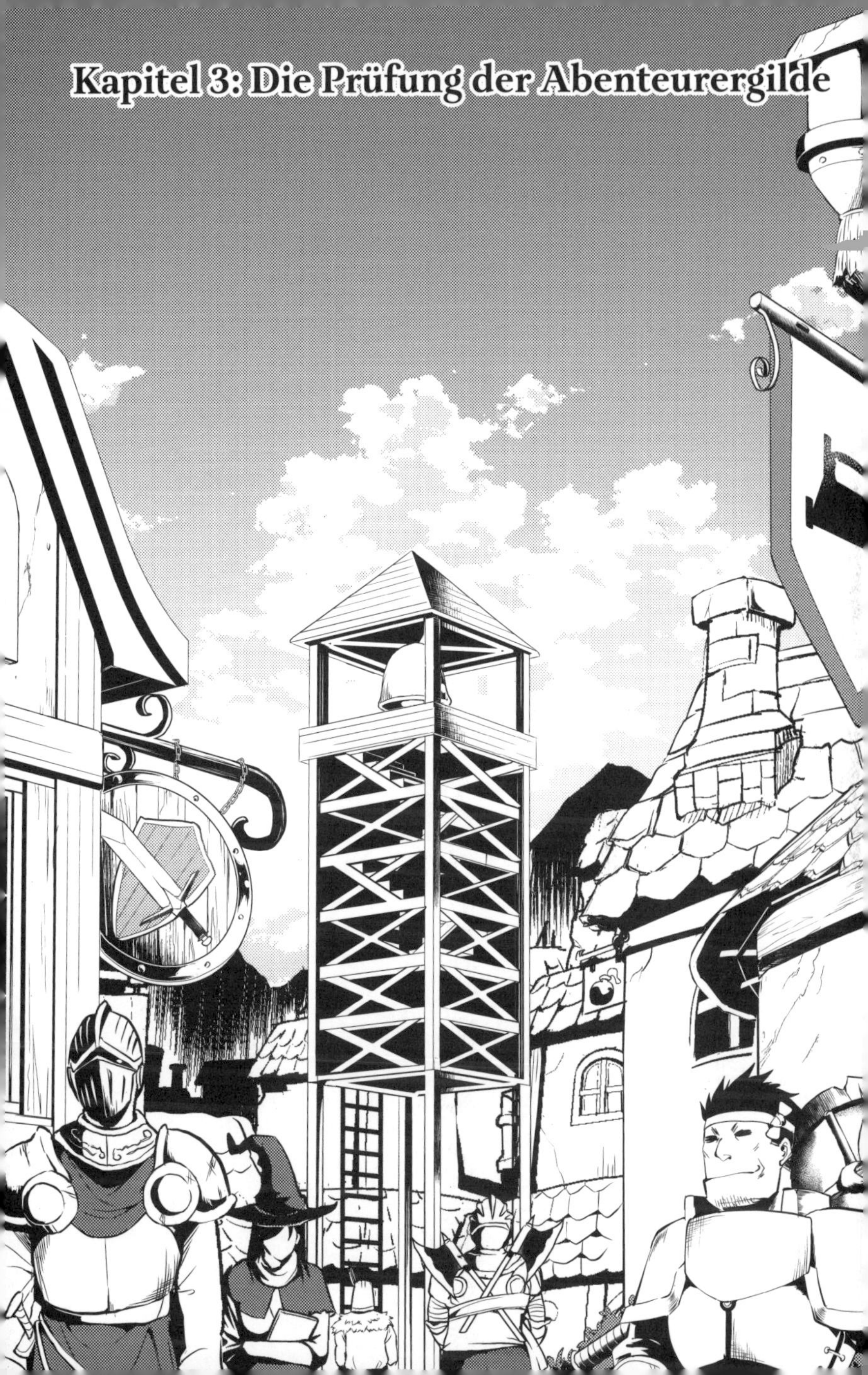

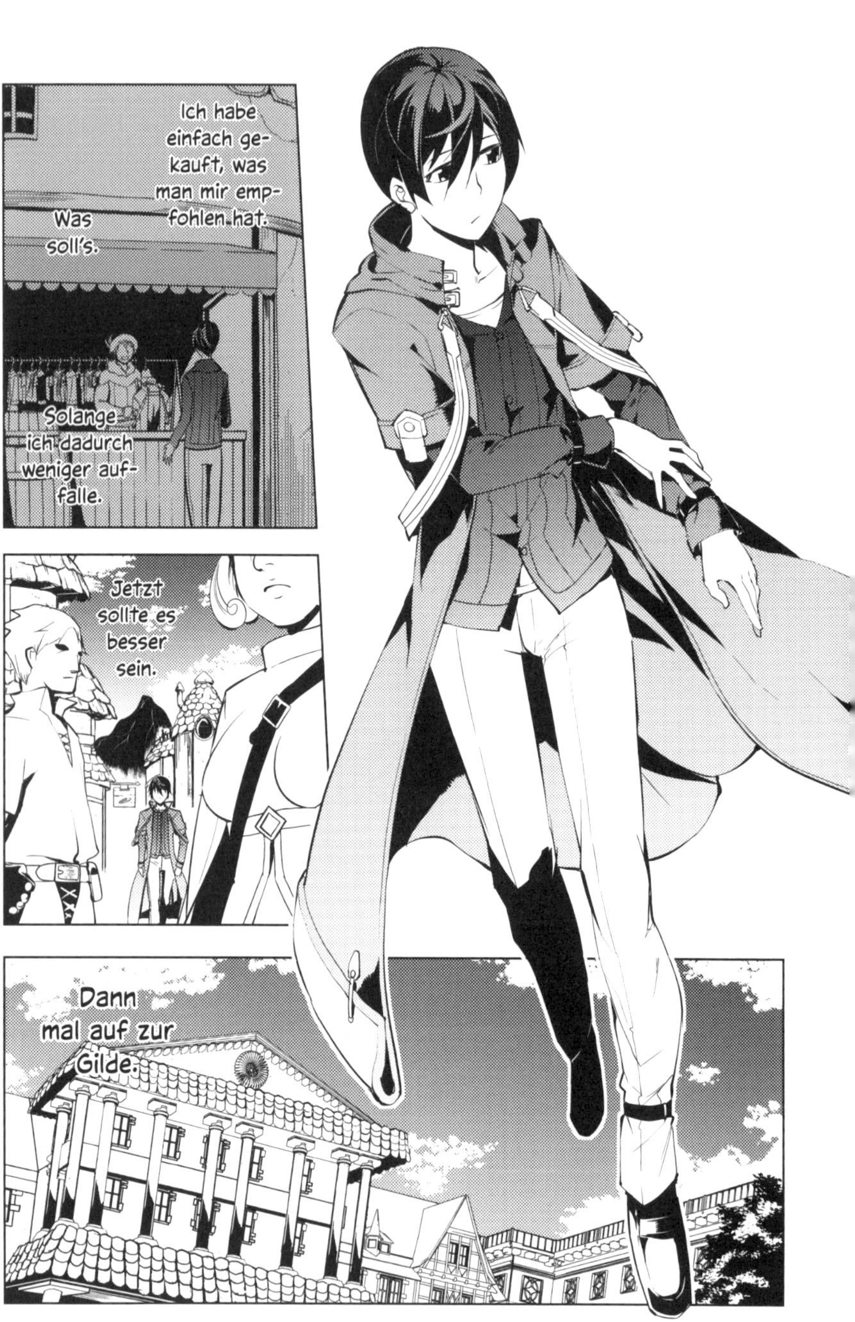
Ich habe einfach gekauft, was man mir empfohlen hat.
Was soll's.
Solange ich dadurch weniger auffalle.
Jetzt sollte es besser sein.
Dann mal auf zur Gilde.

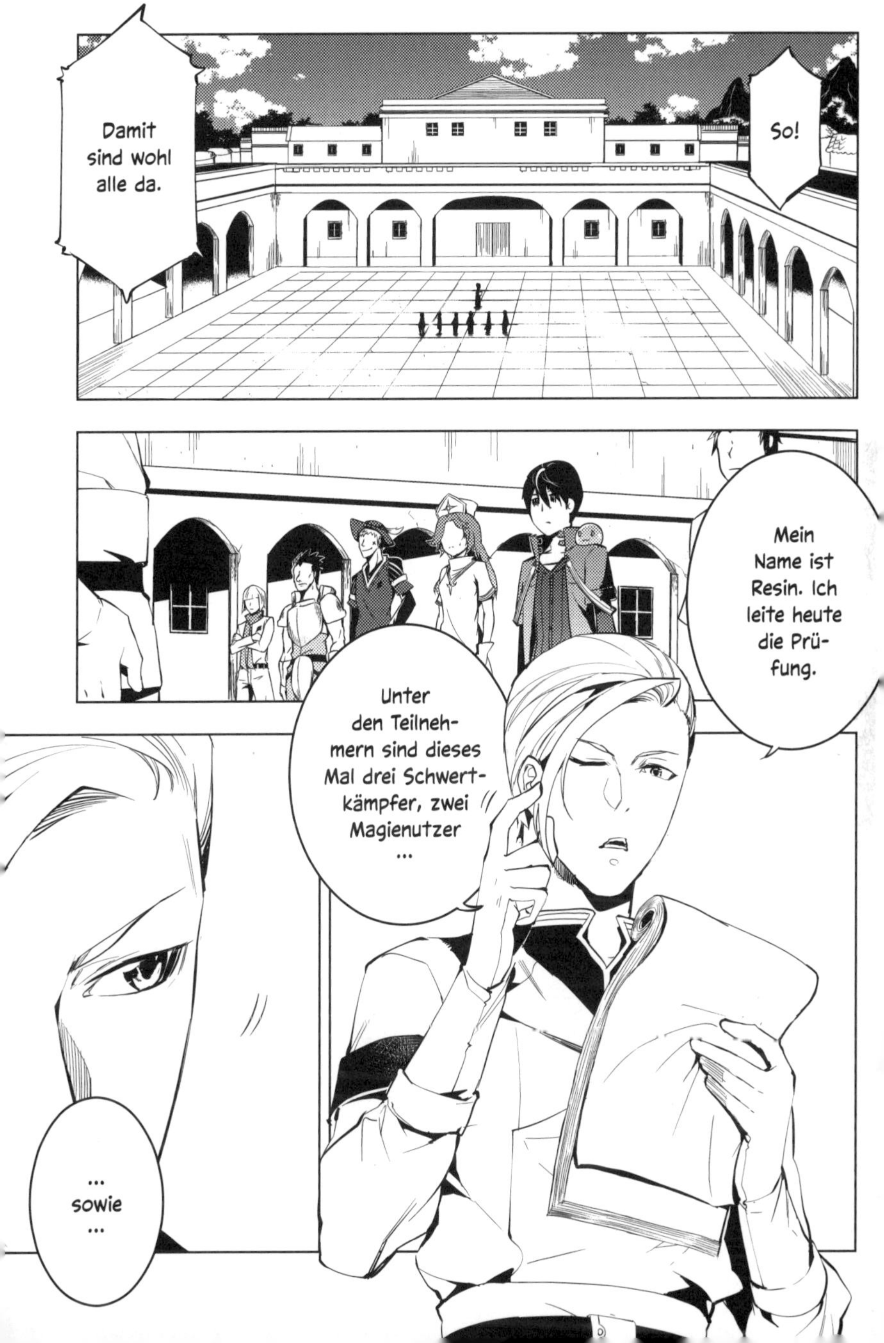
So!
Damit sind wohl alle da.
Mein Name ist Resin. Ich leite heute die Prüfung.
Unter den Teilnehmern sind dieses Mal drei Schwertkämpfer, zwei Magienutzer ...
... sowie ...

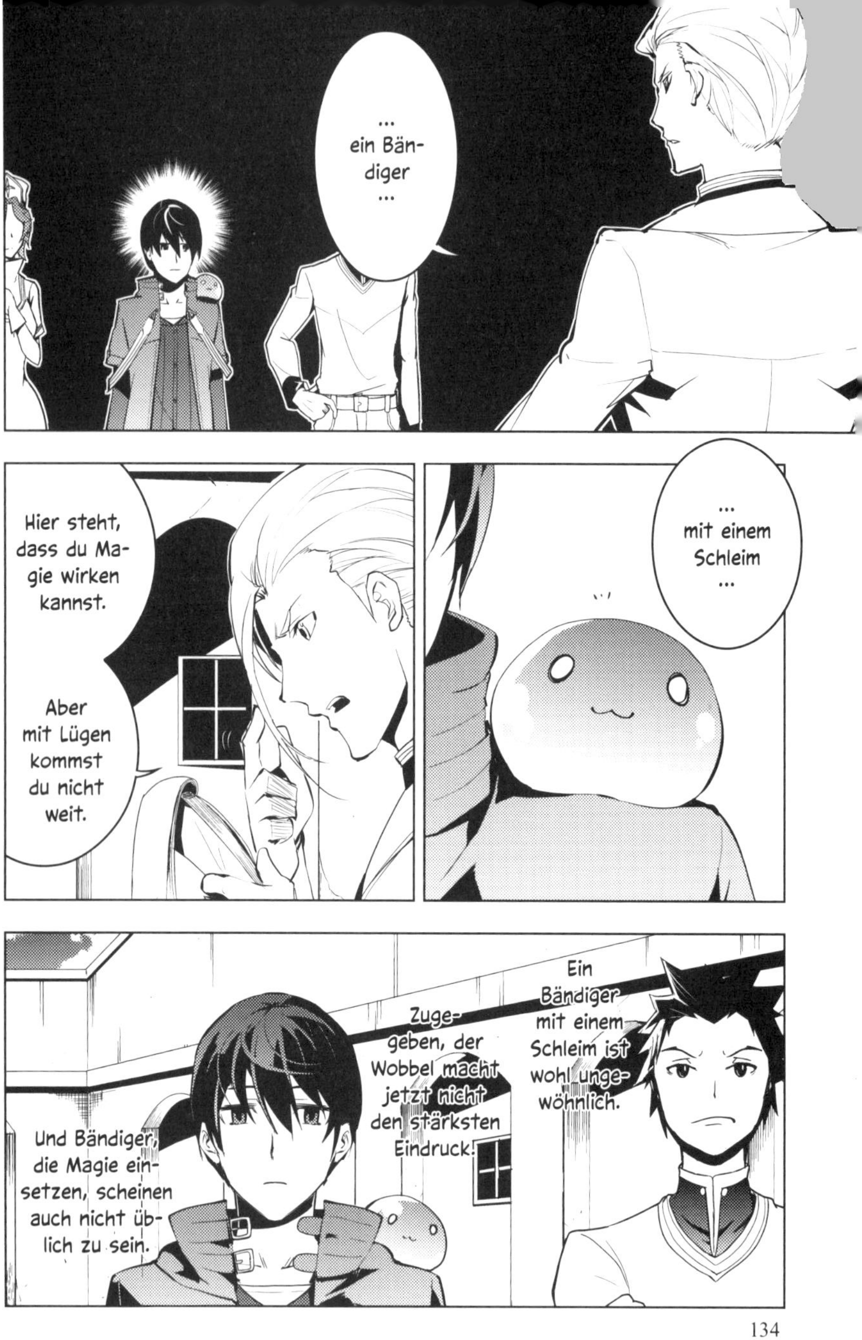
... ein Bändiger ...
... mit einem Schleim ...
Hier steht, dass du Magie wirken kannst.
Aber mit Lügen kommst du nicht weit.
Ein Bändiger mit einem Schleim ist wohl ungewöhnlich.
Zugegeben, der Wobbel macht jetzt nicht den stärksten Eindruck!
Und Bändiger, die Magie einsetzen, scheinen auch nicht üblich zu sein.

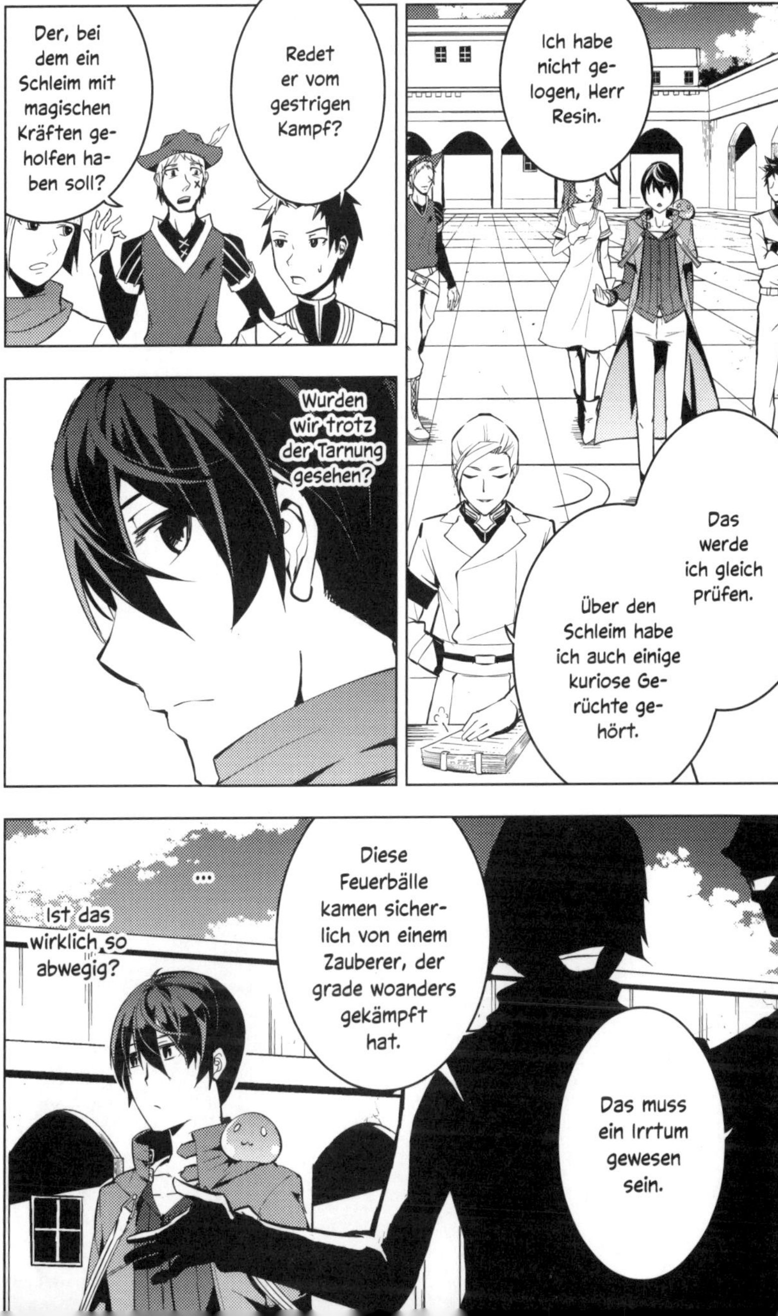
Redet er vom gestrigen Kampf?
Der, bei dem ein Schleim mit magischen Kräften geholfen haben soll?
Ich habe nicht gelogen, Herr Resin.
Das werde ich gleich prüfen.
Über den Schleim habe ich auch einige kuriose Gerüchte gehört.
Wurden wir trotz der Tarnung gesehen?
Diese Feuerbälle kamen sicherlich von einem Zauberer, der grade woanders gekämpft hat.
Das muss ein Irrtum gewesen sein.
...
Ist das wirklich so abwegig?

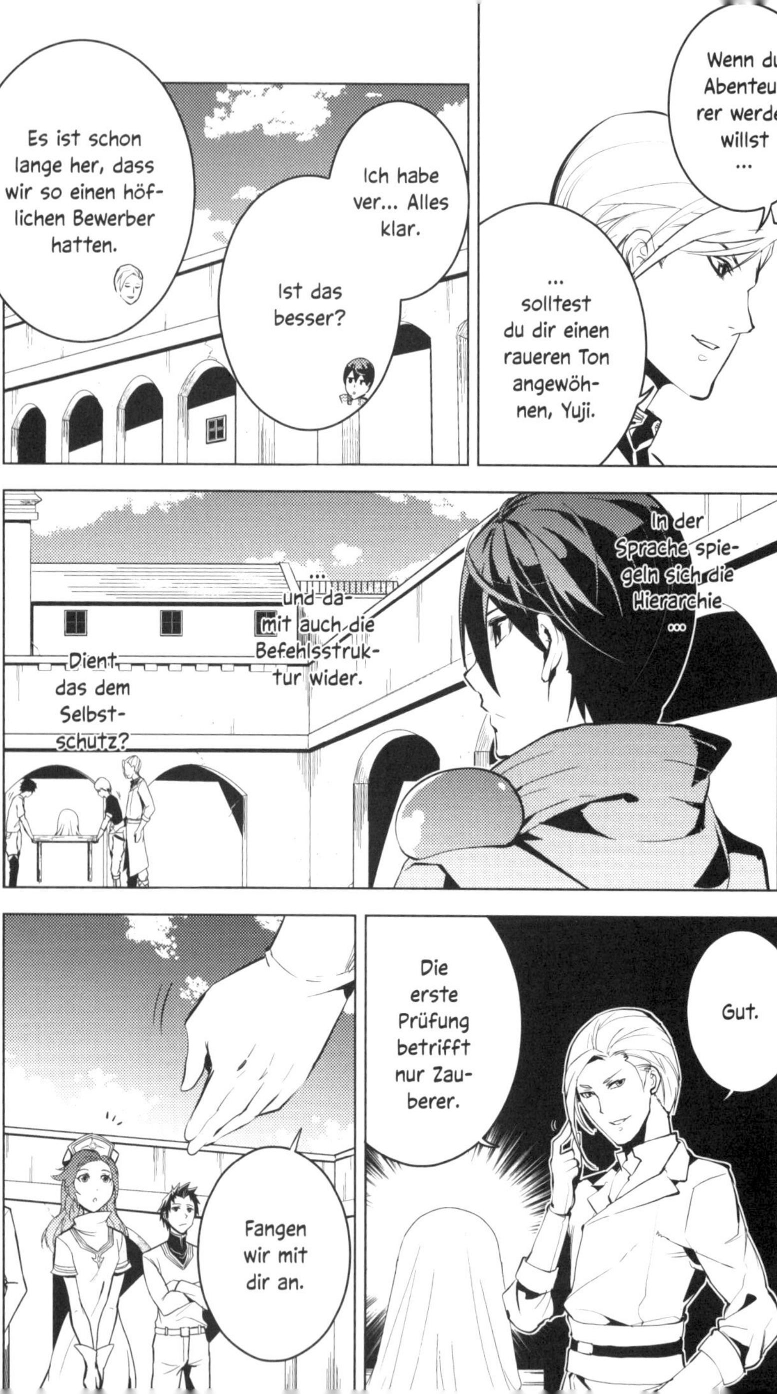
Wenn du Abenteurer werden willst ...
... solltest du dir einen raueren Ton angewöhnen, Yuji.
Ich habe ver... Alles klar.
Ist das besser?
Es ist schon lange her, dass wir so einen höflichen Bewerber hatten.
In der Sprache spiegeln sich die Hierarchie ...
... und damit auch die Befehlsstruktur wider.
Dient das dem Selbstschutz?
Gut.
Die erste Prüfung betrifft nur Zauberer.
Fangen wir mit dir an.

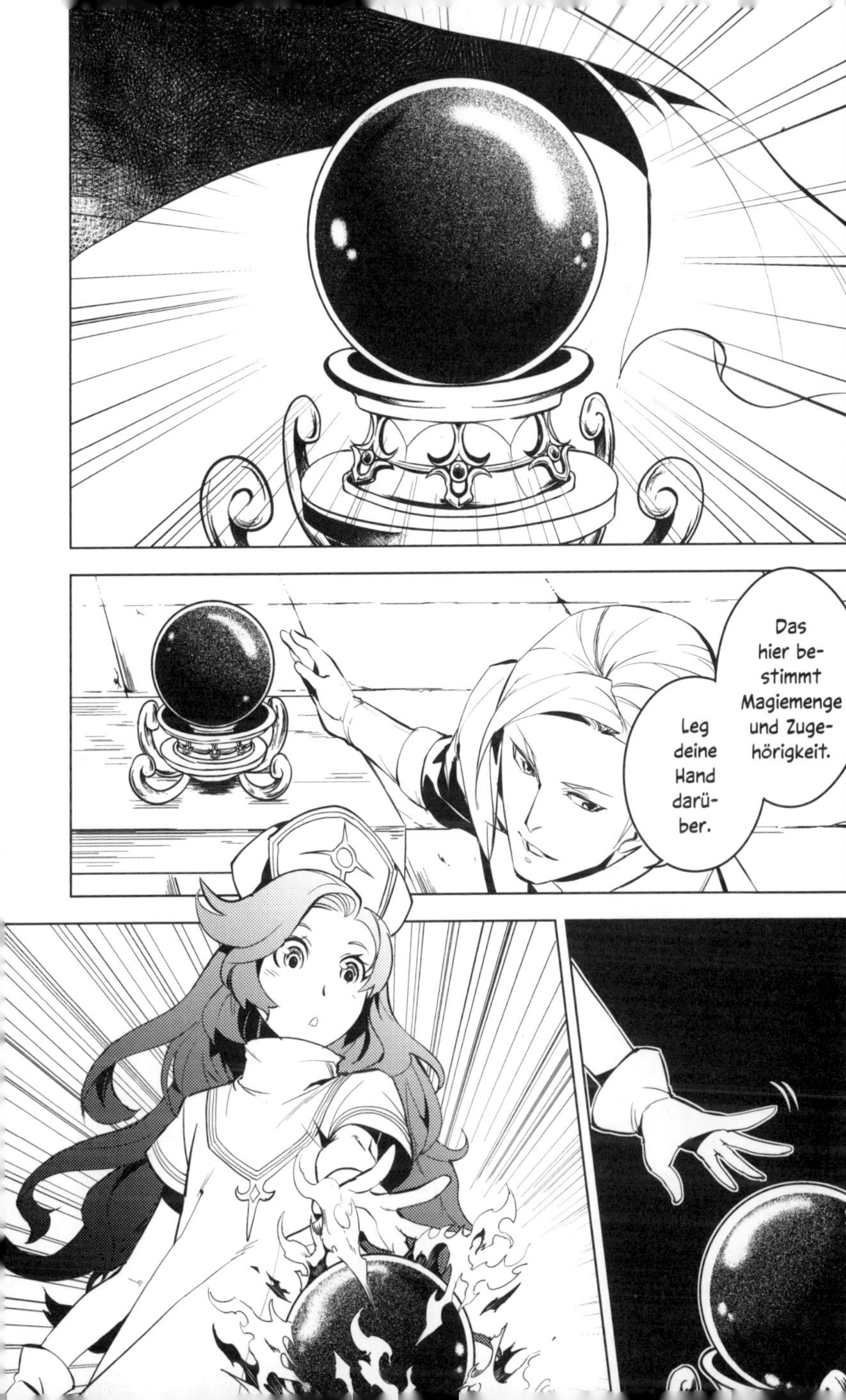
Das hier be-stimmt Magiemenge und Zuge-hörigkeit.
Leg deine Hand darü-ber.

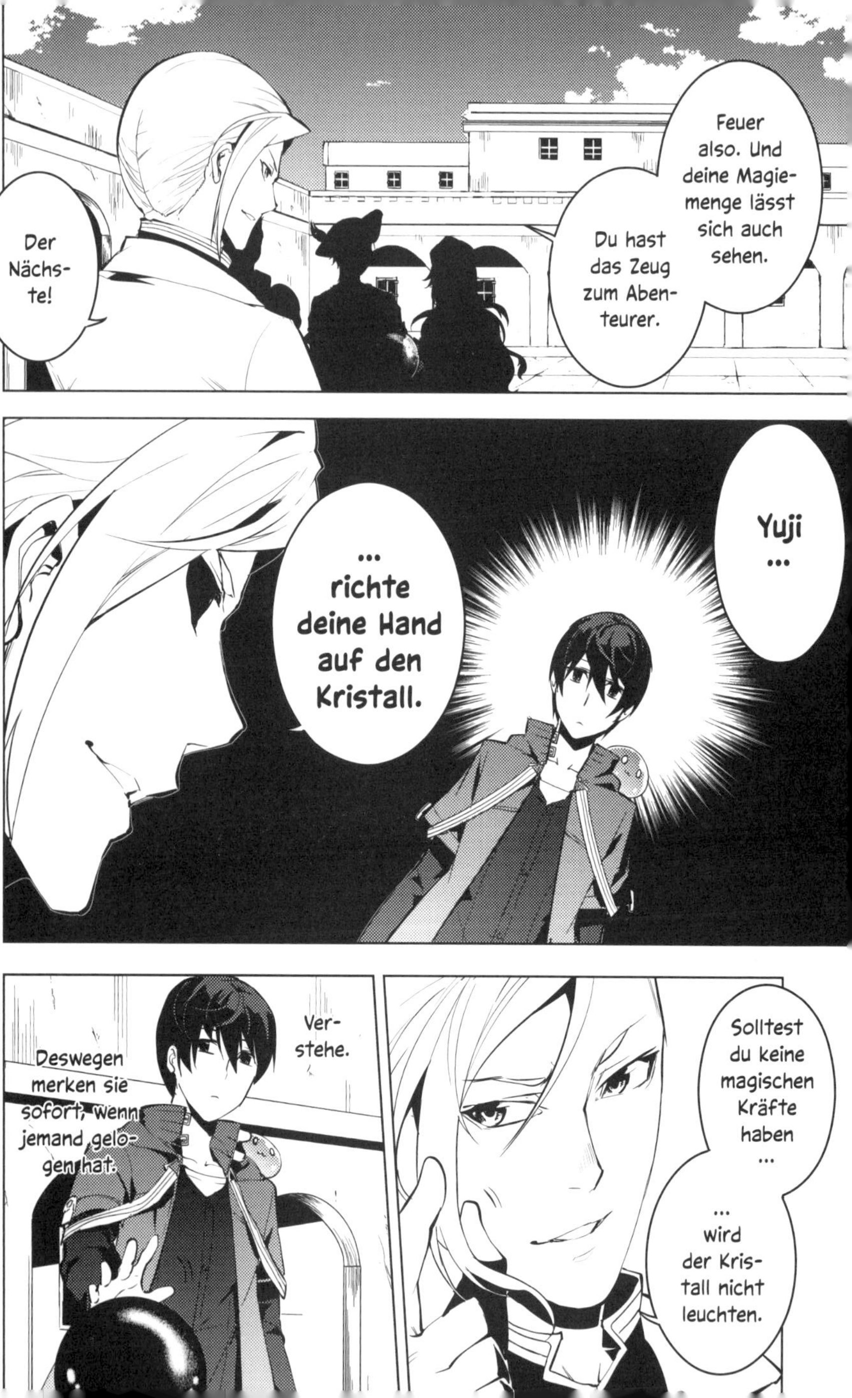

Feuer also. Und deine Magiemenge lässt sich auch sehen.
Du hast das Zeug zum Abenteurer.
Der Nächste!
Yuji ...
... richte deine Hand auf den Kristall.
Solltest du keine magischen Kräfte haben ...
... wird der Kristall nicht leuchten.
Verstehe.
Deswegen merken sie sofort, wenn jemand gelogen hat.

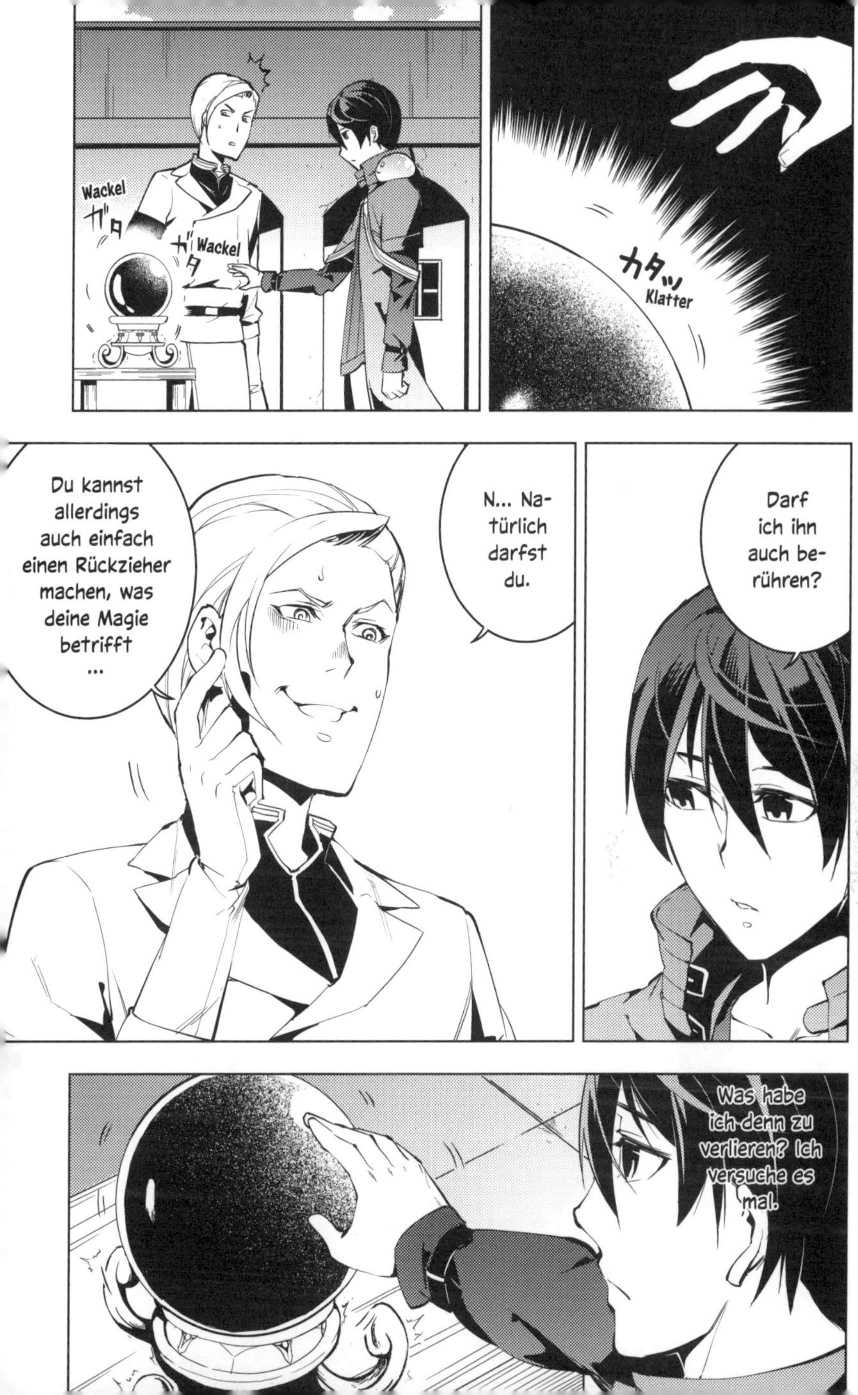

カタッ
Klatter
Wackel
ガタ
Wackel
ガタ
Darf ich ihn auch be-rühren?
N... Na-türlich darfst du.
Du kannst allerdings auch einfach einen Rückzieher machen, was deine Magie betrifft ...
Was habe ich denn zu verlieren? Ich versuche es mal.

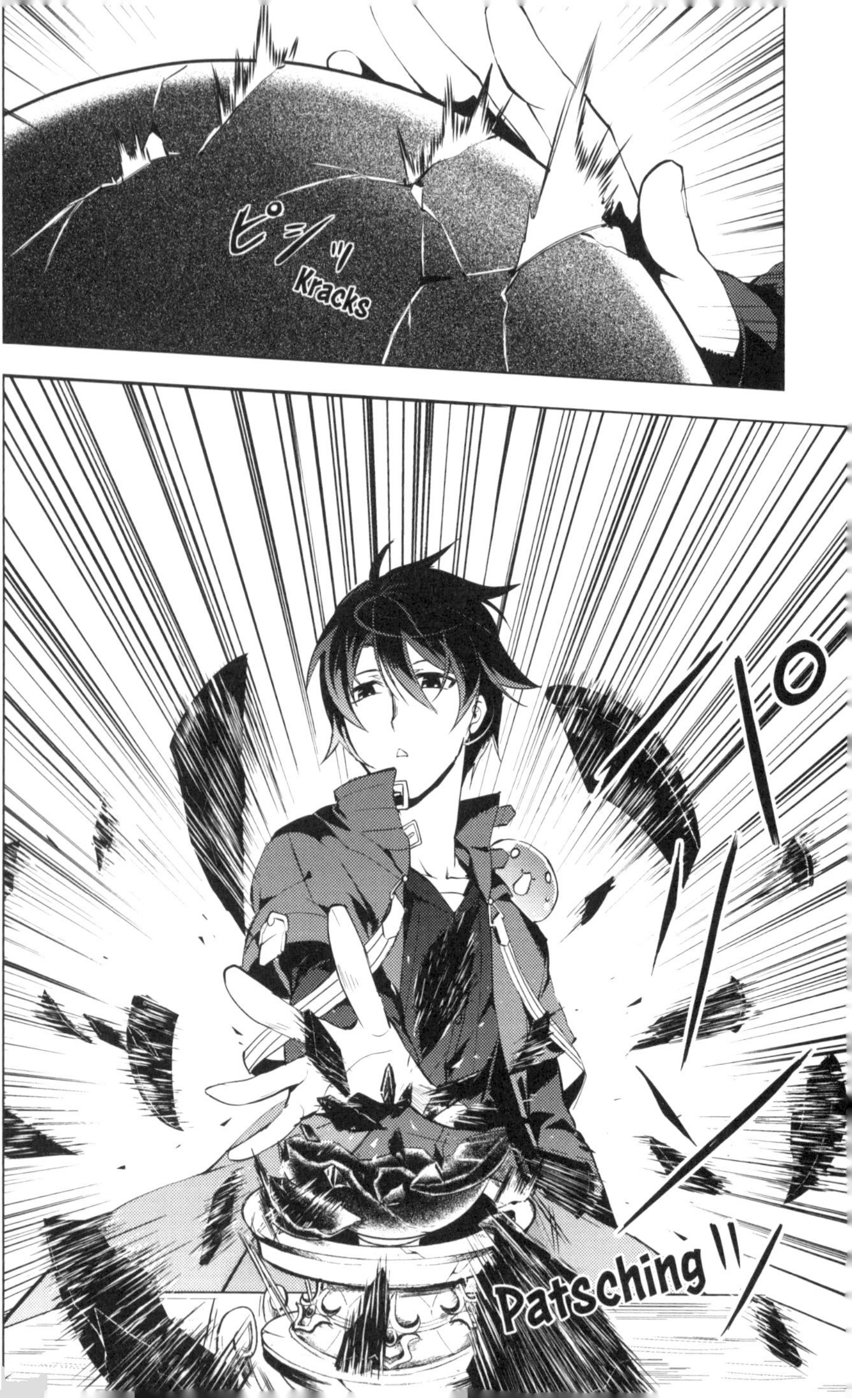
ピシッ
Kracks
パン
Patsching

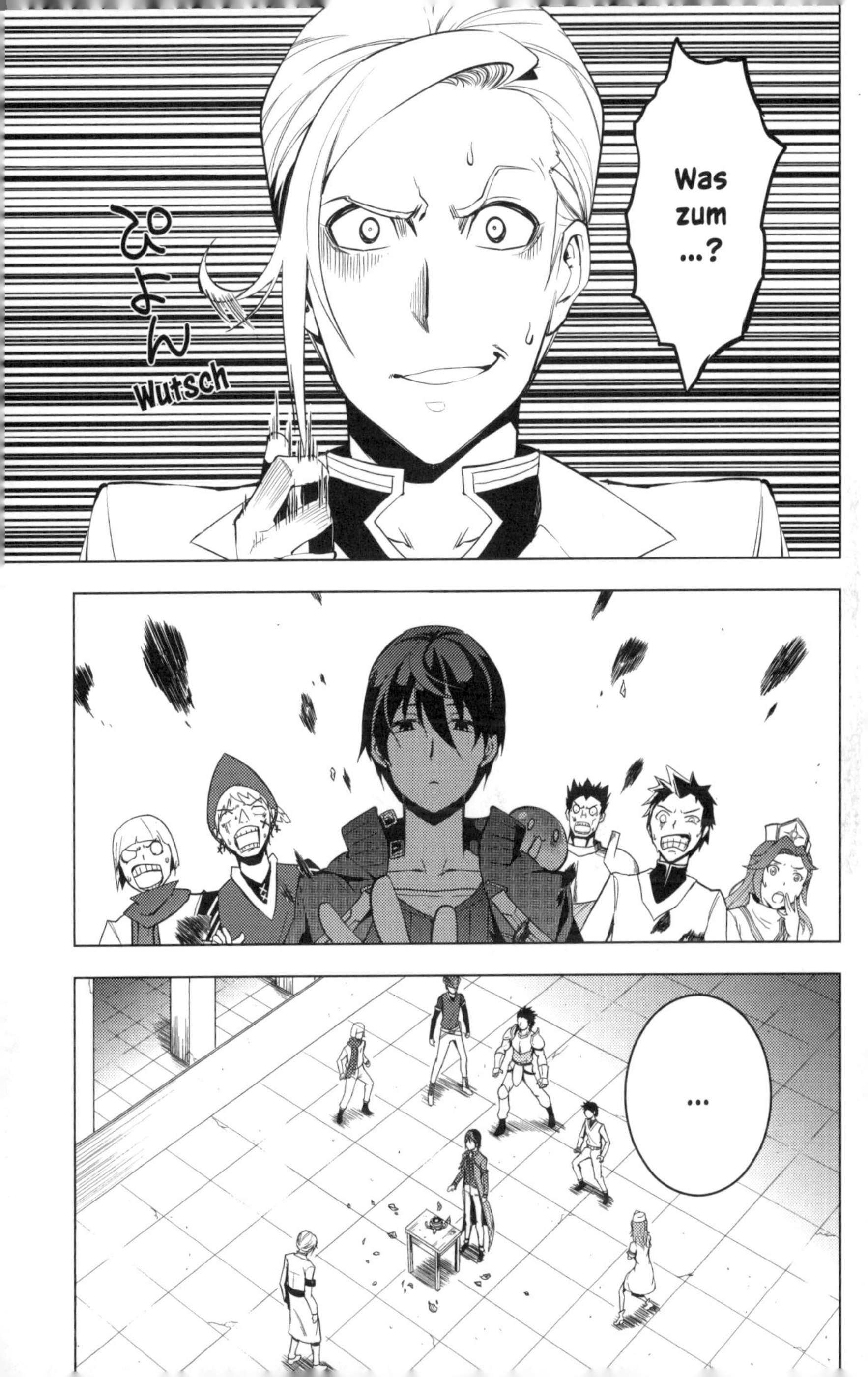

Was zum ...?
ぴょん
Wutsch
...

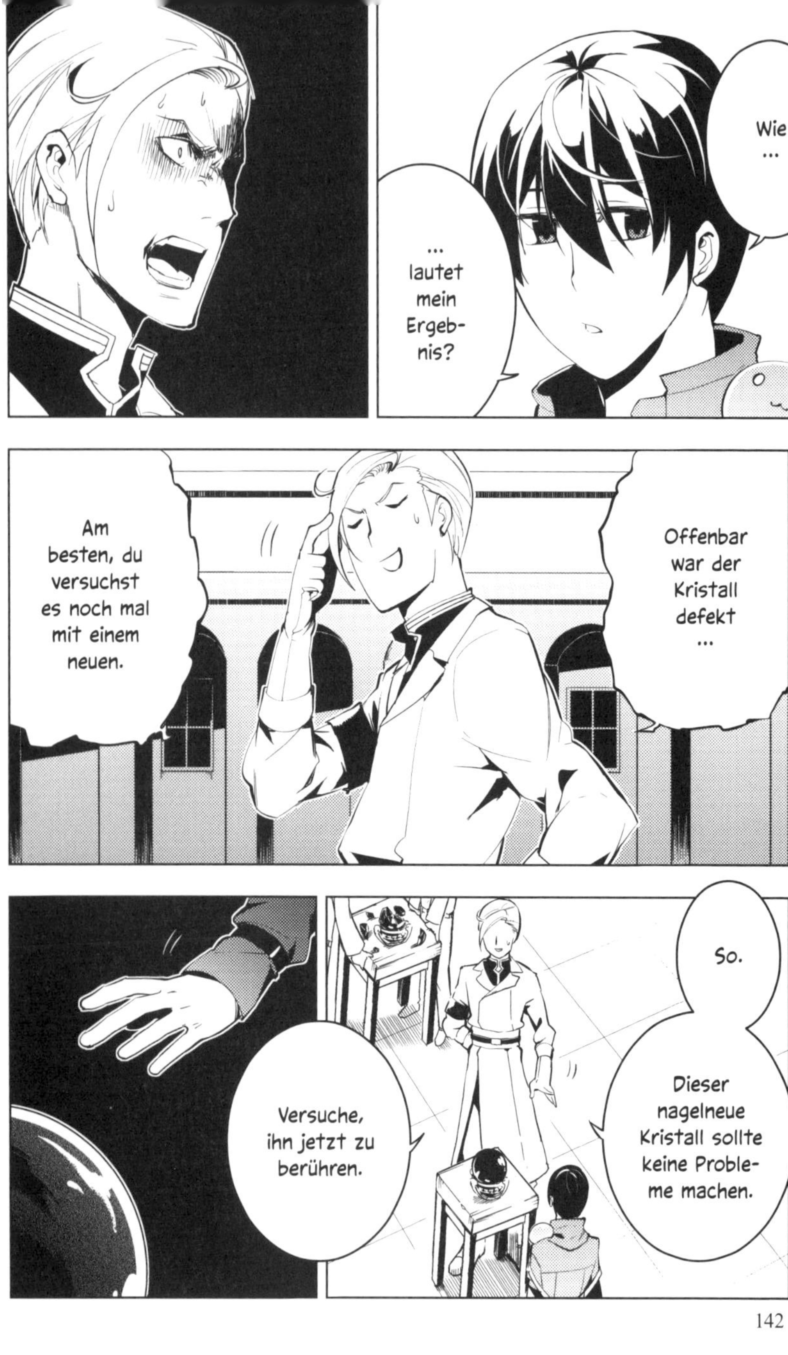
Wie ...
... lautet mein Ergebnis?
Offenbar war der Kristall defekt ...
Am besten, du versuchst es noch mal mit einem neuen.
So.
Dieser nagelneue Kristall sollte keine Probleme machen.
Versuche, ihn jetzt zu berühren.

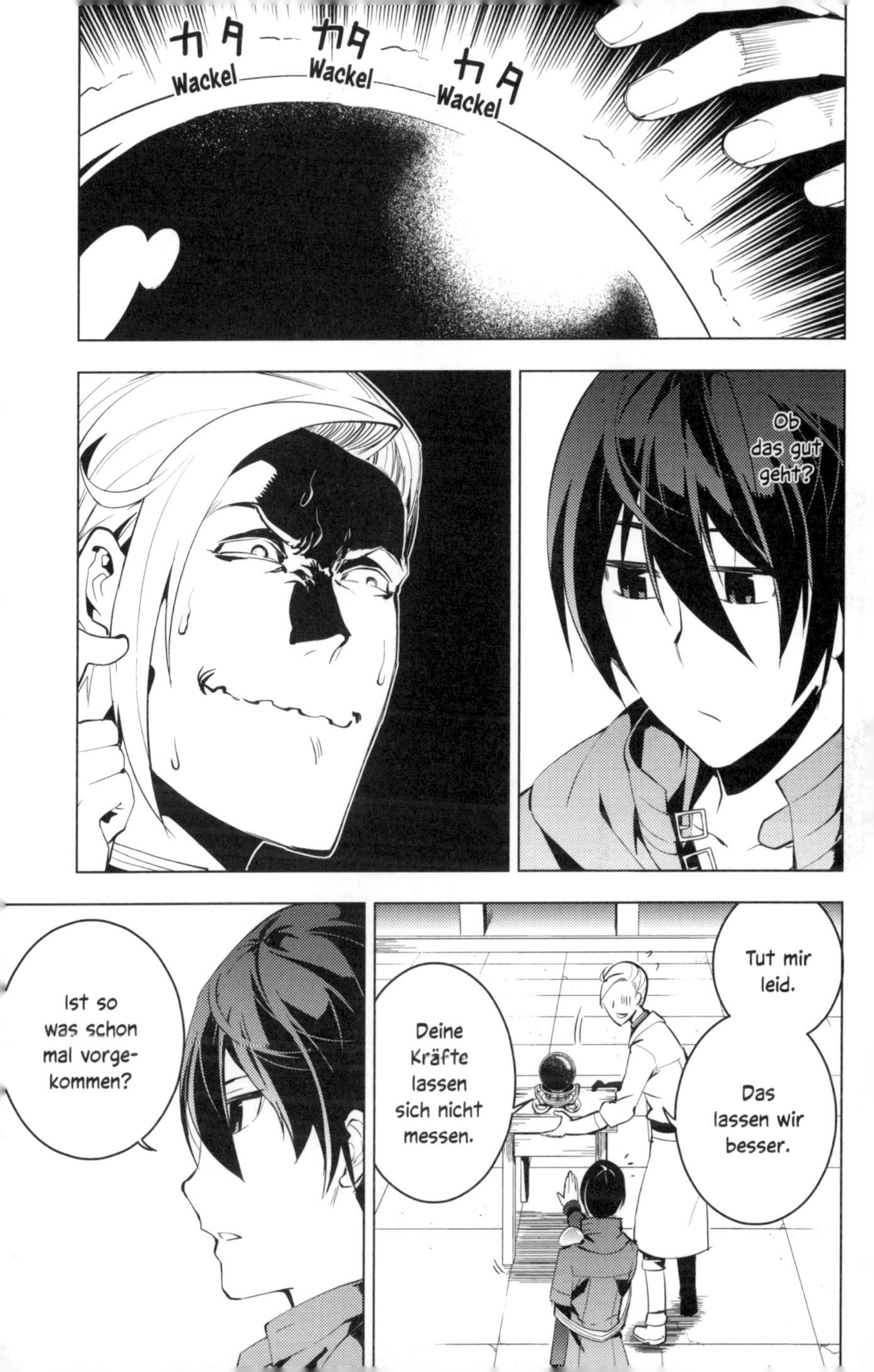

カタ Wackel
カタ Wackel
カタ Wackel
Ob das gut geht?
Tut mir leid.
Das lassen wir besser.
Deine Kräfte lassen sich nicht messen.
Ist so was schon mal vorgekommen?

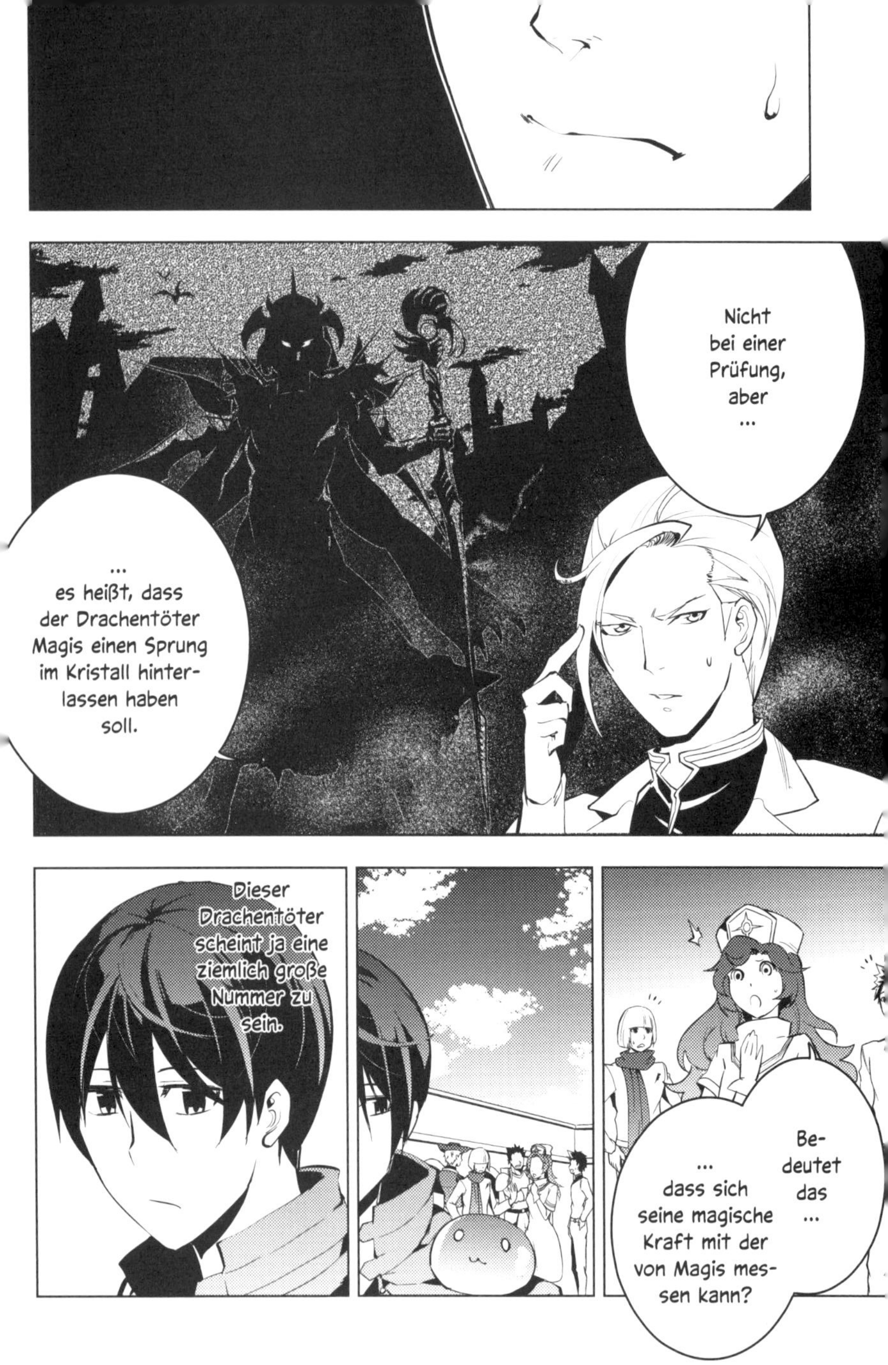
Nicht bei einer Prüfung, aber ...
... es heißt, dass der Drachentöter Magis einen Sprung im Kristall hinter-lassen haben soll.
Be-deutet das ...
... dass sich seine magische Kraft mit der von Magis mes-sen kann?
Dieser Drachentöter scheint ja eine ziemlich große Nummer zu sein.

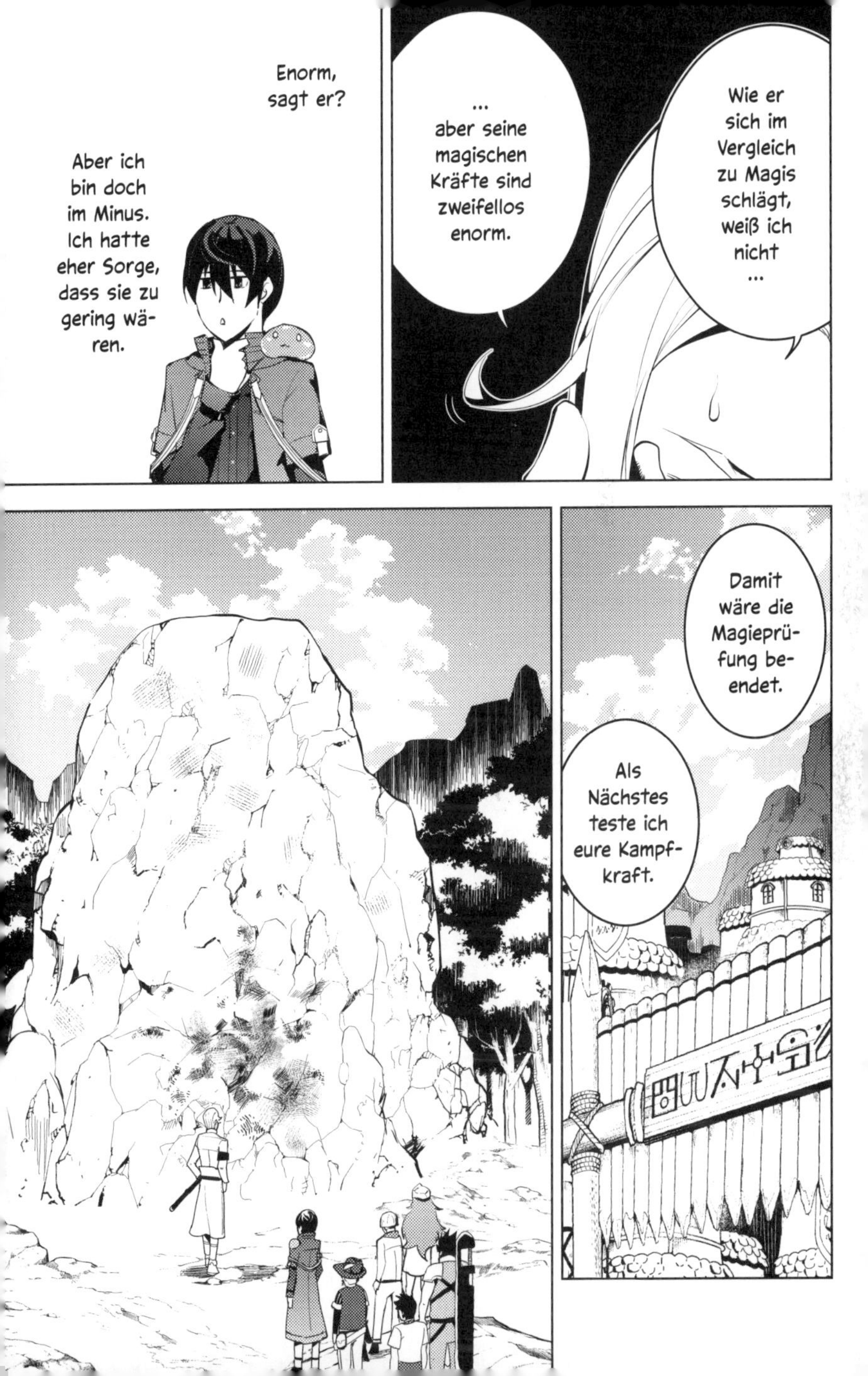
Wie er sich im Vergleich zu Magis schlägt, weiß ich nicht ...
... aber seine magischen Kräfte sind zweifellos enorm.
Enorm, sagt er?
Aber ich bin doch im Minus. Ich hatte eher Sorge, dass sie zu gering wären.
Damit wäre die Magieprüfung beendet.
Als Nächstes teste ich eure Kampfkraft.

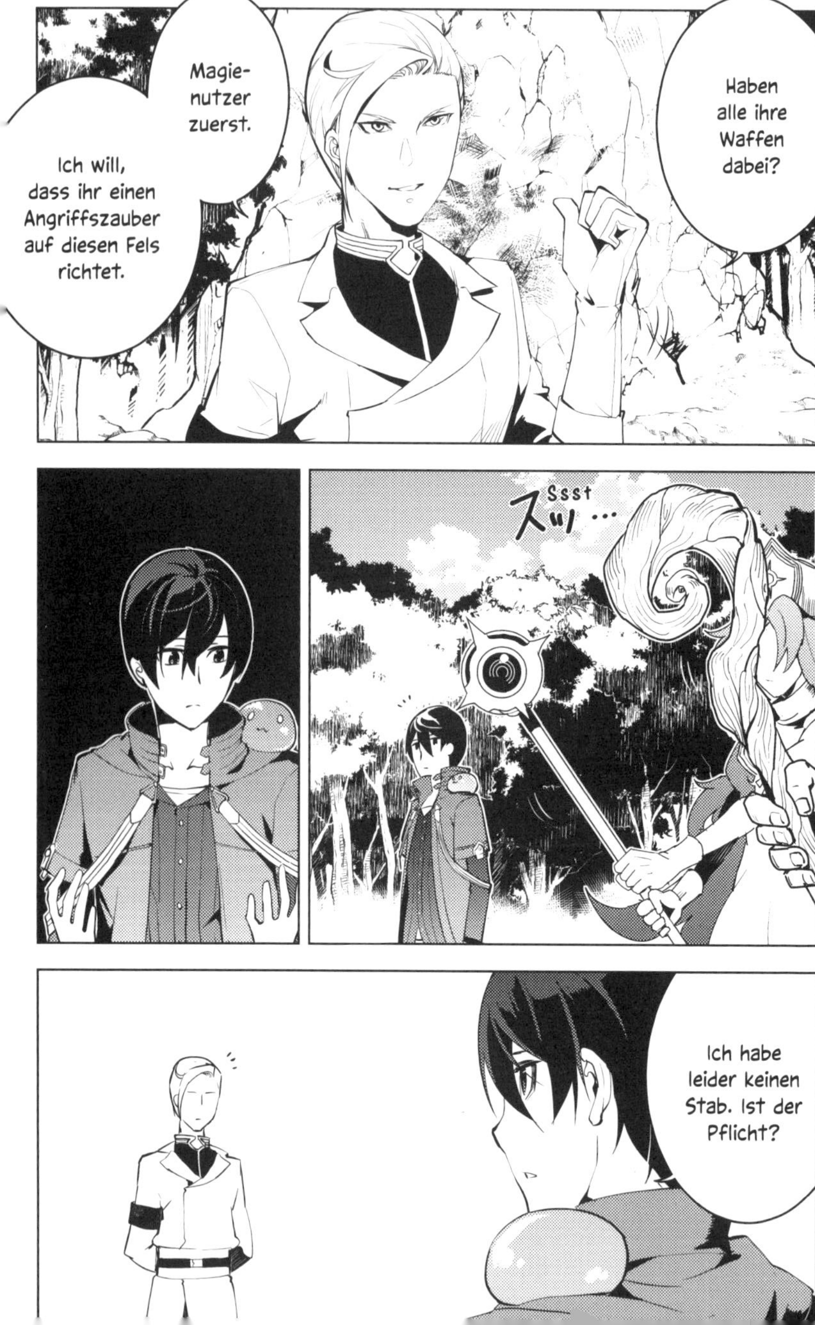
Haben alle ihre Waffen dabei?
Magie-nutzer zuerst.
Ich will, dass ihr einen Angriffszauber auf diesen Fels richtet.
Ssst
スッ…
Ich habe leider keinen Stab. Ist der Pflicht?

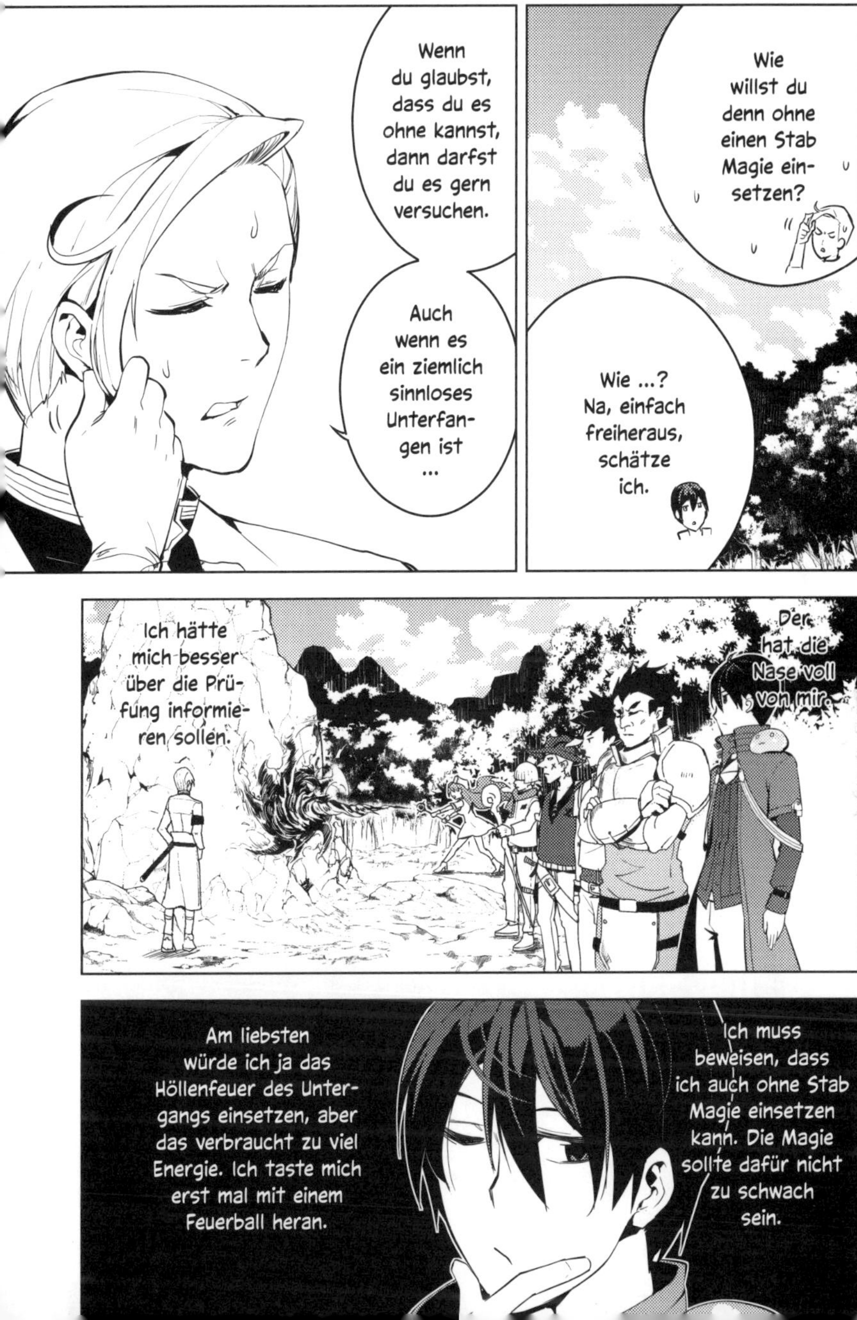
Wie willst du denn ohne einen Stab Magie einsetzen?
Wie ...? Na, einfach freiheraus, schätze ich.
Wenn du glaubst, dass du es ohne kannst, dann darfst du es gern versuchen.
Auch wenn es ein ziemlich sinnloses Unterfangen ist ...
Der hat die Nase voll von mir.
Ich hätte mich besser über die Prüfung informieren sollen.
Ich muss beweisen, dass ich auch ohne Stab Magie einsetzen kann. Die Magie sollte dafür nicht zu schwach sein.
Am liebsten würde ich ja das Höllenfeuer des Untergangs einsetzen, aber das verbraucht zu viel Energie. Ich taste mich erst mal mit einem Feuerball heran.

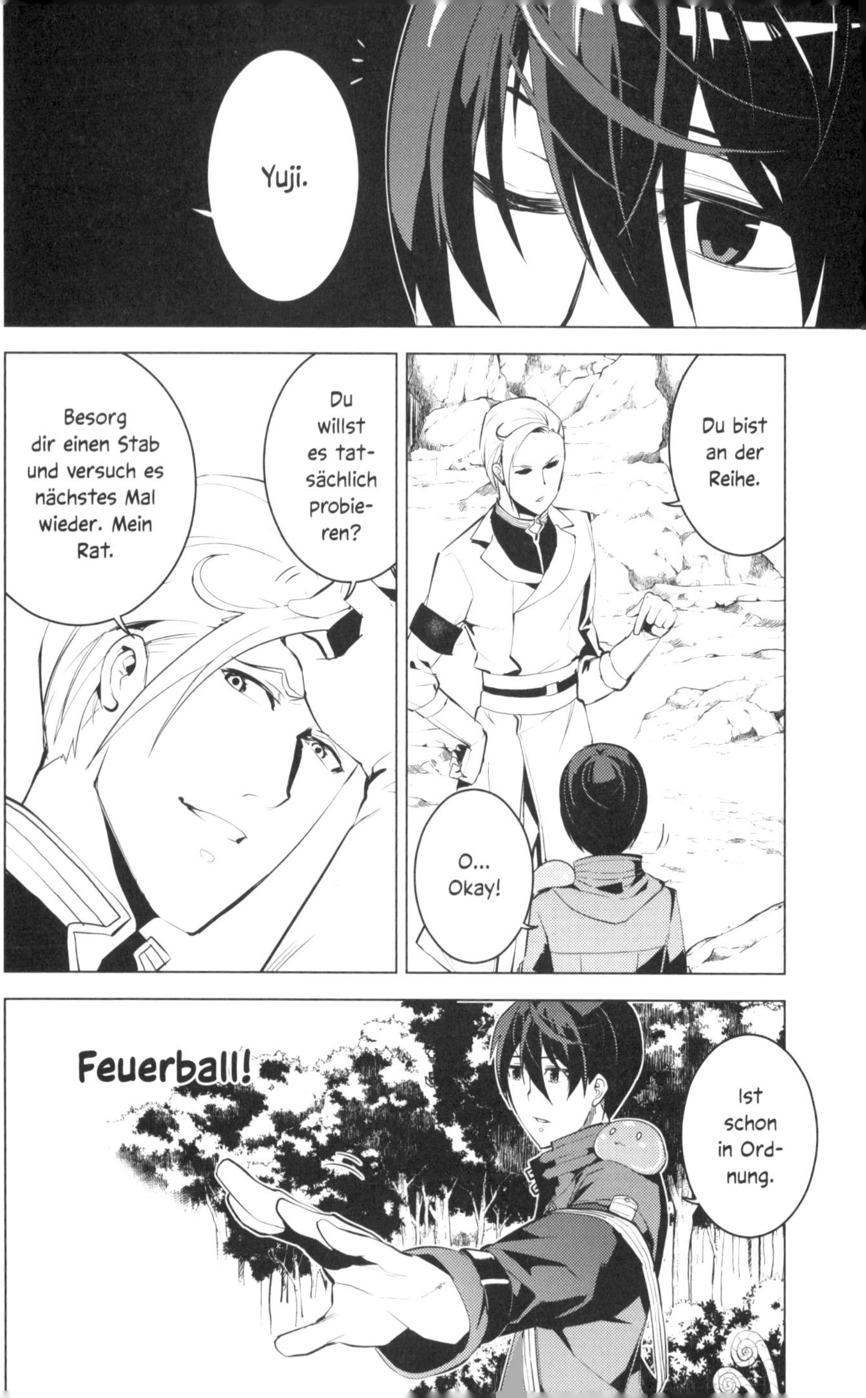
Yuji.
Du willst es tatsächlich probieren?
Besorg dir einen Stab und versuch es nächstes Mal wieder. Mein Rat.
Du bist an der Reihe.
O... Okay!
Ist schon in Ordnung.
Feuerball!

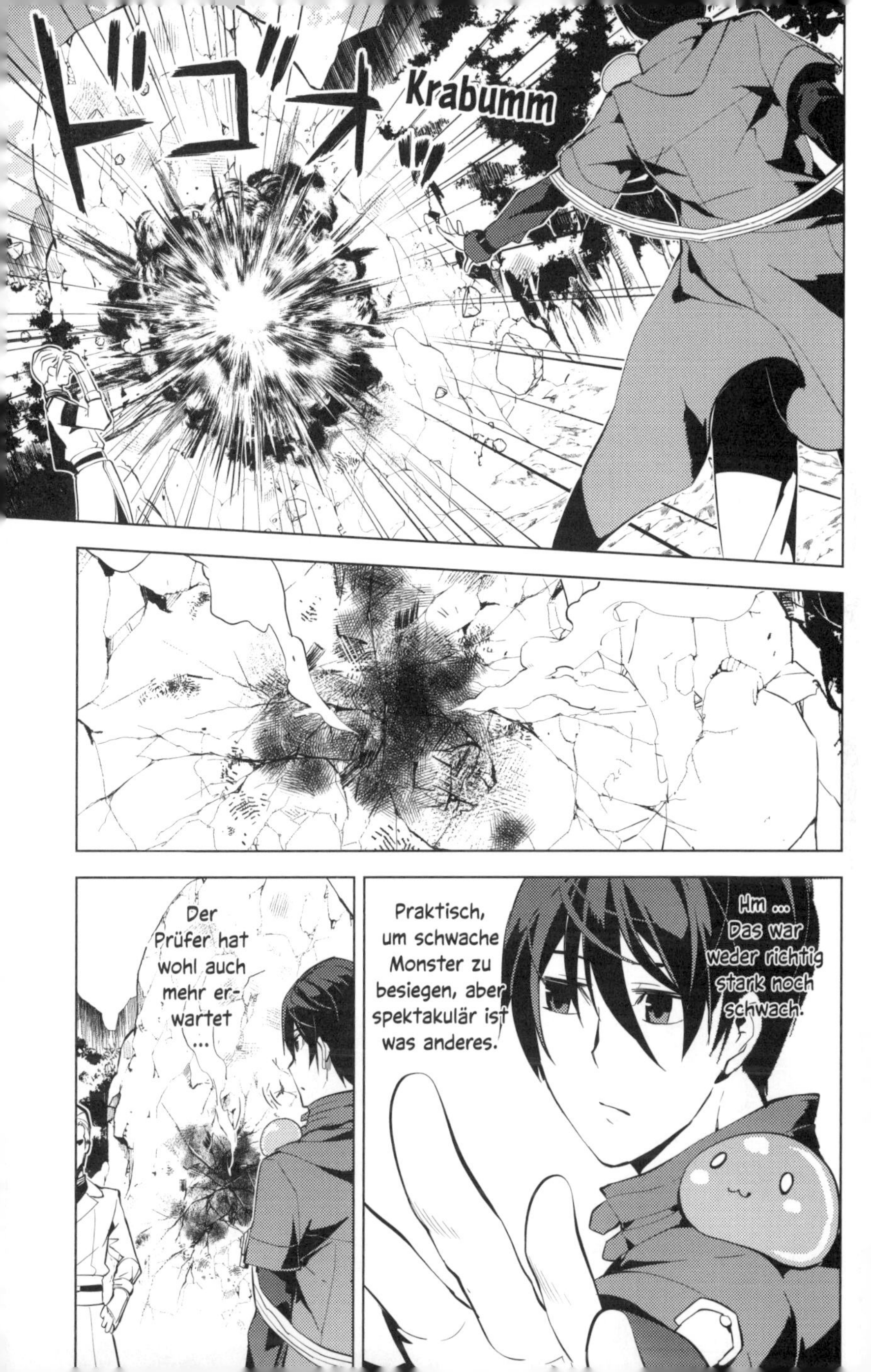

ドゴオッ
Krabumm
Hm ...
Das war
weder richtig
stark noch
schwach.
Praktisch,
um schwache
Monster zu
besiegen, aber
spektakulär ist
was anderes.
Der
Prüfer hat
wohl auch
mehr er-
wartet
...

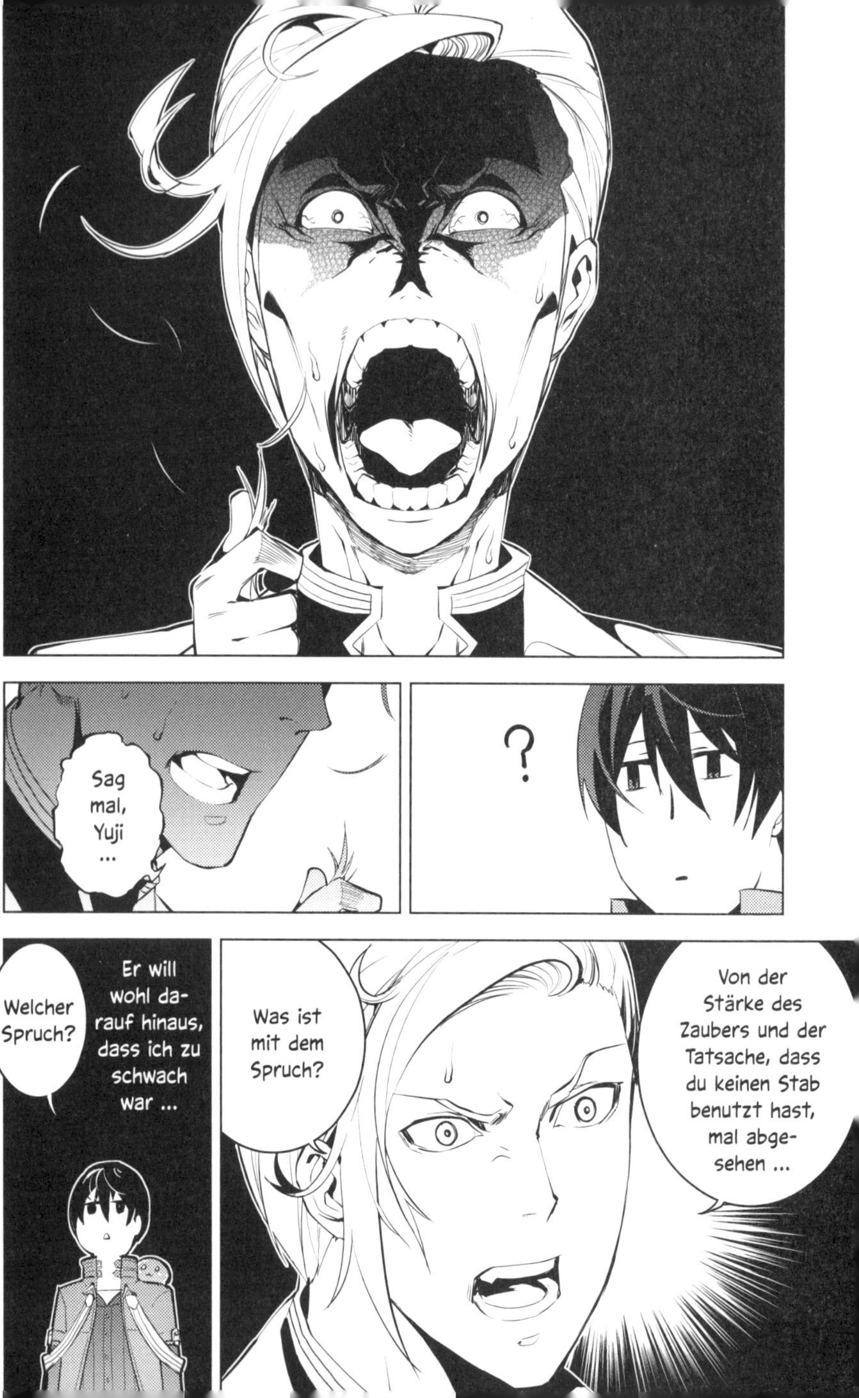
?
Sag mal, Yuji ...
Von der Stärke des Zaubers und der Tatsache, dass du keinen Stab benutzt hast, mal abgesehen ...
Was ist mit dem Spruch?
Er will wohl darauf hinaus, dass ich zu schwach war ...
Welcher Spruch?

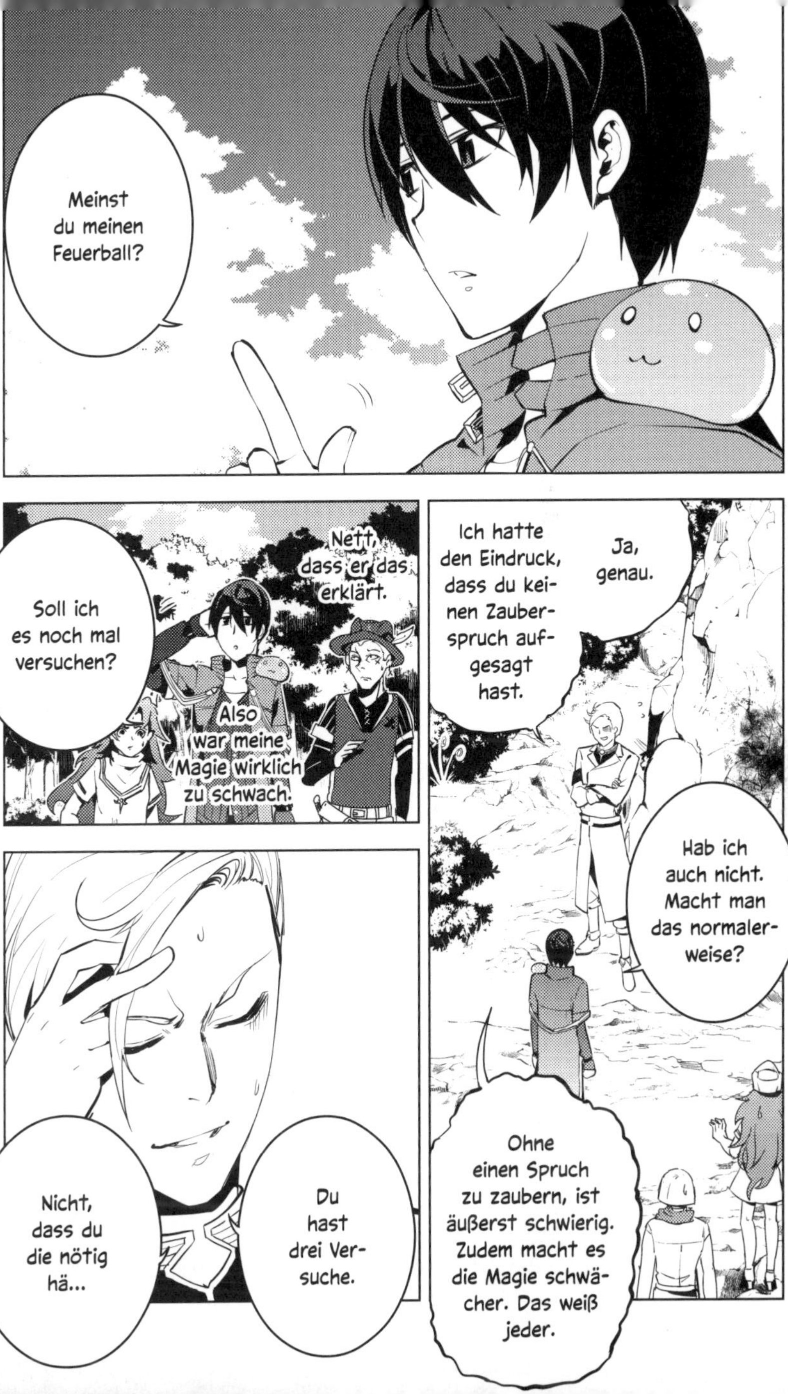
Meinst du meinen Feuerball?
Ja, genau.
Ich hatte den Eindruck, dass du kei-nen Zauber-spruch auf-gesagt hast.
Hab ich auch nicht. Macht man das normaler-weise?
Ohne einen Spruch zu zaubern, ist äußerst schwierig. Zudem macht es die Magie schwä-cher. Das weiß jeder.
Nett, dass er das erklärt.
Soll ich es noch mal versuchen?
Also war meine Magie wirklich zu schwach.
Du hast drei Ver-suche.
Nicht, dass du die nötig hä...

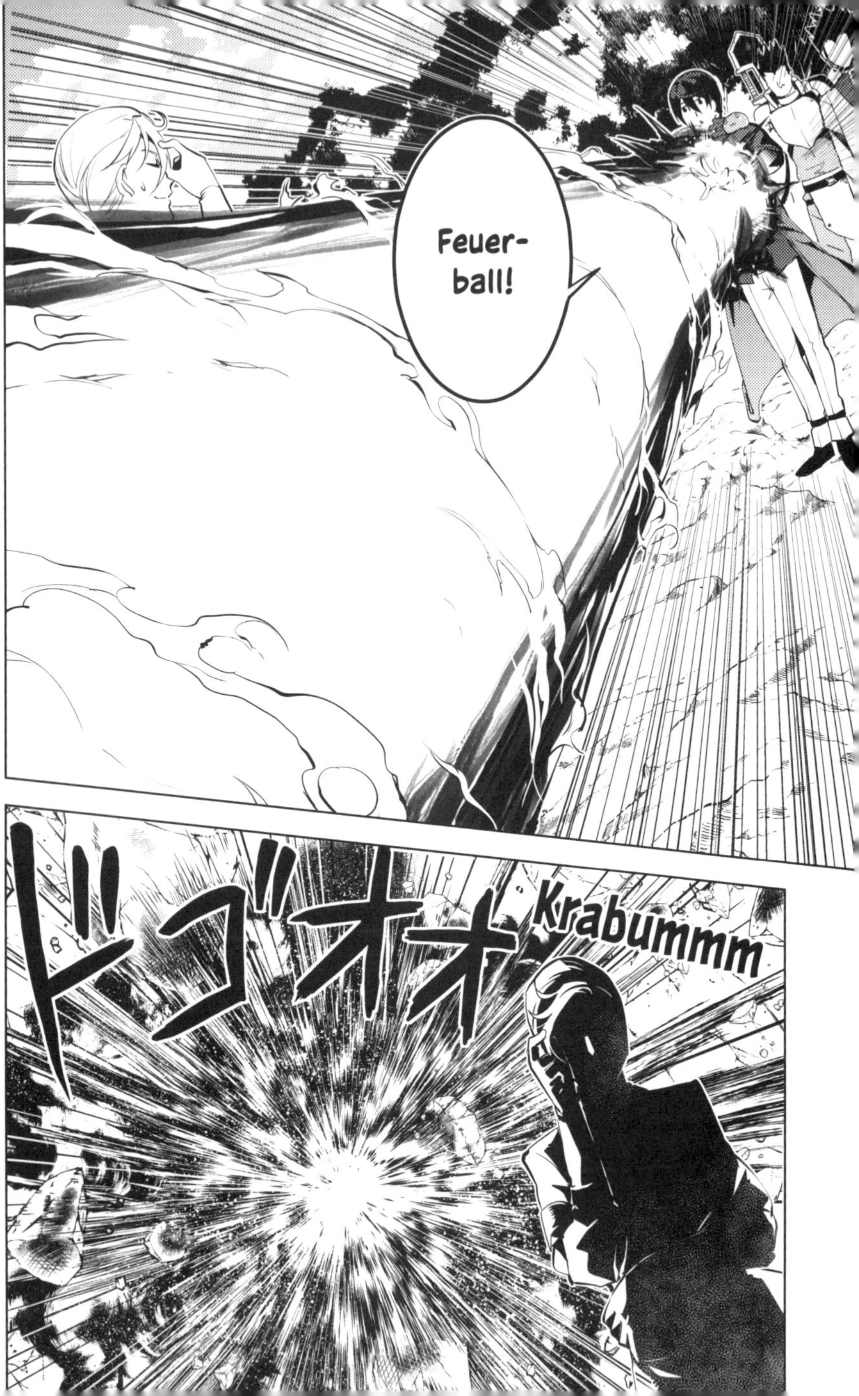
Feuer-
ball!
ドゴオオ
Krabummm

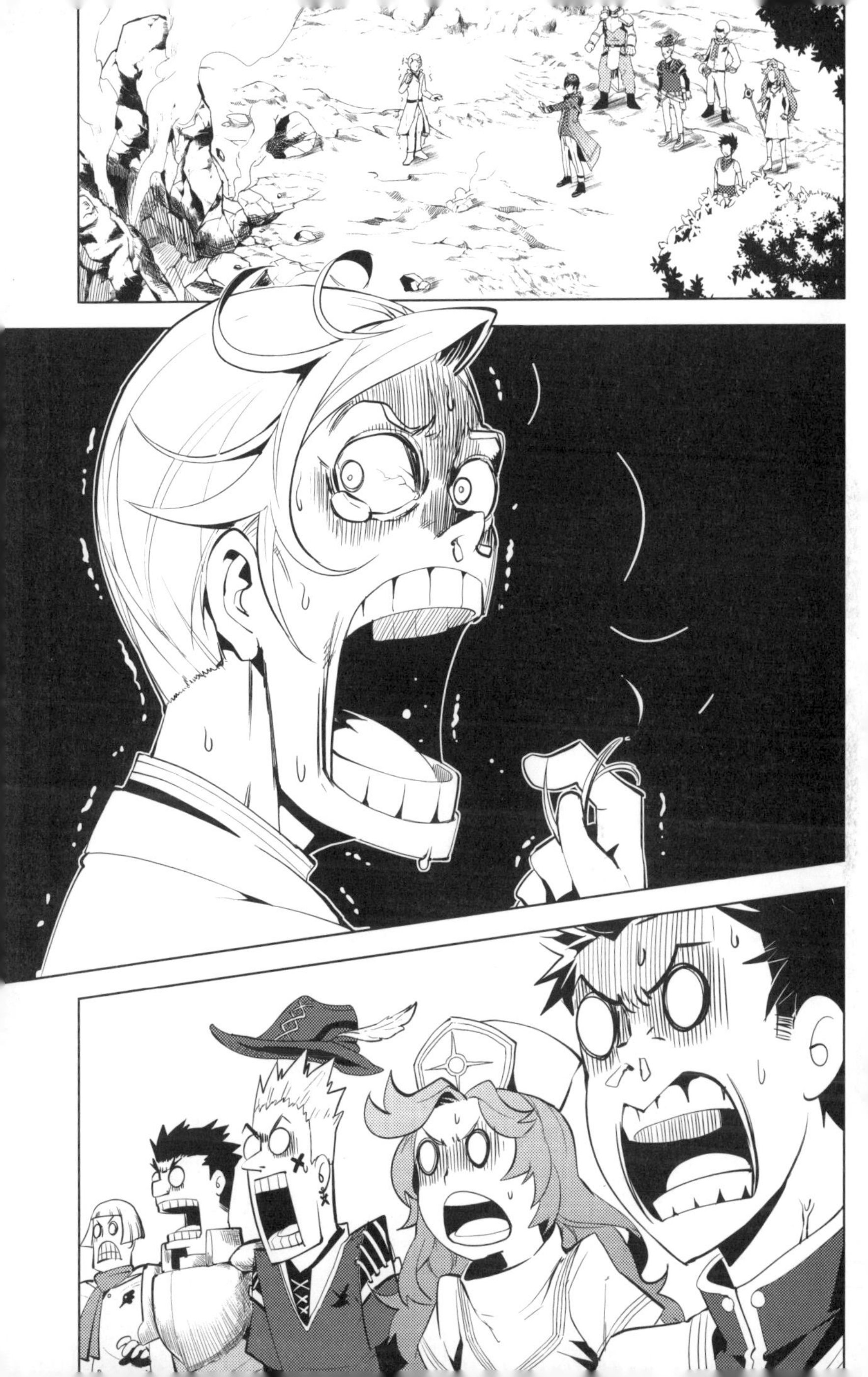

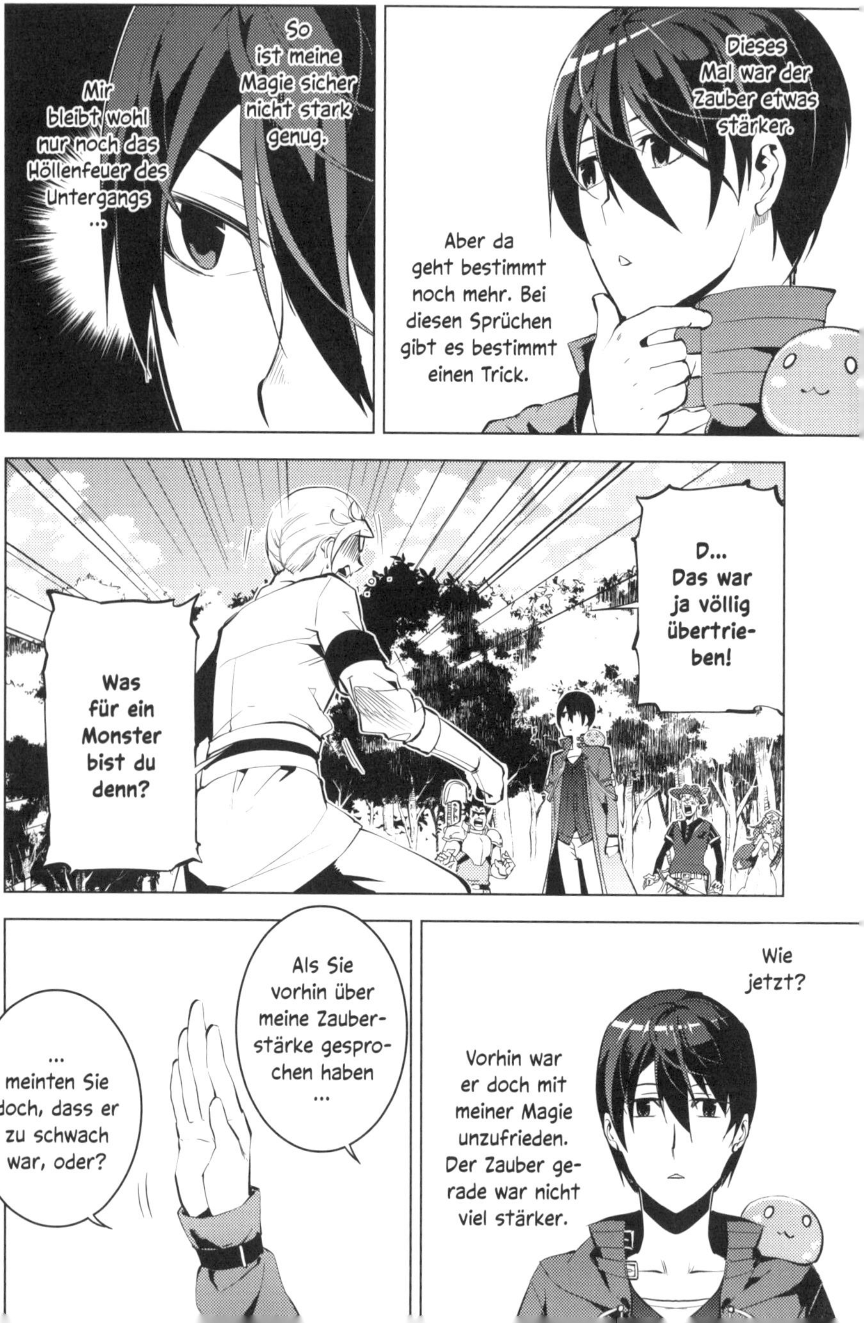
Dieses Mal war der Zauber etwas stärker.
Aber da geht bestimmt noch mehr. Bei diesen Sprüchen gibt es bestimmt einen Trick.
So ist meine Magie sicher nicht stark genug.
Mir bleibt wohl nur noch das Höllenfeuer des Untergangs ...
D... Das war ja völlig übertrieben!
Was für ein Monster bist du denn?
Wie jetzt?
Vorhin war er doch mit meiner Magie unzufrieden. Der Zauber gerade war nicht viel stärker.
Als Sie vorhin über meine Zauberstärke gesprochen haben ...
... meinten Sie doch, dass er zu schwach war, oder?

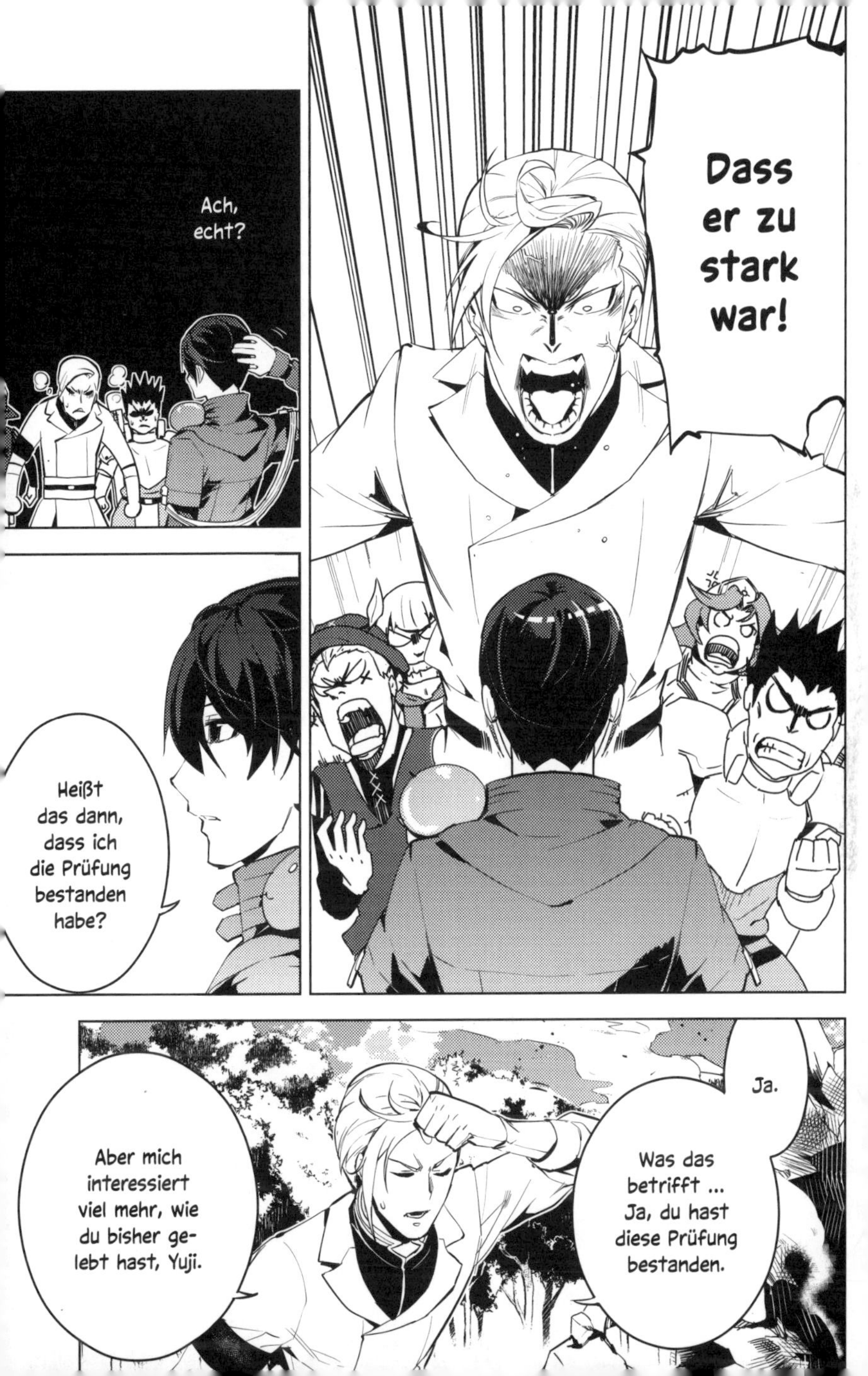
Dass er zu stark war!
Ach, echt?
Heißt das dann, dass ich die Prüfung bestanden habe?
Ja.
Was das betrifft ... Ja, du hast diese Prüfung bestanden.
Aber mich interessiert viel mehr, wie du bisher ge-lebt hast, Yuji.

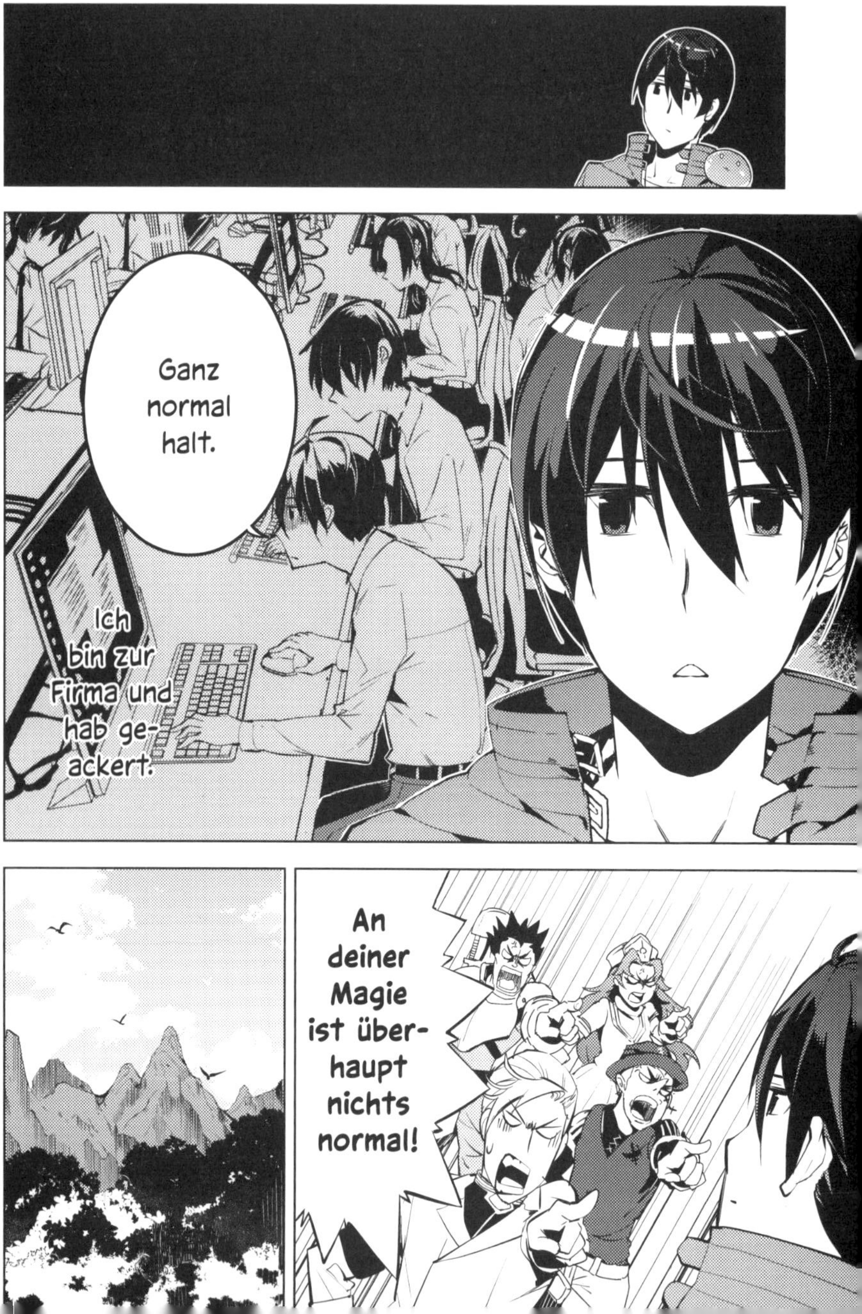
Ganz normal halt.
Ich bin zur Firma und hab ge- ackert.
An deiner Magie ist über- haupt nichts normal!

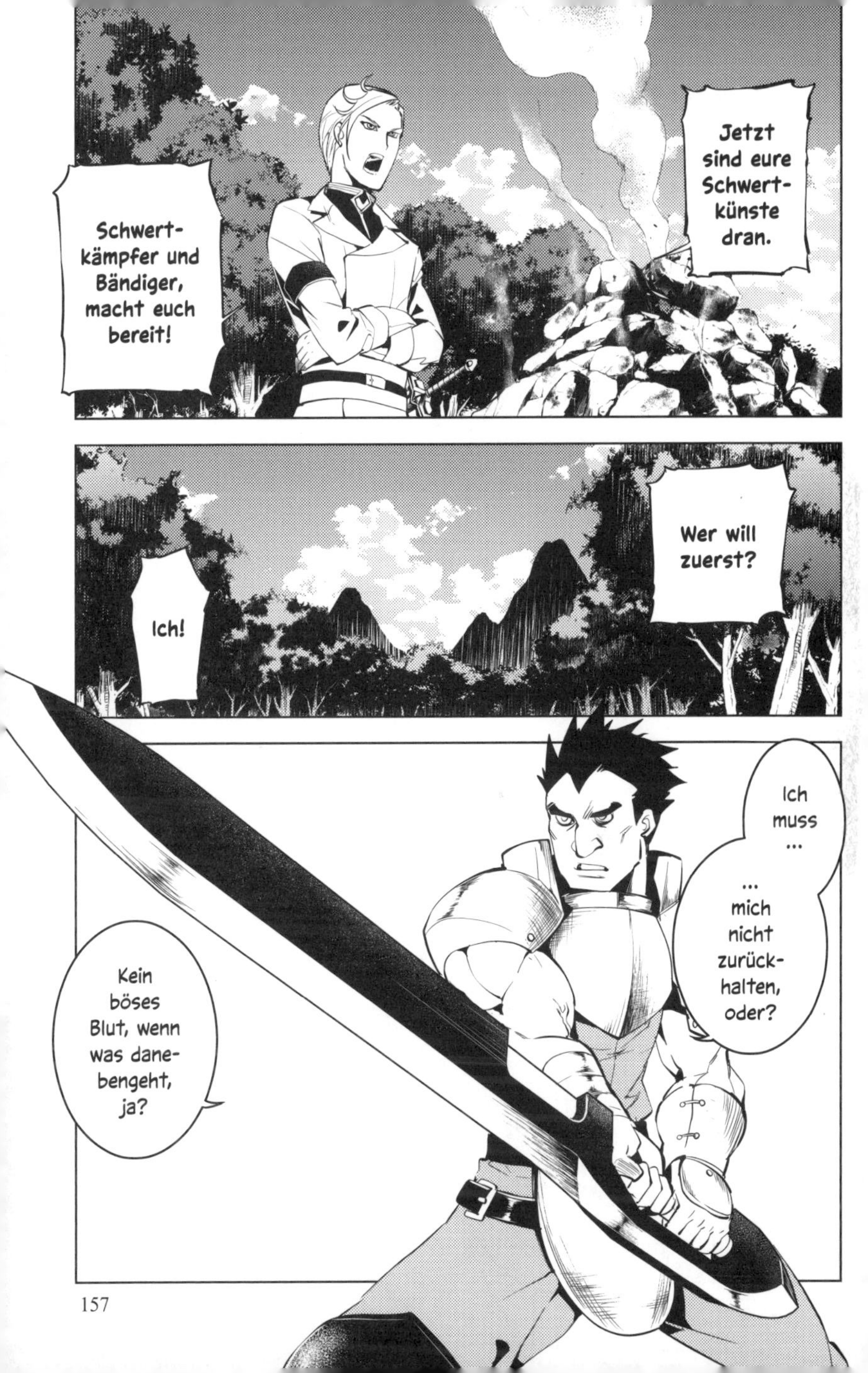
Jetzt sind eure Schwert-künste dran.
Schwert-kämpfer und Bändiger, macht euch bereit!
Wer will zuerst?
Ich!
Ich muss ...
... mich nicht zurück-halten, oder?
Kein böses Blut, wenn was dane-bengeht, ja?

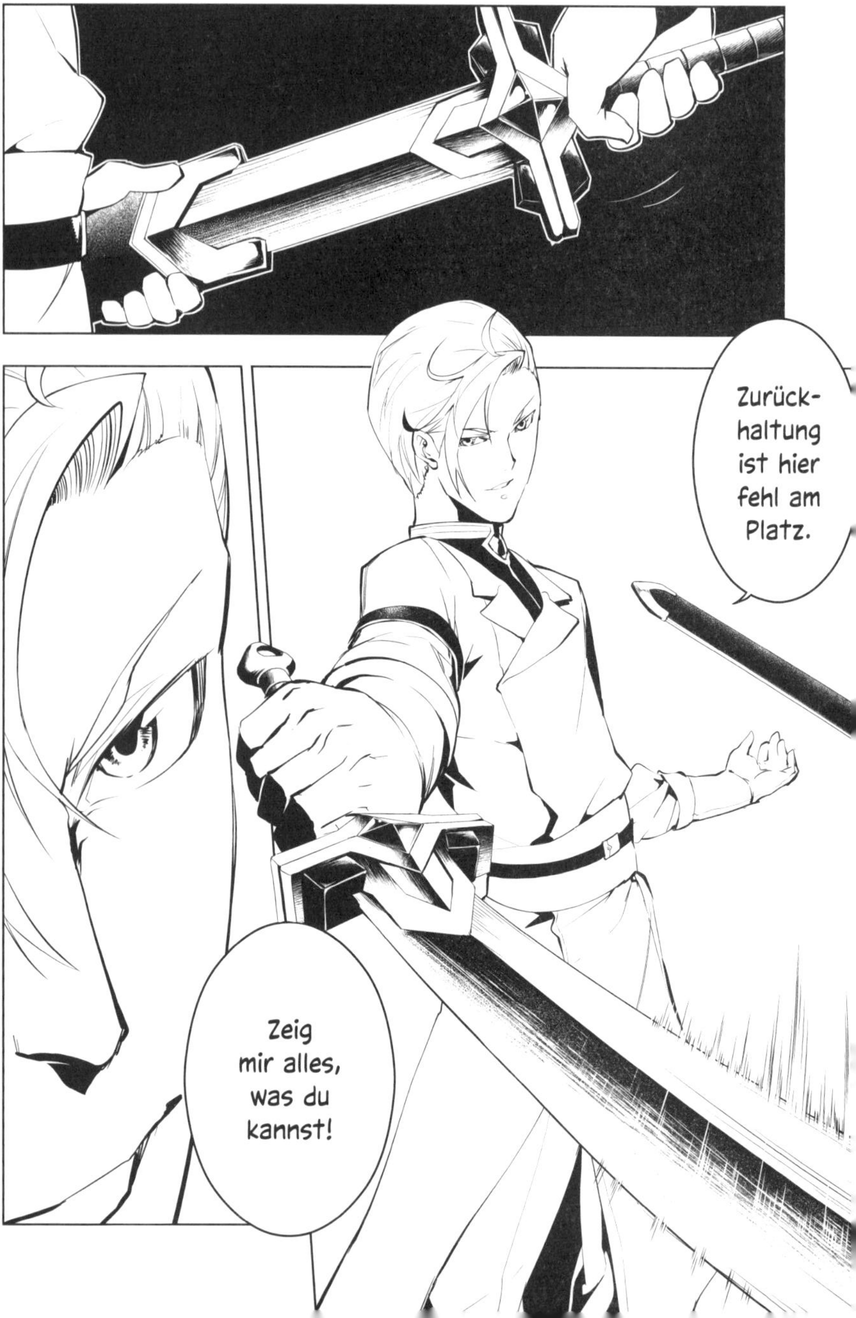
Zurückhaltung ist hier fehl am Platz.
Zeig mir alles, was du kannst!

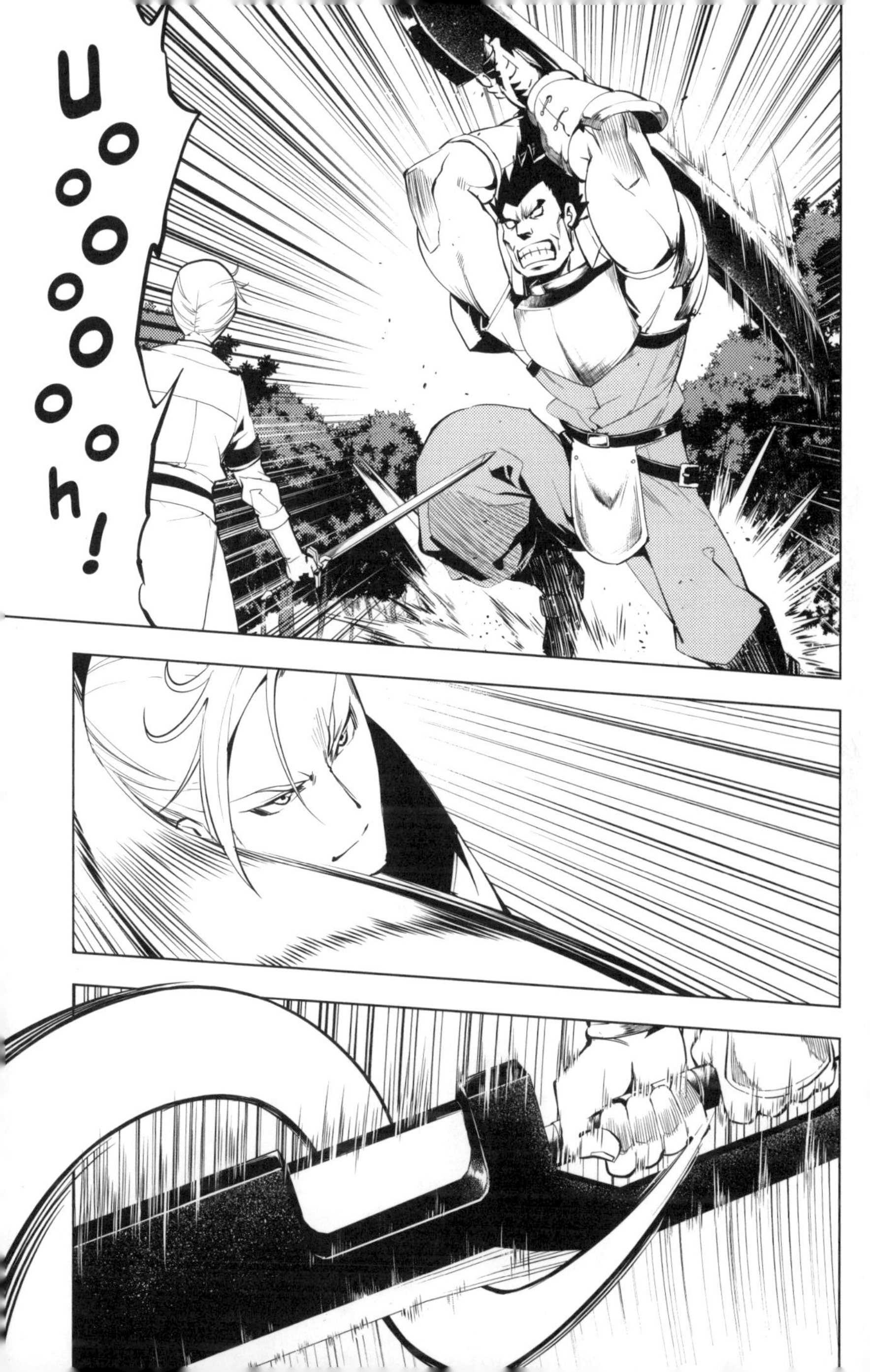
Uooooooooh!

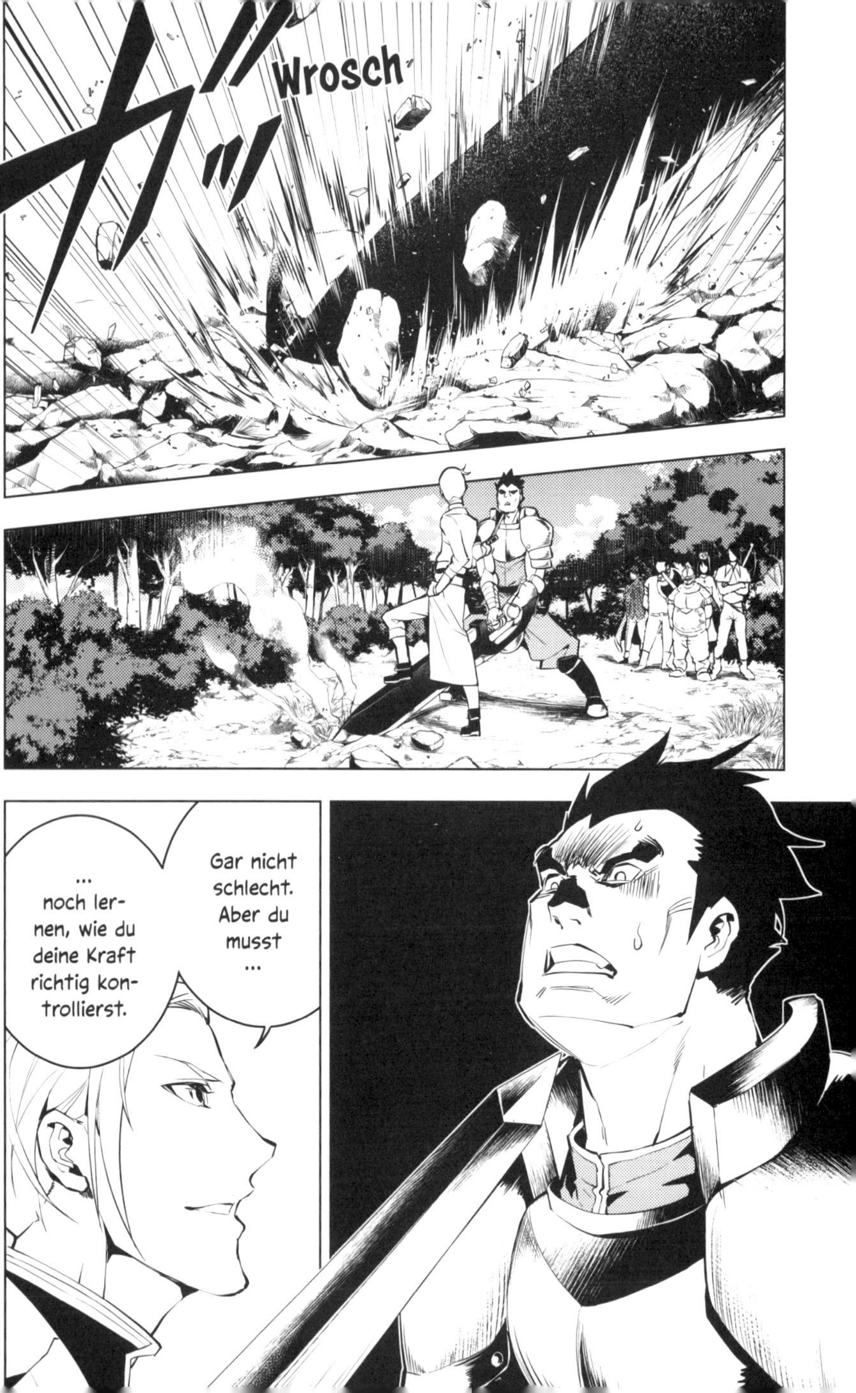
Wrosch
Gar nicht schlecht. Aber du musst ...
... noch lernen, wie du deine Kraft richtig kontrollierst.

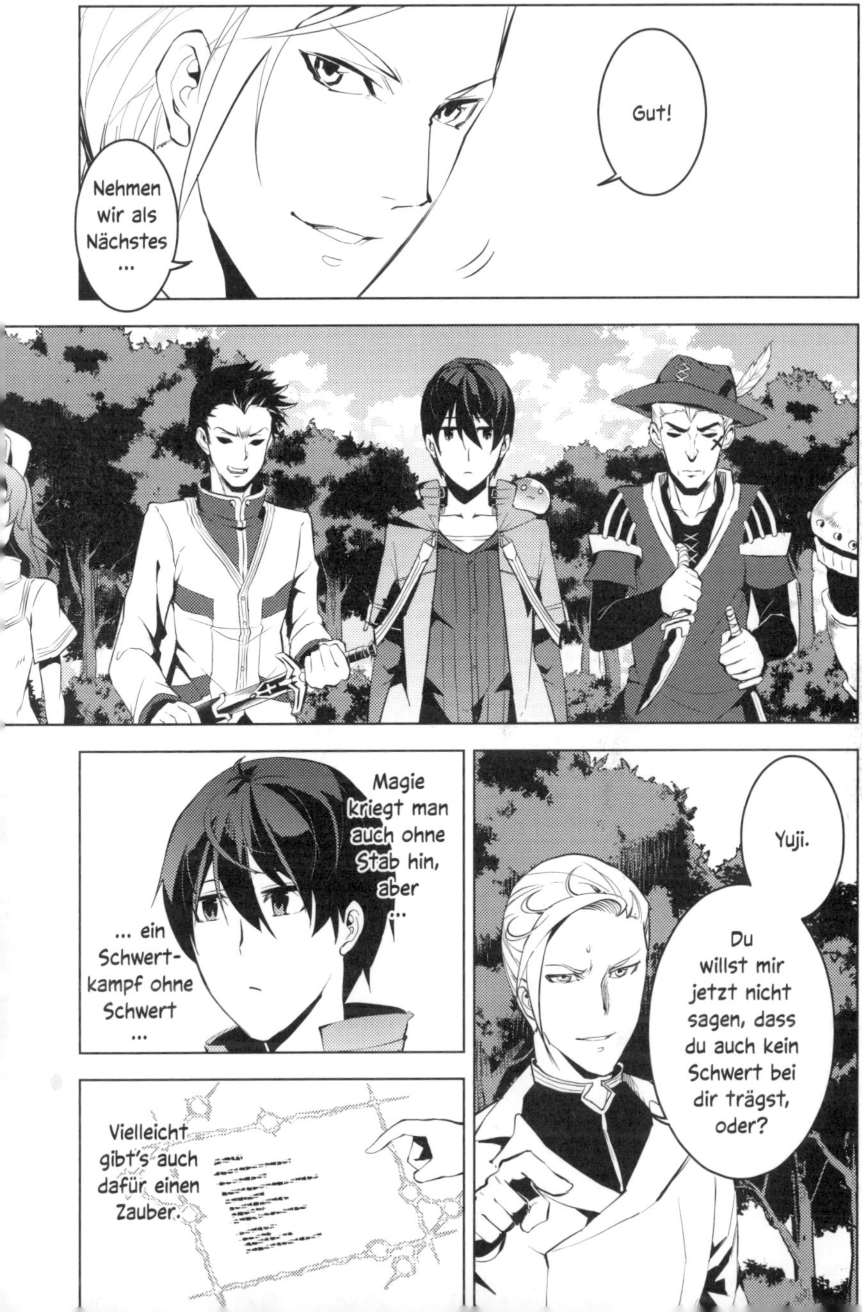
Gut!
Nehmen wir als Nächstes ...
Yuji.
Du willst mir jetzt nicht sagen, dass du auch kein Schwert bei dir trägst, oder?
Magie kriegt man auch ohne Stab hin, aber ...
... ein Schwert-kampf ohne Schwert ...
Vielleicht gibt's auch dafür einen Zauber.

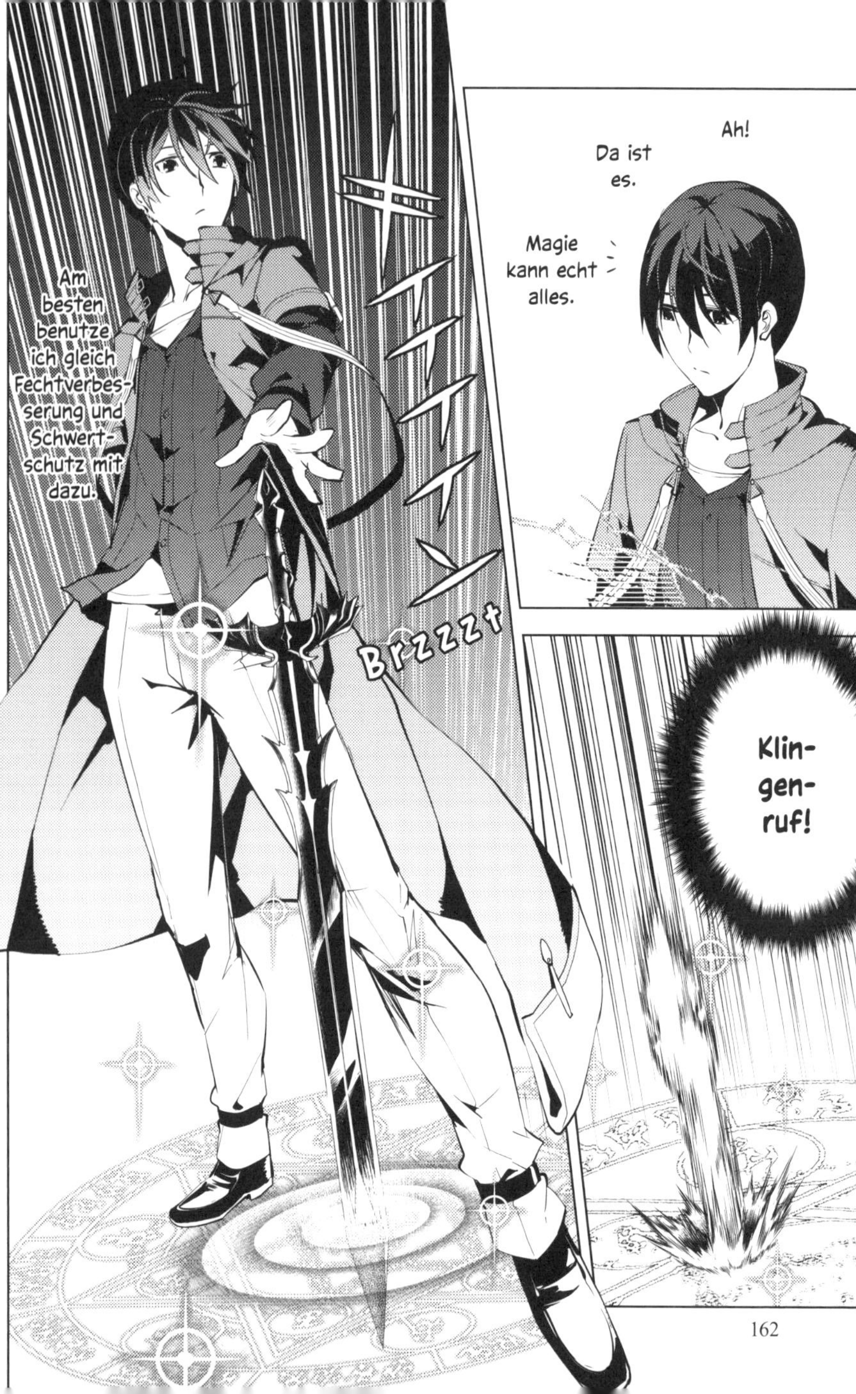
Ah!
Da ist es.
Magie kann echt alles.
Klingenruf!
Brzzzzt
Am besten benutze ich gleich Fechtverbesserung und Schwertschutz mit dazu.

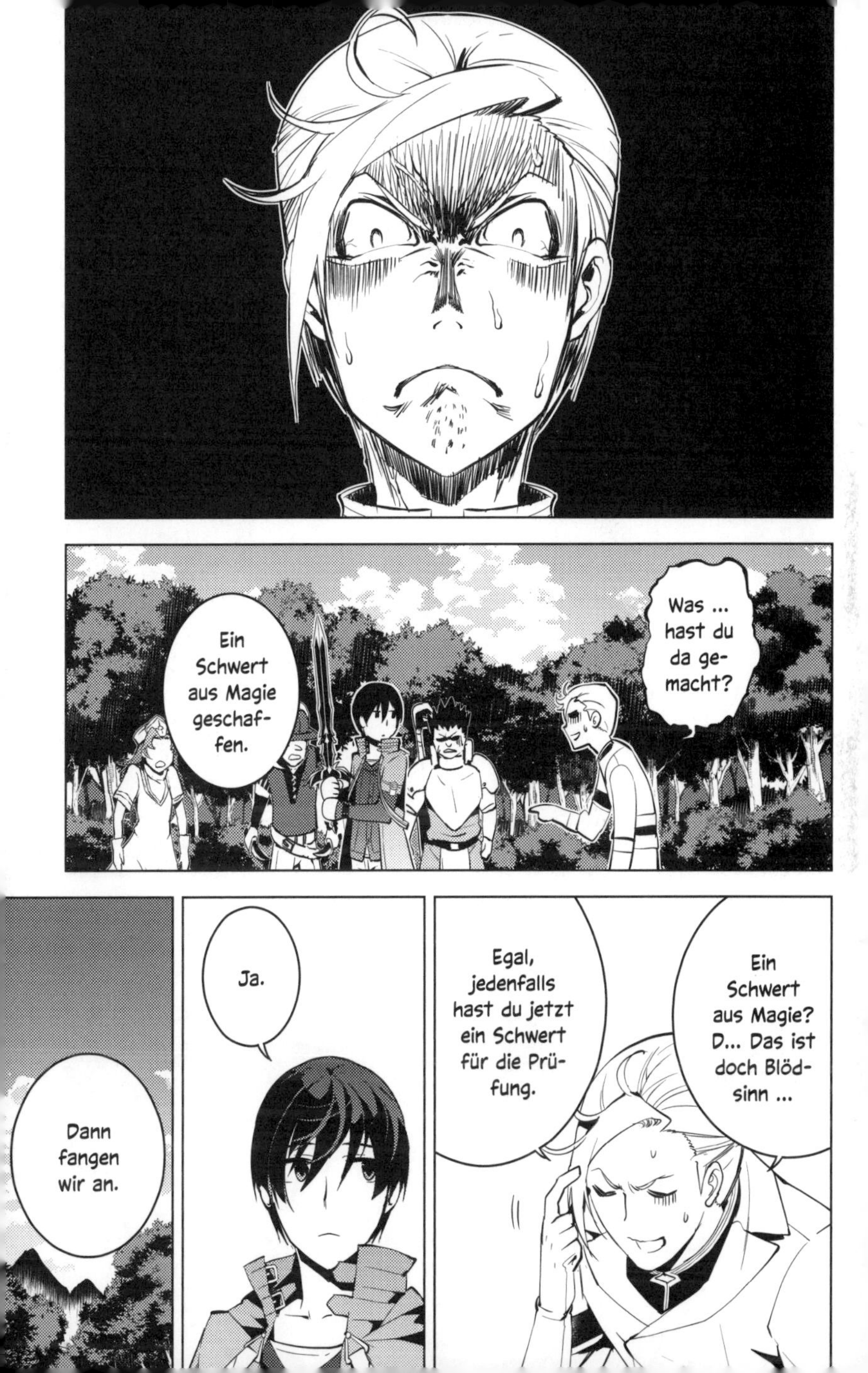
Was ... hast du da gemacht?
Ein Schwert aus Magie geschaffen.
Ein Schwert aus Magie? D... Das ist doch Blödsinn ...
Egal, jedenfalls hast du jetzt ein Schwert für die Prüfung.
Ja.
Dann fangen wir an.

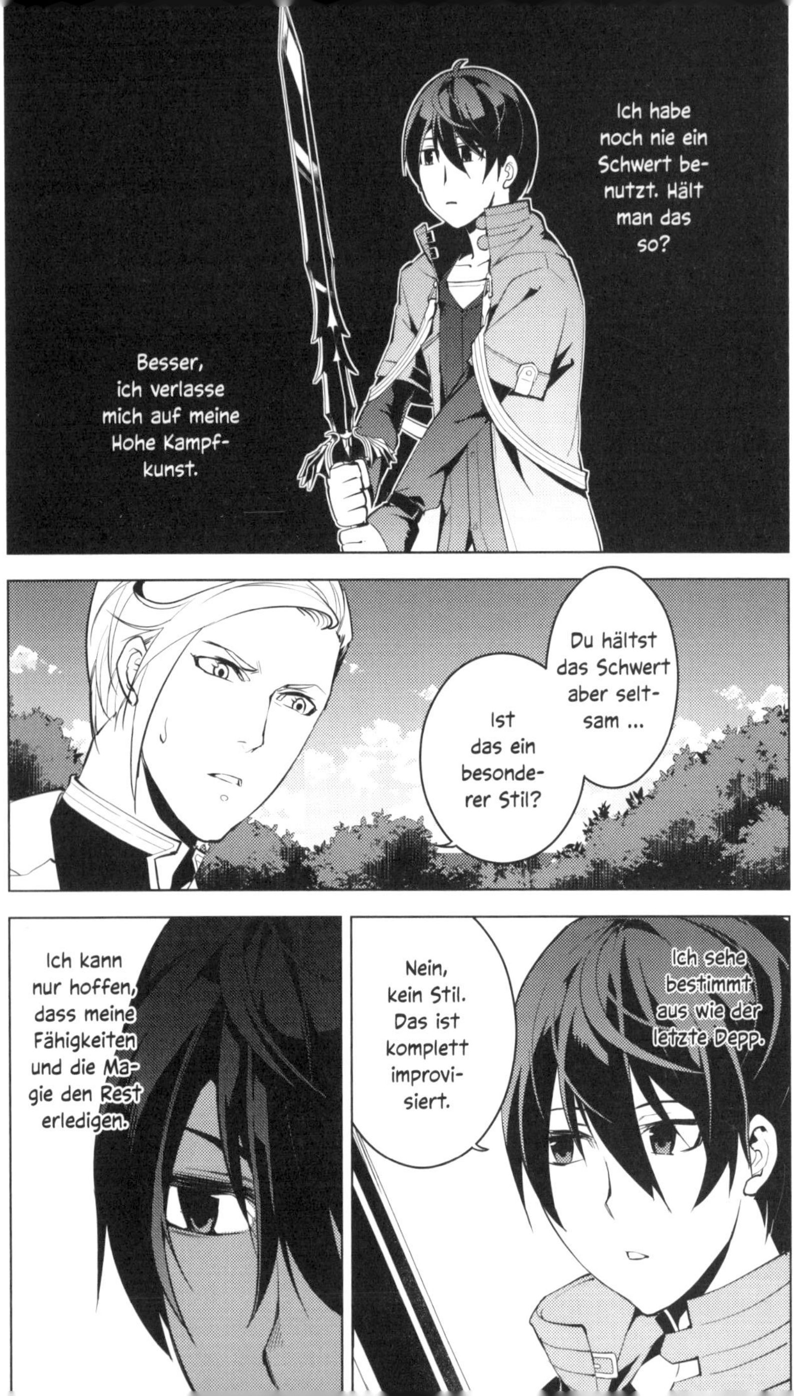

Ich habe noch nie ein Schwert benutzt. Hält man das so?
Besser, ich verlasse mich auf meine Hohe Kampfkunst.
Du hältst das Schwert aber seltsam ...
Ist das ein besonderer Stil?
Ich sehe bestimmt aus wie der letzte Depp.
Nein, kein Stil. Das ist komplett improvisiert.
Ich kann nur hoffen, dass meine Fähigkeiten und die Magie den Rest erledigen.

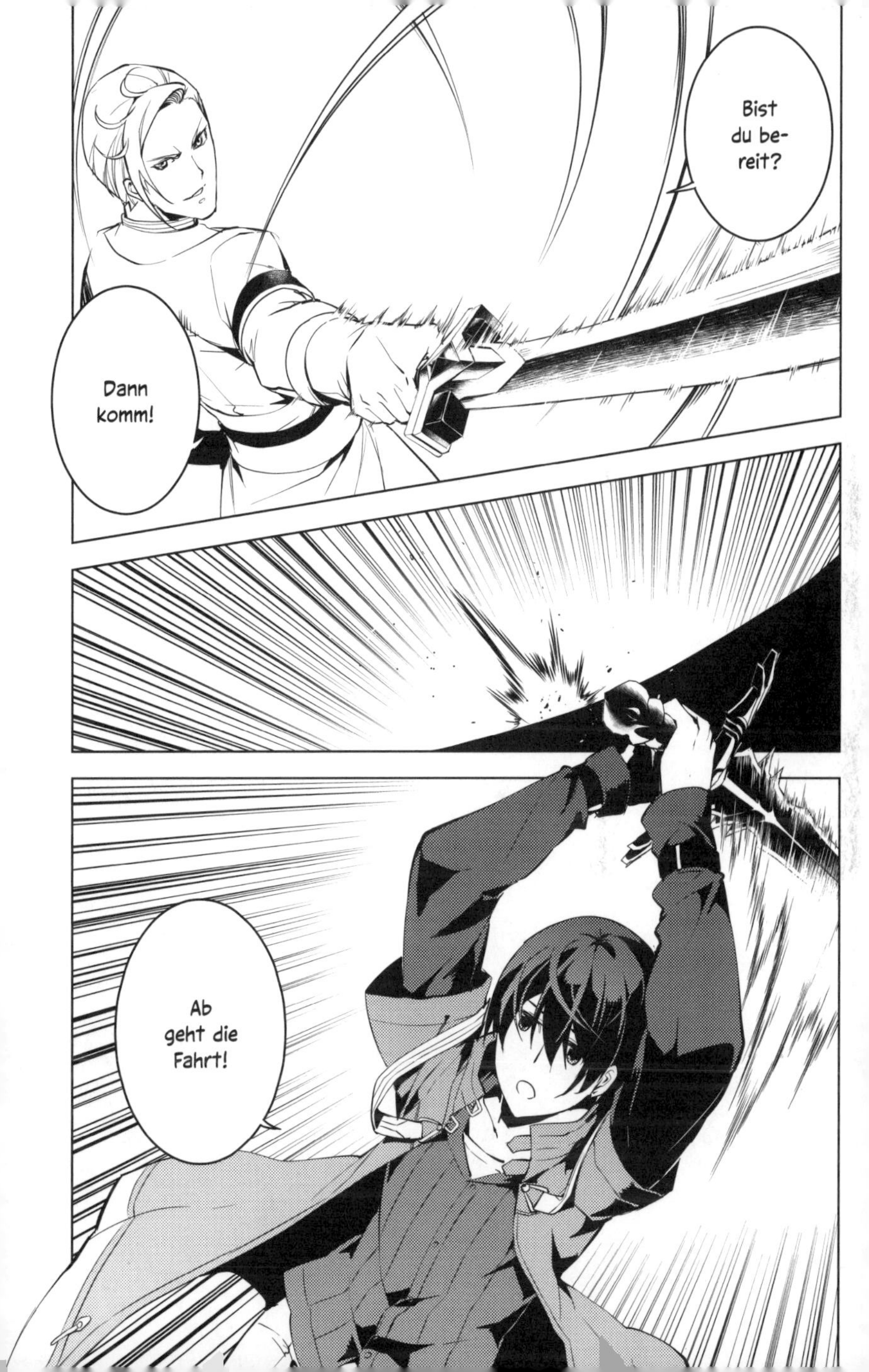
Bist du be-reit?
Dann komm!
Ab geht die Fahrt!

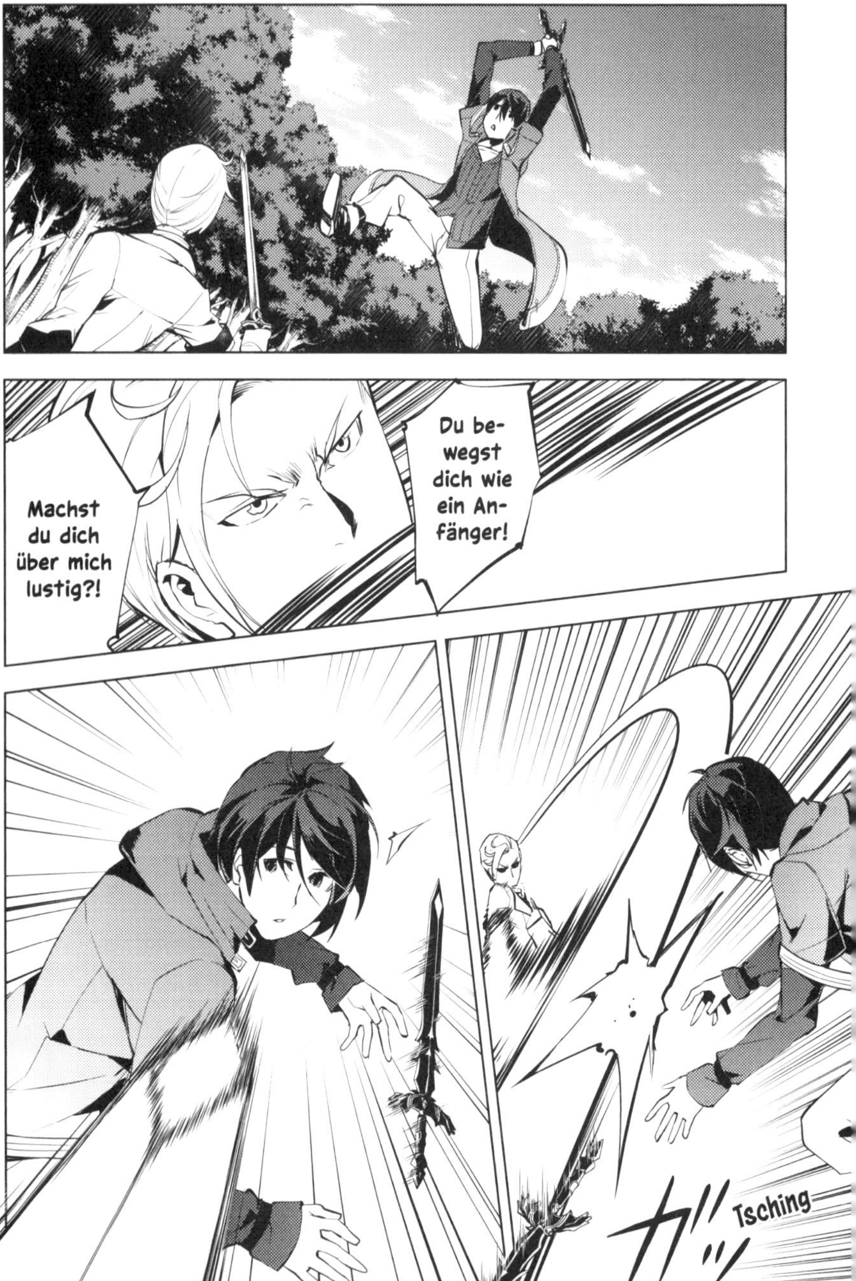
Du bewegst dich wie ein Anfänger!
Machst du dich über mich lustig?!
Tsching

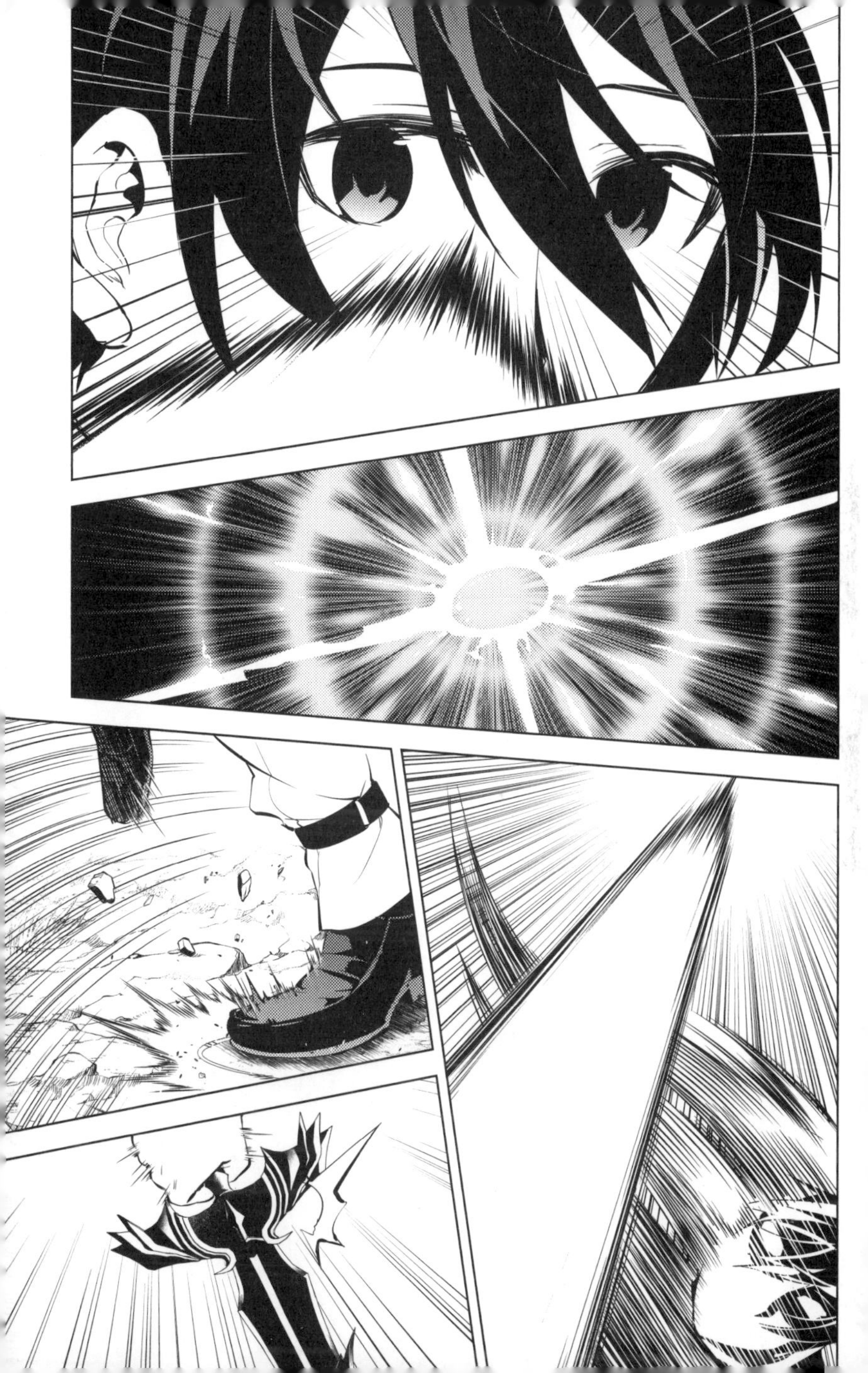

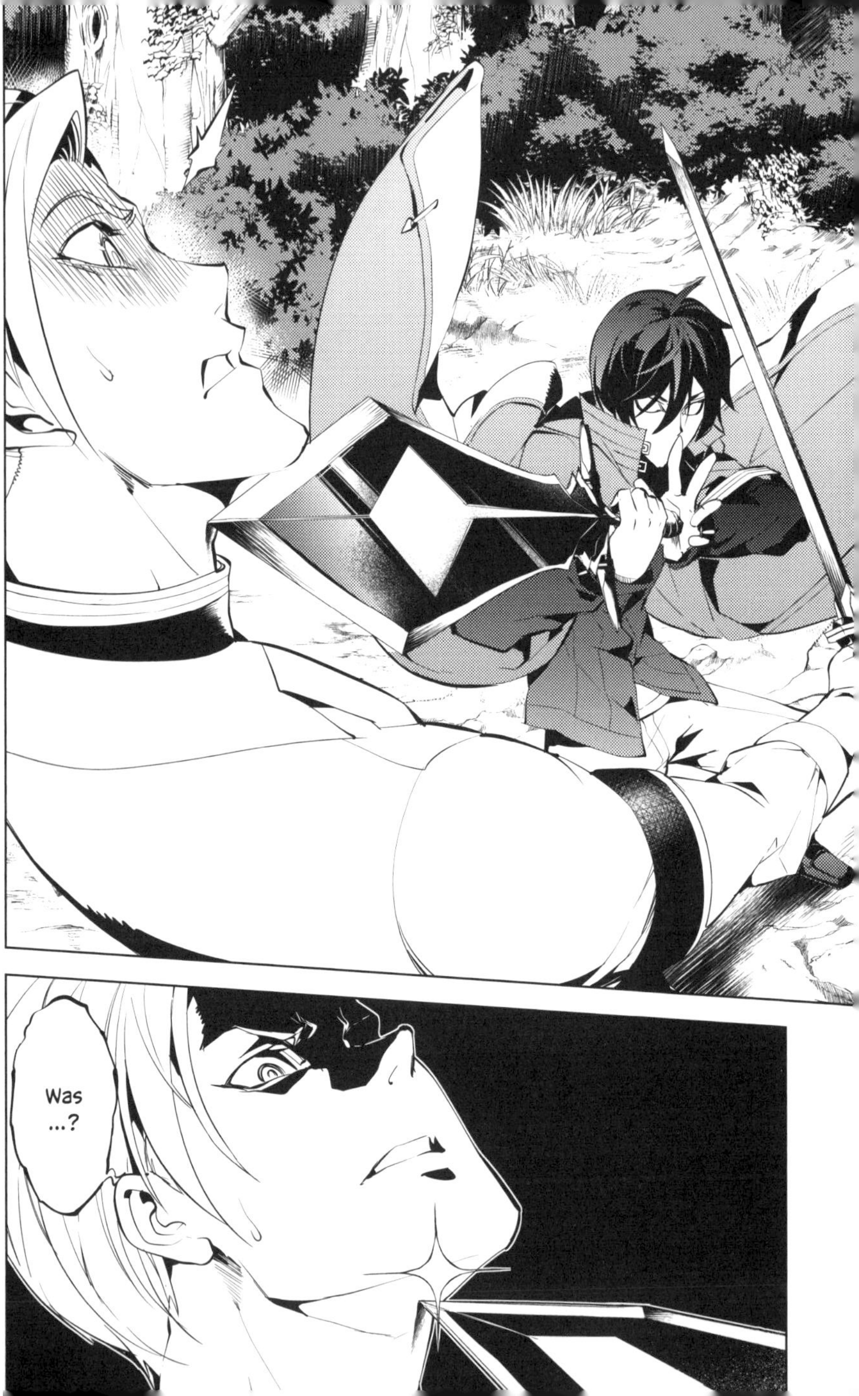
Was
...?

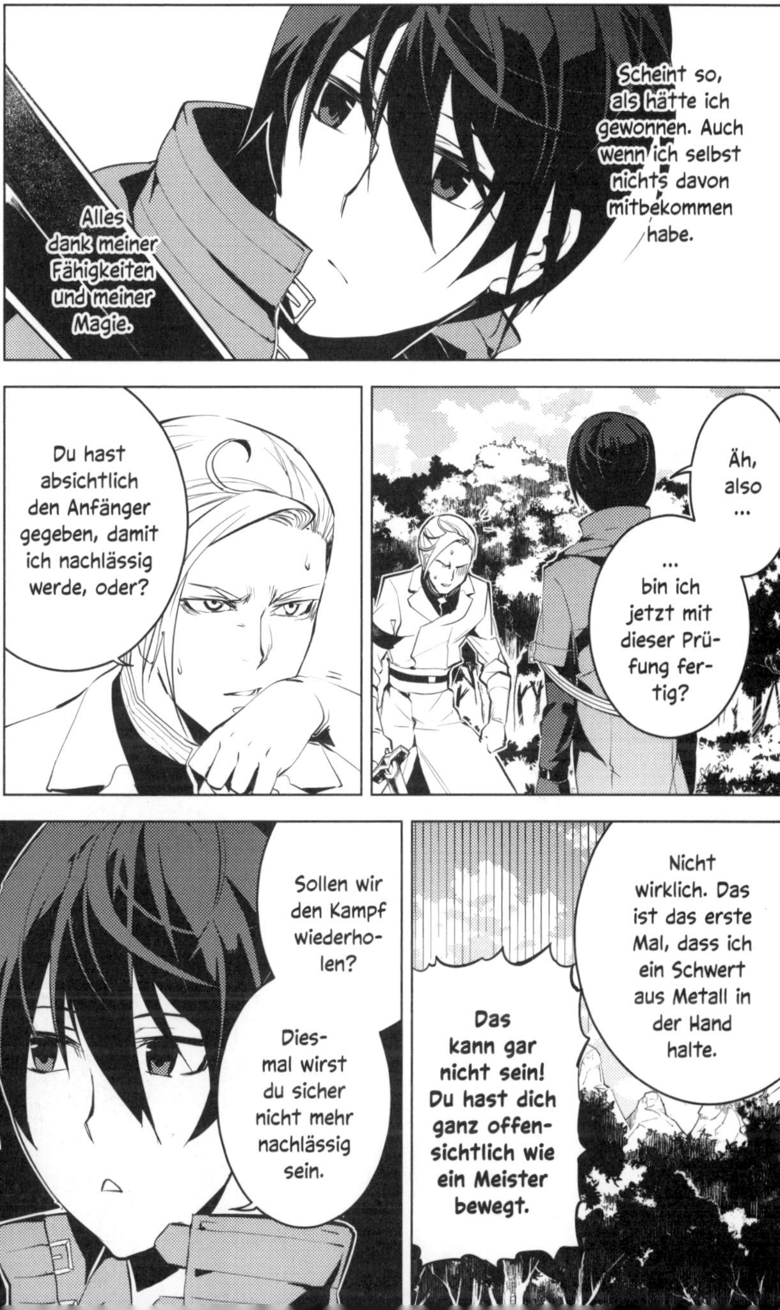
Scheint so, als hätte ich gewonnen. Auch wenn ich selbst nichts davon mitbekommen habe.
Alles dank meiner Fähigkeiten und meiner Magie.
Äh, also ...
... bin ich jetzt mit dieser Prüfung fertig?
Du hast absichtlich den Anfänger gegeben, damit ich nachlässig werde, oder?
Nicht wirklich. Das ist das erste Mal, dass ich ein Schwert aus Metall in der Hand halte.
Das kann gar nicht sein! Du hast dich ganz offensichtlich wie ein Meister bewegt.
Sollen wir den Kampf wiederholen?
Diesmal wirst du sicher nicht mehr nachlässig sein.

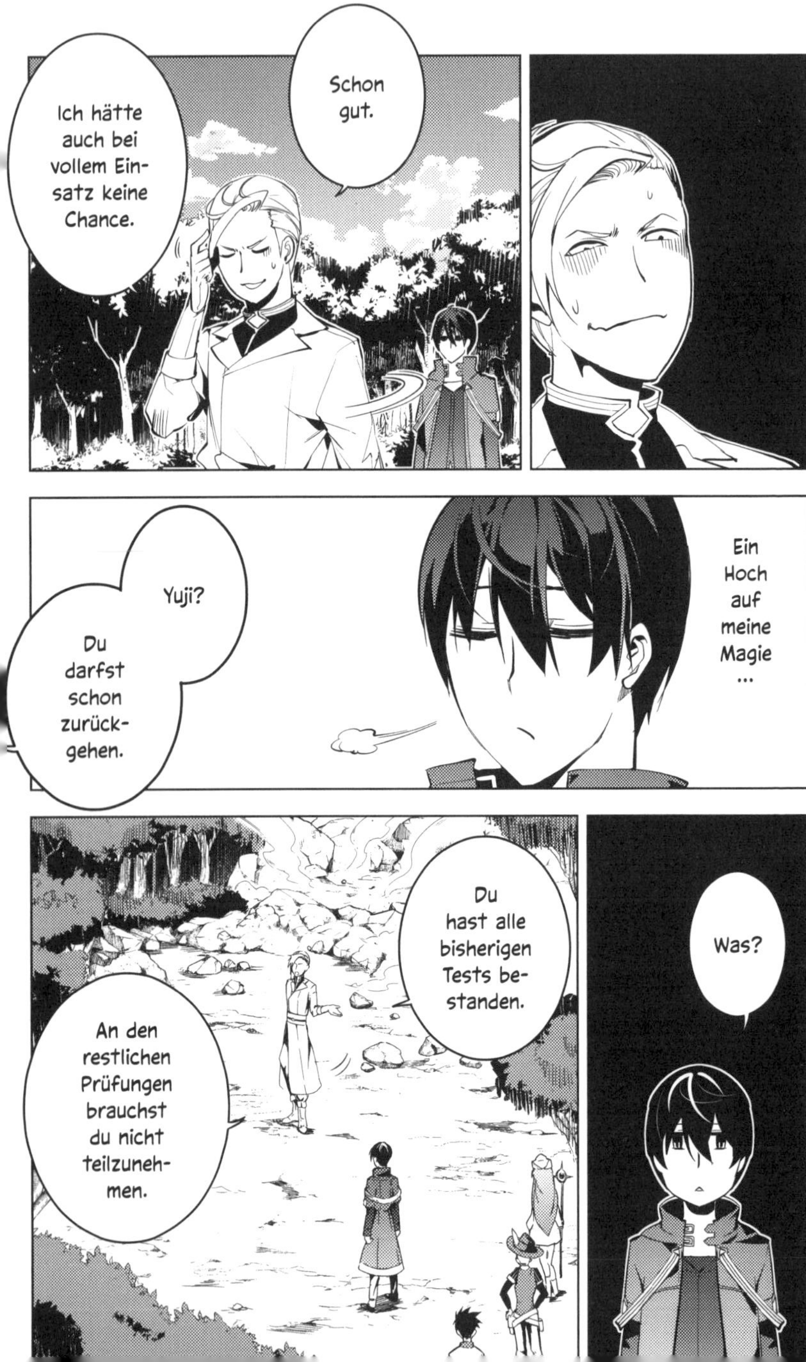
Schon gut.
Ich hätte auch bei vollem Einsatz keine Chance.
Ein Hoch auf meine Magie ...
Yuji?
Du darfst schon zurückgehen.
Was?
Du hast alle bisherigen Tests bestanden.
An den restlichen Prüfungen brauchst du nicht teilzunehmen.

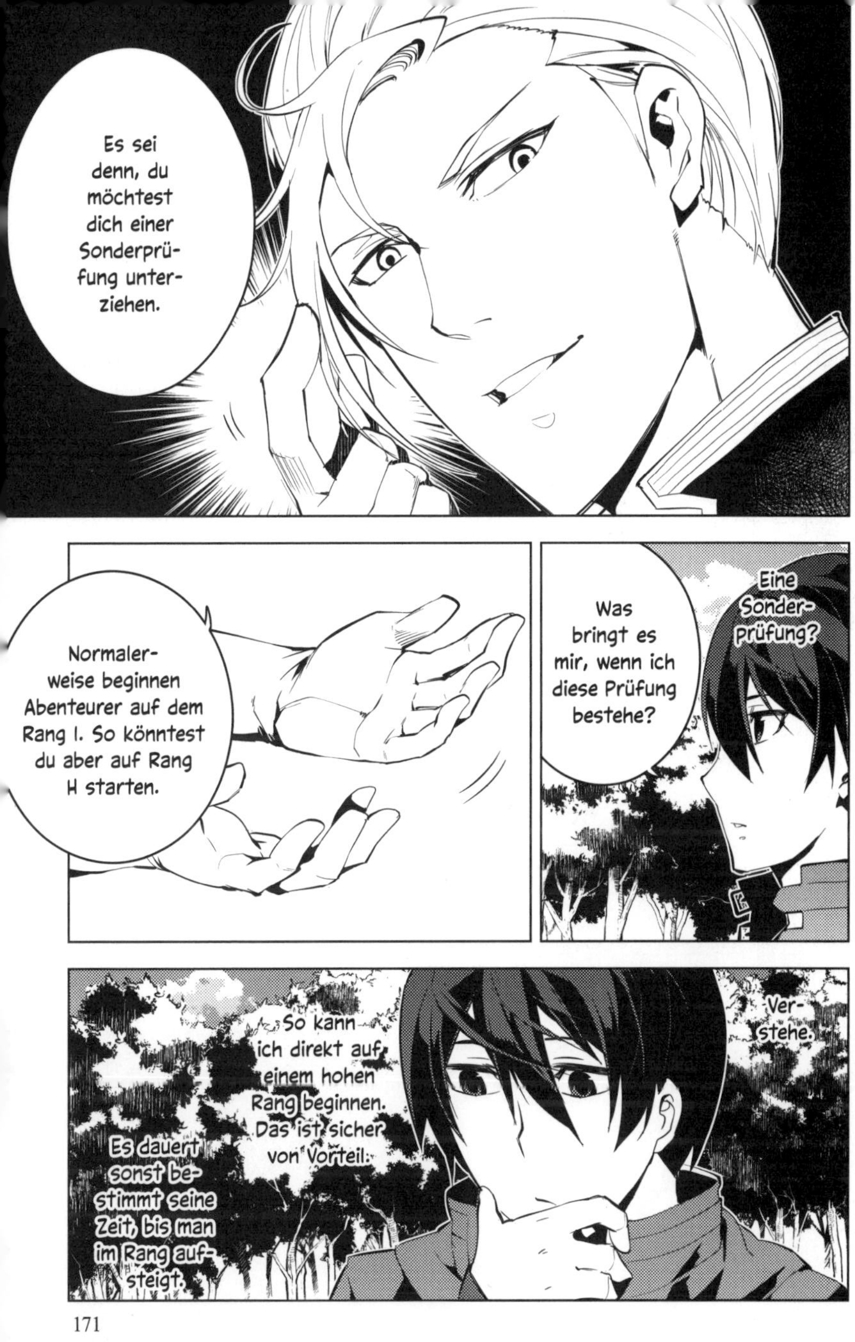

Es sei denn, du möchtest dich einer Sonderprüfung unterziehen.
Eine Sonderprüfung?
Was bringt es mir, wenn ich diese Prüfung bestehe?
Normalerweise beginnen Abenteurer auf dem Rang I. So könntest du aber auf Rang H starten.
Verstehe.
So kann ich direkt auf einem hohen Rang beginnen. Das ist sicher von Vorteil.
Es dauert sonst bestimmt seine Zeit, bis man im Rang aufsteigt.

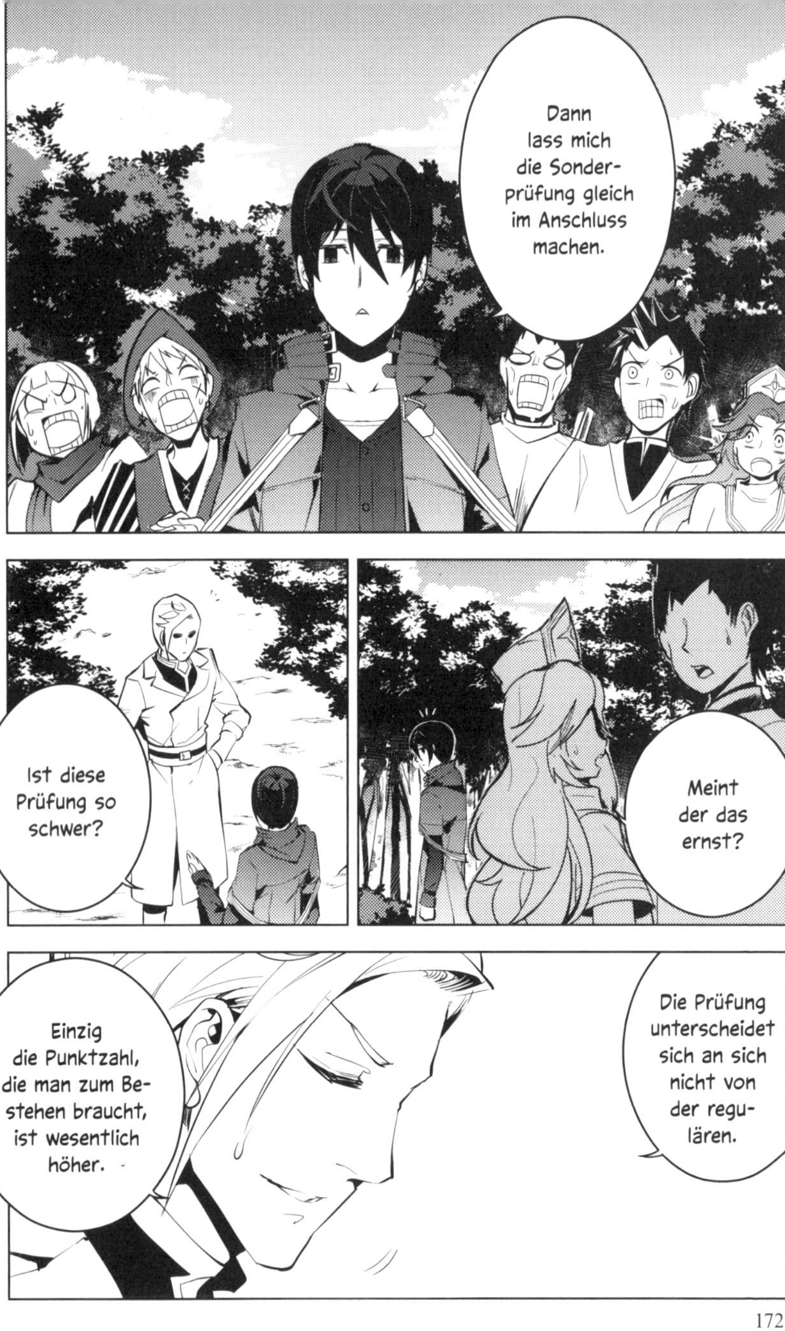
Dann lass mich die Sonderprüfung gleich im Anschluss machen.
Meint der das ernst?
Ist diese Prüfung so schwer?
Die Prüfung unterscheidet sich an sich nicht von der regulären.
Einzig die Punktzahl, die man zum Bestehen braucht, ist wesentlich höher.

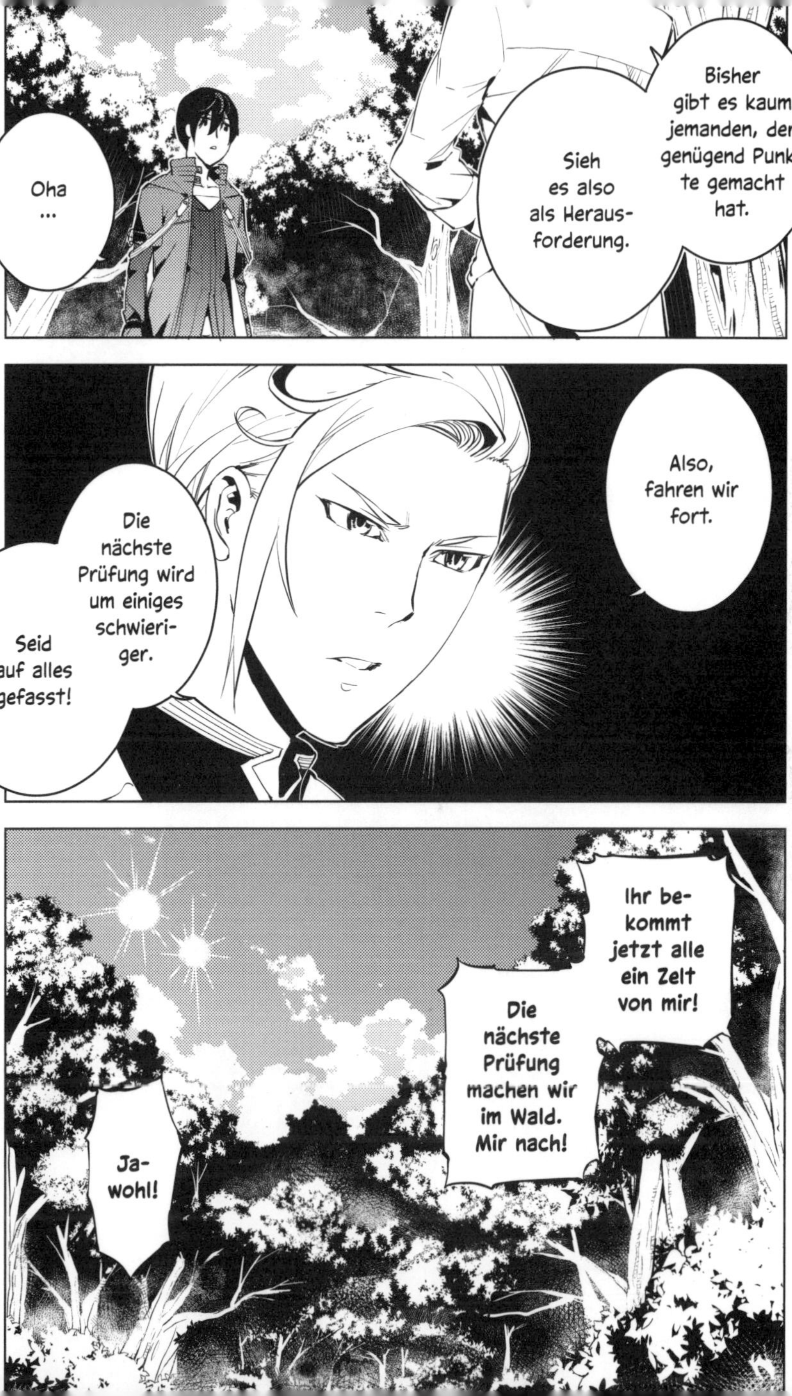
Bisher gibt es kaum jemanden, der genügend Punkte gemacht hat.
Sieh es also als Herausforderung.
Oha ...
Also, fahren wir fort.
Die nächste Prüfung wird um einiges schwieriger.
Seid auf alles gefasst!
Ihr bekommt jetzt alle ein Zelt von mir!
Die nächste Prüfung machen wir im Wald. Mir nach!
Jawohl!

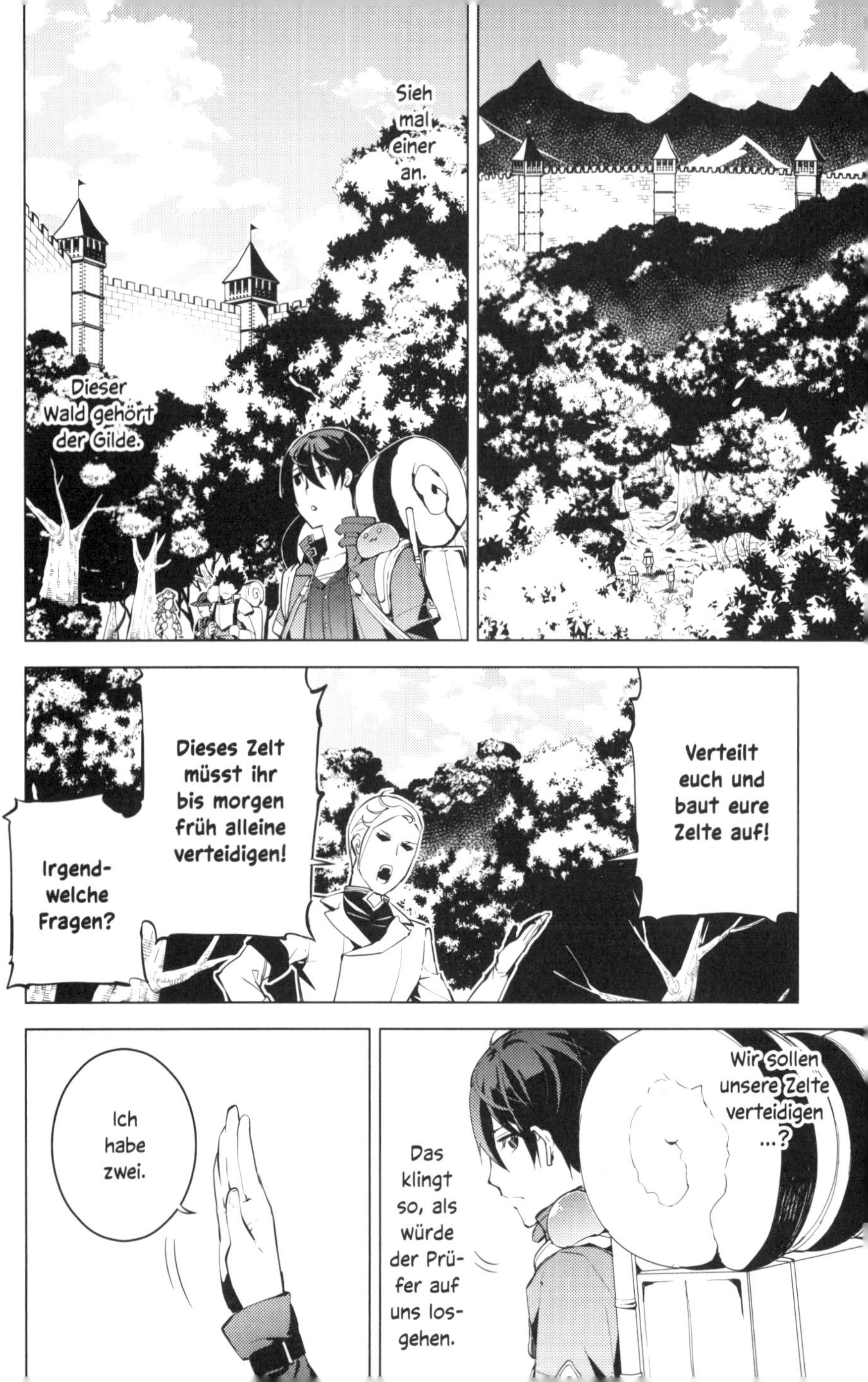

Sieh mal einer an.
Dieser Wald gehört der Gilde.
Verteilt euch und baut eure Zelte auf!
Dieses Zelt müsst ihr bis morgen früh alleine verteidigen!
Irgend-welche Fragen?
Wir sollen unsere Zelte verteidigen ...?
Das klingt so, als würde der Prü-fer auf uns los-gehen.
Ich habe zwei.

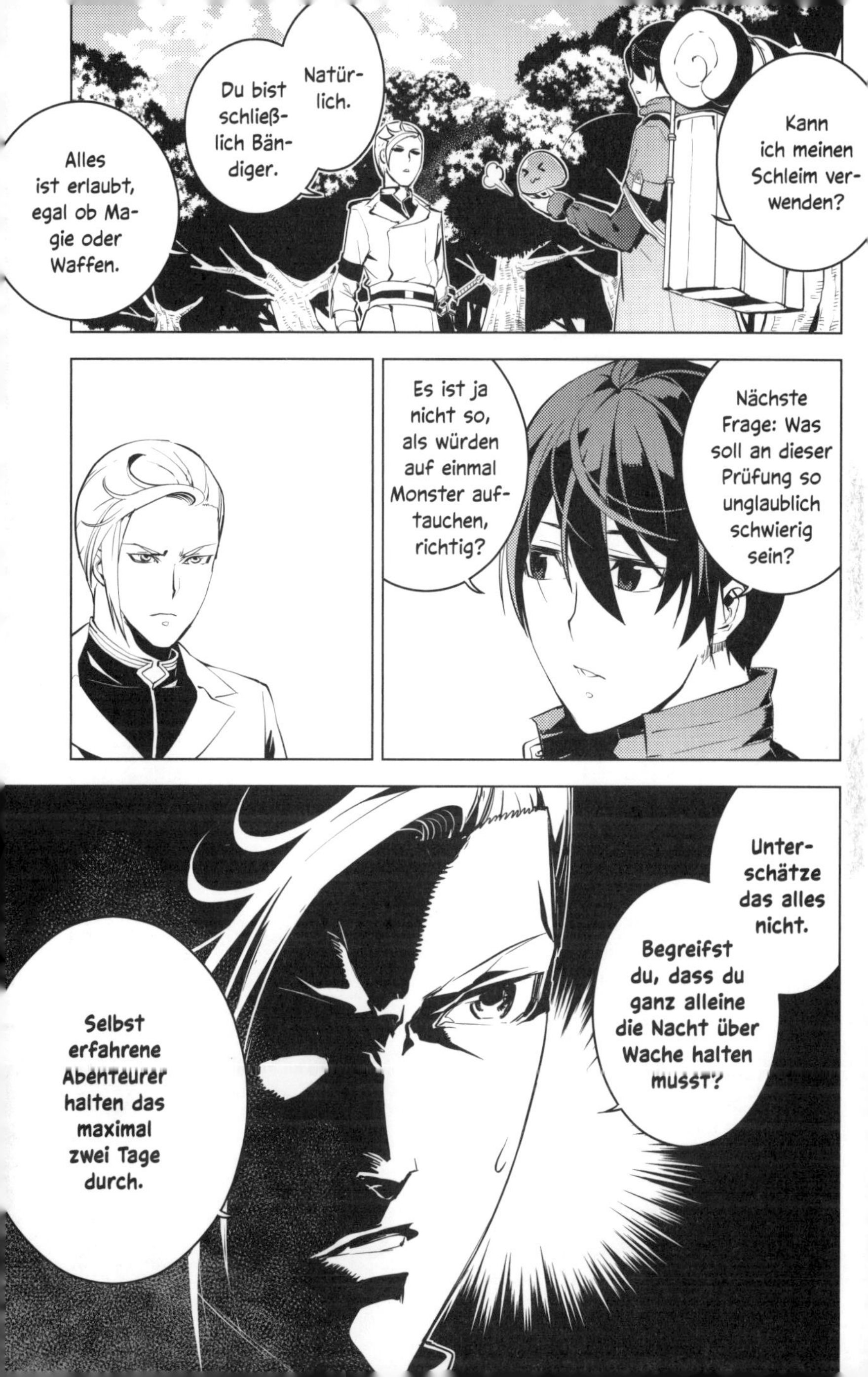
Kann ich meinen Schleim verwenden?
Natürlich.
Du bist schließlich Bändiger.
Alles ist erlaubt, egal ob Magie oder Waffen.
Nächste Frage: Was soll an dieser Prüfung so unglaublich schwierig sein?
Es ist ja nicht so, als würden auf einmal Monster auftauchen, richtig?
Unterschätze das alles nicht.
Begreifst du, dass du ganz alleine die Nacht über Wache halten musst?
Selbst erfahrene Abenteurer halten das maximal zwei Tage durch.

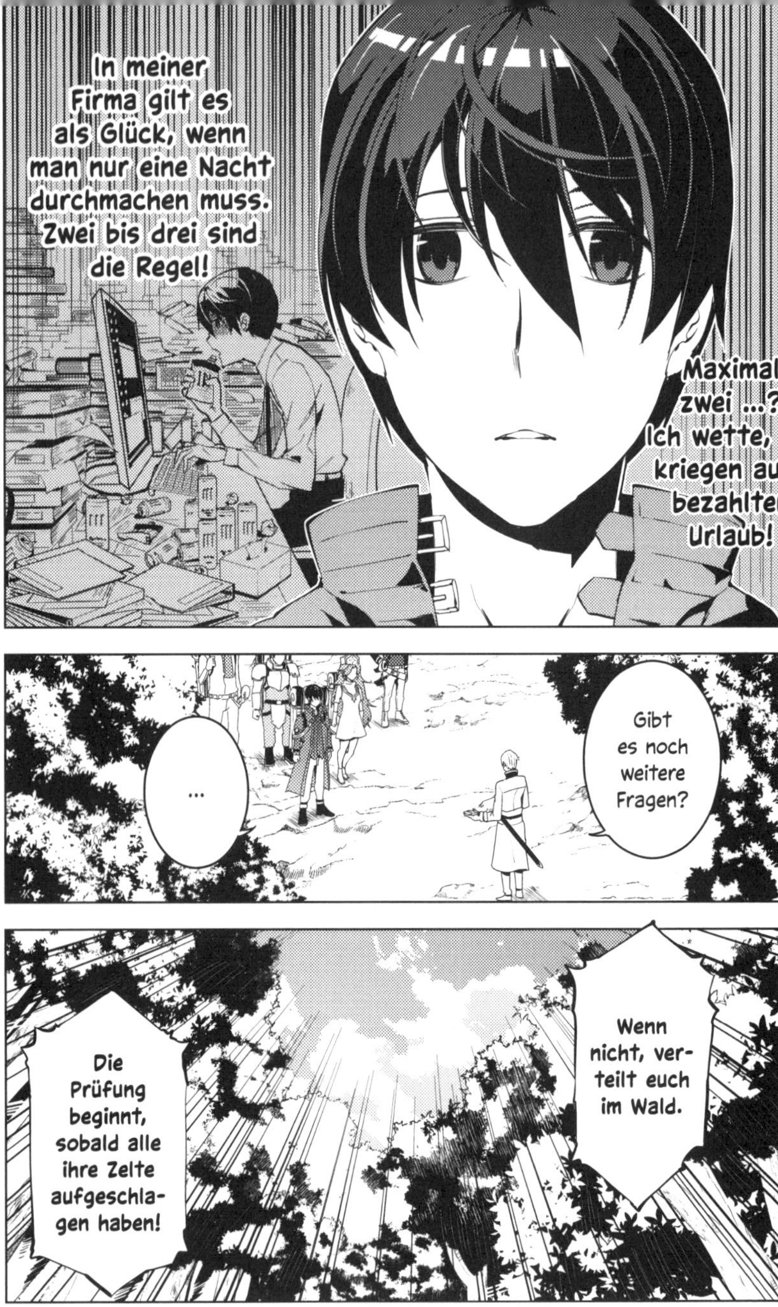
Maximal zwei ...? Ich wette, die kriegen auch bezahlten Urlaub!
In meiner Firma gilt es als Glück, wenn man nur eine Nacht durchmachen muss. Zwei bis drei sind die Regel!
Gibt es noch weitere Fragen?
...
Wenn nicht, ver- teilt euch im Wald.
Die Prüfung beginnt, sobald alle ihre Zelte aufgeschla- gen haben!

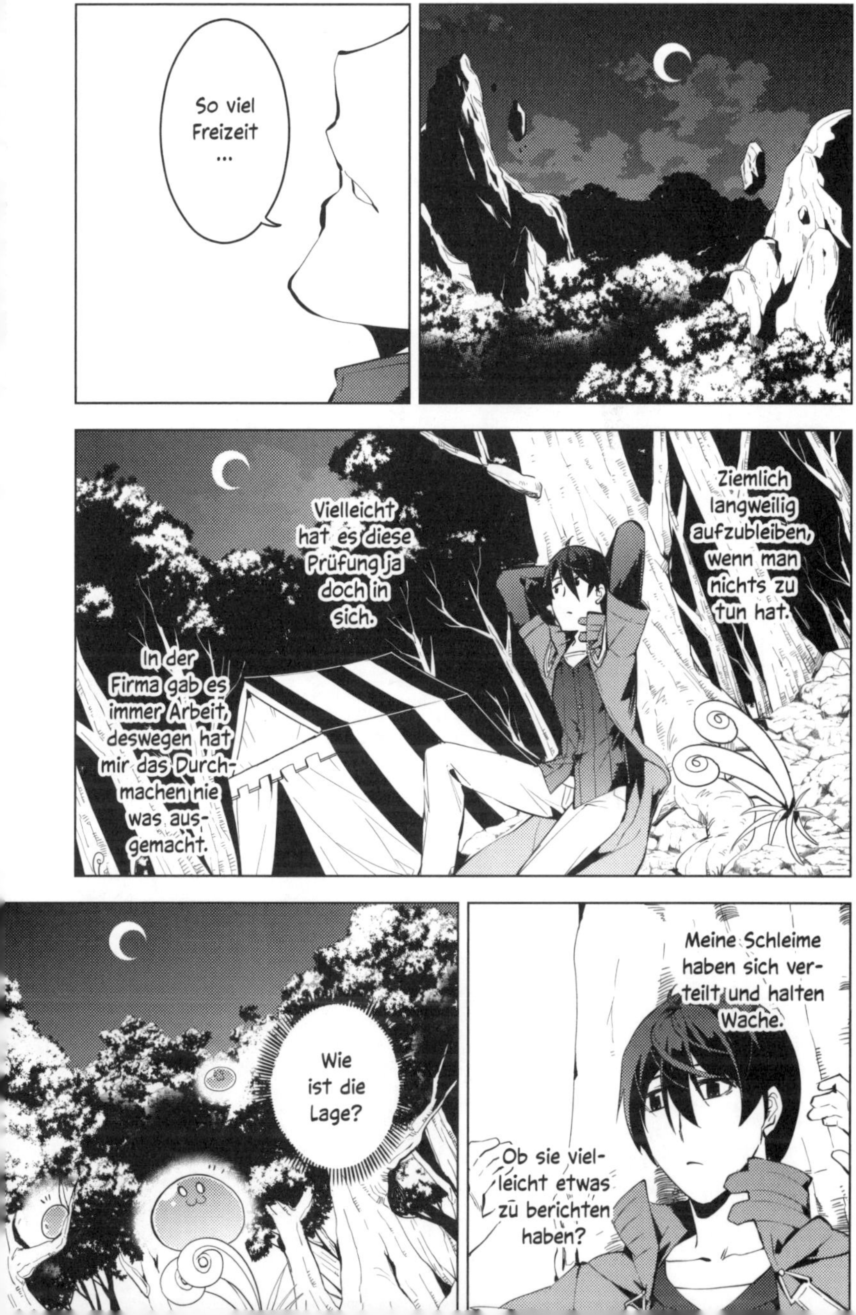
So viel Freizeit ...
Ziemlich langweilig aufzubleiben, wenn man nichts zu tun hat.
Vielleicht hat es diese Prüfung ja doch in sich.
In der Firma gab es immer Arbeit, deswegen hat mir das Durchmachen nie was ausgemacht.
Meine Schleime haben sich verteilt und halten Wache.
Ob sie vielleicht etwas zu berichten haben?
Wie ist die Lage?

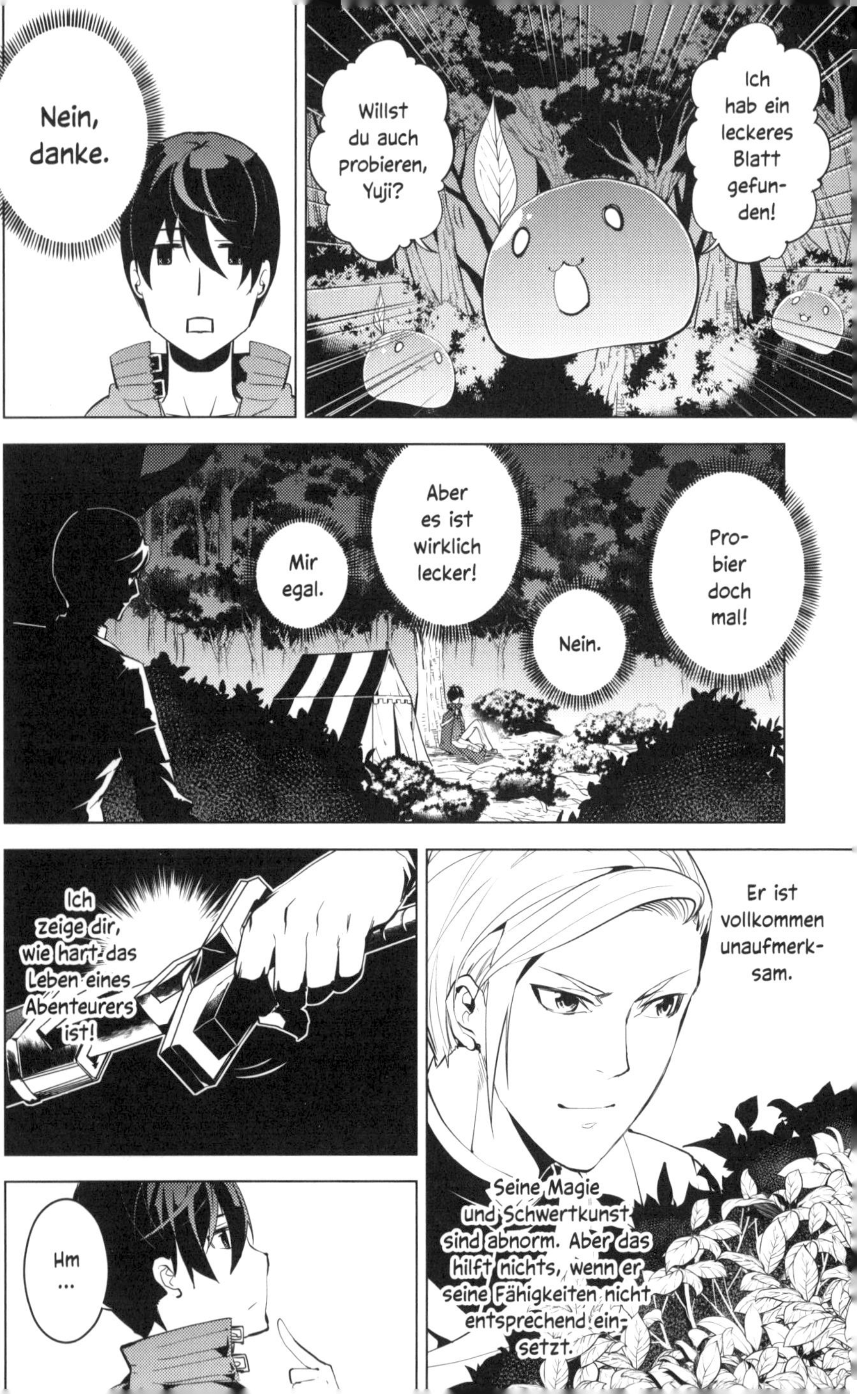

Ich hab ein leckeres Blatt gefunden!
Willst du auch probieren, Yuji?
Nein, danke.
Probier doch mal!
Nein.
Aber es ist wirklich lecker!
Mir egal.
Er ist vollkommen unaufmerksam.
Ich zeige dir, wie hart das Leben eines Abenteurers ist!
Seine Magie und Schwertkunst sind abnorm. Aber das hilft nichts, wenn er seine Fähigkeiten nicht entsprechend einsetzt.
Hm ...

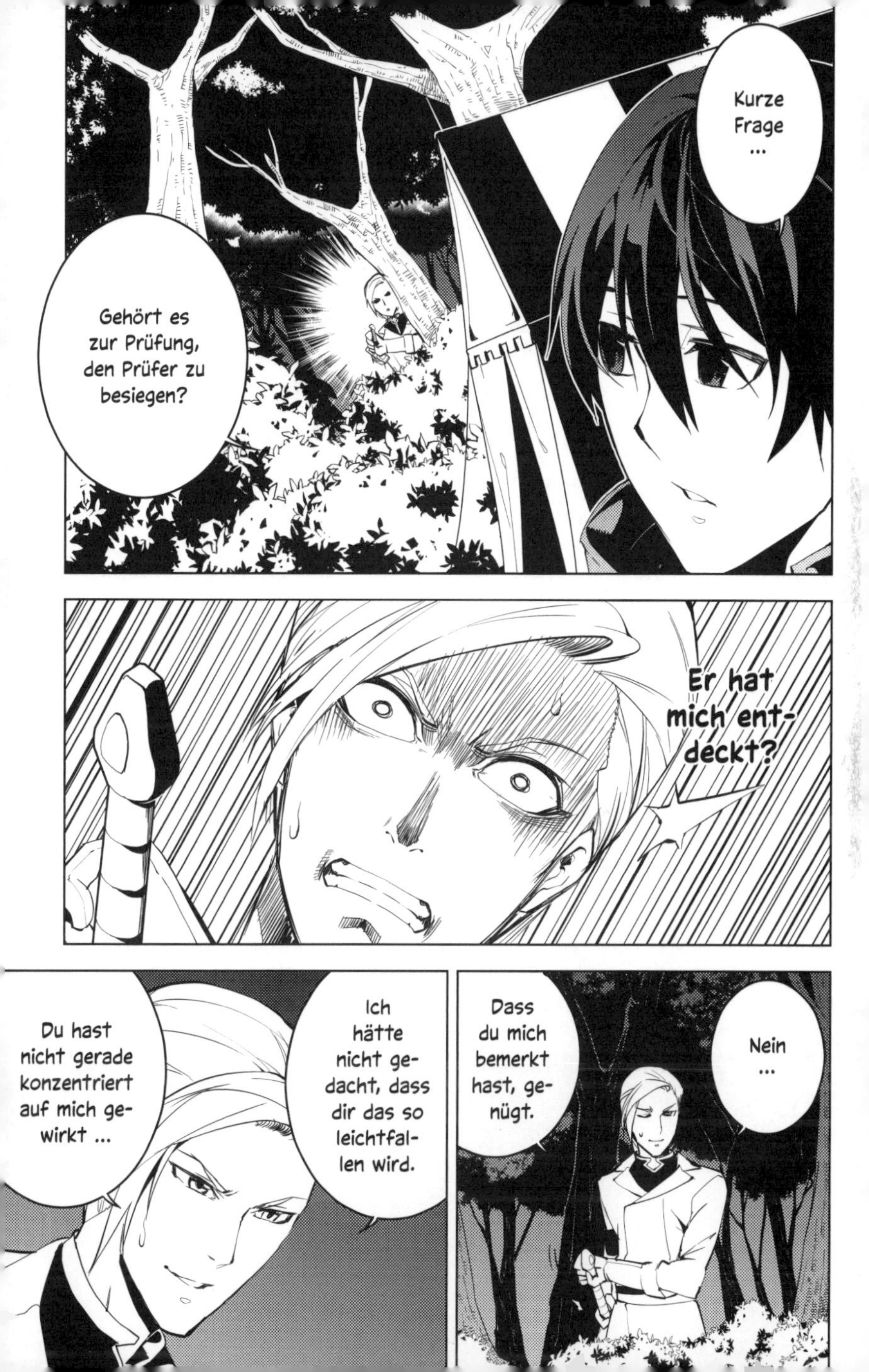
Kurze Frage ...
Gehört es zur Prüfung, den Prüfer zu besiegen?
Er hat mich ent-deckt?
Nein ...
Dass du mich bemerkt hast, ge-nügt.
Ich hätte nicht ge-dacht, dass dir das so leichtfal-len wird.
Du hast nicht gerade konzentriert auf mich ge-wirkt ...

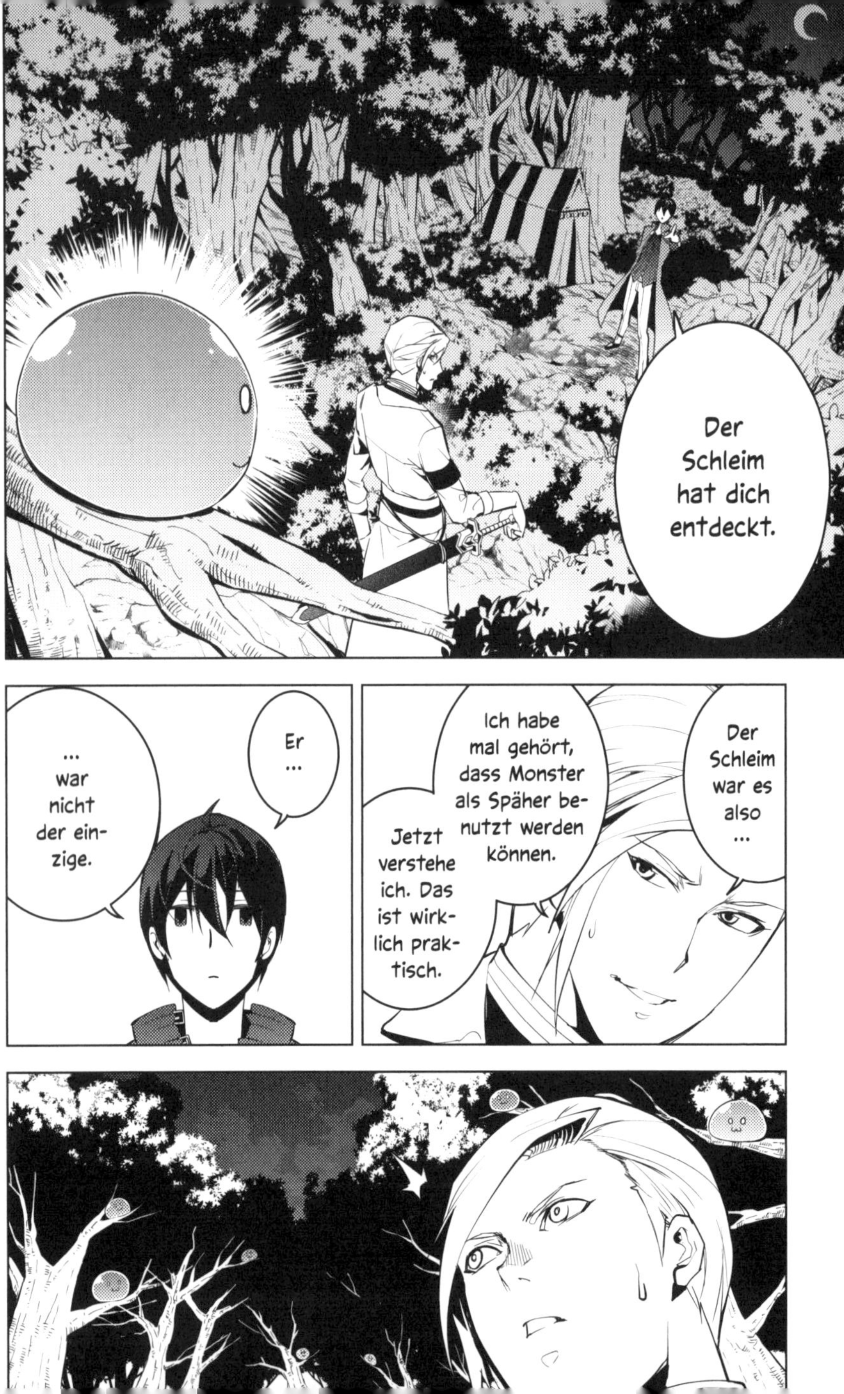

Der Schleim hat dich entdeckt.
Der Schleim war es also ...
Ich habe mal gehört, dass Monster als Späher benutzt werden können.
Jetzt verstehe ich. Das ist wirklich praktisch.
Er ...
... war nicht der einzige.

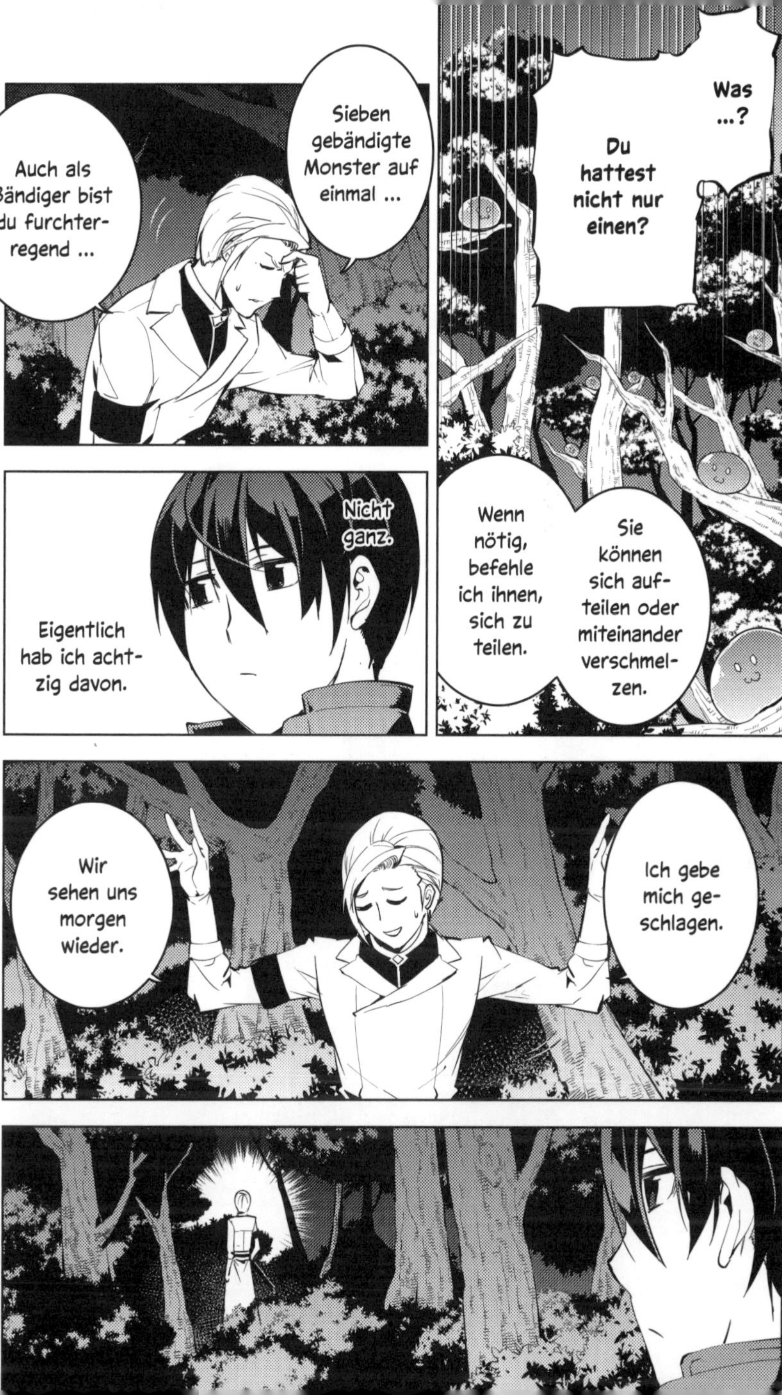

Sieben gebändigte Monster auf einmal ...
Auch als Bändiger bist du furchterregend ...
Nicht ganz.
Eigentlich hab ich achtzig davon.
Was ...?
Du hattest nicht nur einen?
Sie können sich aufteilen oder miteinander verschmelzen.
Wenn nötig, befehle ich ihnen, sich zu teilen.
Ich gebe mich geschlagen.
Wir sehen uns morgen wieder.

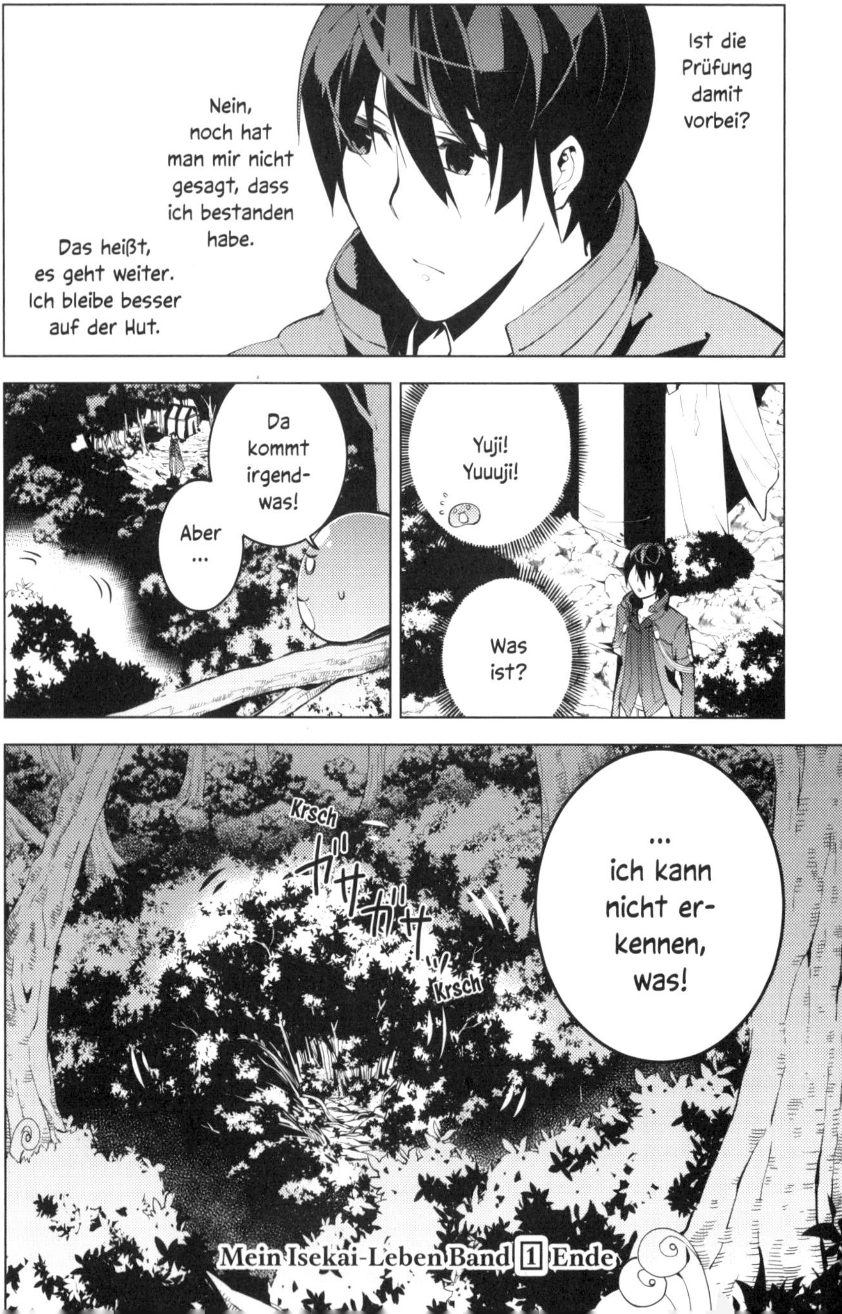
Ist die Prüfung damit vorbei?
Nein, noch hat man mir nicht gesagt, dass ich bestanden habe.
Das heißt, es geht weiter. Ich bleibe besser auf der Hut.
Yuji! Yuuuji!
Was ist?
Da kommt irgend-was!
Aber ...
Krsch
ガサガサ
Krsch
... ich kann nicht er-kennen, was!
Mein Isekai-Leben Band 1 Ende

Zu Besuch in einem Restaurant einer anderen Welt

Shinkoshoto

»Endlich bekomme ich was zwischen die Zähne.«

Es war mein erster Abend in dieser neuen Welt. Nachdem ich eine Bleibe gefunden hatte, begab ich mich wieder nach draußen, um etwas zu essen, da das Gasthaus anscheinend keine Verpflegung anbot. Deswegen musste ich mir nun eben auswärts etwas suchen.

Ich hätte mir gern die Zeit genommen, um nach einem guten Laden Ausschau zu halten. Allerdings knurrte mein Magen schon, seit ich die Stadt betreten hatte. Länger hielt ich den Hunger nicht aus. Daher steuerte ich einfach das nächstbeste Lokal an, das mir ins Auge sprang … So zumindest der Plan.

»Alles schon besetzt …«

Gerade schien wohl Stoßzeit zu sein. Alle Lokale in der Umgebung waren voll. Vor einigen Läden hatten sich sogar Schlangen gebildet. Wenn möglich, wollte ich aber nicht noch länger warten. Das war das perfekte Timing für meine Schleime.

»Teilt euch auf und sucht nach einem Lokal, das noch freie Plätze hat.«

»Aye, aye!«

Meine Schleime taten wie geheißen und wuselten in die Stadt.

Mit so vielen Schleimen sollte ich im Handumdrehen herausfinden können, wo es noch Platz für mich gibt.

Schließlich hatte ich drei Lokale zusammen, die noch freie Plätze hatten. Zwei davon waren fast vollkommen leer, weswegen ich die in meiner jetzigen Situation wohl besser auch meiden sollte. Meine Wahl fiel also auf Nummer drei.

Ich ging schnurstracks hinein.

»Guten Abend!«

Der Besitzer empfing mich mit einem freundlichen Lächeln. Am Tresen war zwar ein Menü ausgelegt, aber ich dachte nicht, dass es mir die Wahl erleichtert hätte. Also fragte ich direkt nach.

»Was können Sie mir empfehlen?«

»Unser Marabizia-Steak«, antwortete der Besitzer. »Es erfreut sich großer Beliebtheit, da es lecker und zudem auch noch preiswert ist!«

»Dann nehme ich eins davon.«

»Gerne doch.«

Daraufhin suchte der Besitzer ein kreisrundes Stück Fleisch heraus und begann es zu braten. Es sah aus, als habe man von einem länglichen Stück Hinterschinken eine Scheibe abgeschnitten. Allerdings konnte ich keinen Knochen darin erkennen.

Das Geräusch von brutzelndem Fleisch unterbrach meine Gedanken.

»Einmal Marabizia-Steak.«

Der Wirt hatte das Fleisch exakt in dem Moment von der Platte genommen, als es perfekt durchgebraten war, und auf einem Teller vor mir abgestellt.

»Wohl bekomm's.«

Vor lauter Hunger hätte ich mir das ganze Steak auf einmal in den Mund stopfen können, doch bevor ich die Gelegenheit bekam, fiel mir etwas ins Auge, das ich nicht ignorieren konnte. Von der Decke des Lokals baumelte eine riesige Nacktschnecke herab.

»Was … hängt denn da von der Decke?«, fragte ich.

»Hm? Das hier? Das ist die Marabizia. Also vor der Zubereitung.«

Mein ungutes Gefühl hatte sich bestätigt: Das Steak, das auf meinem Teller lag, stammte von einer Nacktschnecke. Einer Monsternacktschnecke, um genau zu sein. Das Wort nur zu hören, verdarb mir schon den Appetit. Und was war außerdem mit all den gesundheitlichen Bedenken?

Kann man das wirklich essen …?

Das fragte ich am besten meine Schleime. Die schienen sich mit dem Essen in dieser Welt gut auszukennen. Wenn sie mir davon abrieten, sollte ich dieses Steak auf keinen Fall in den Mund nehmen – was mir natürlich für den Koch leidtäte. Aber die Gefahr, mir eine ausgewachsene Magenverstimmung zu

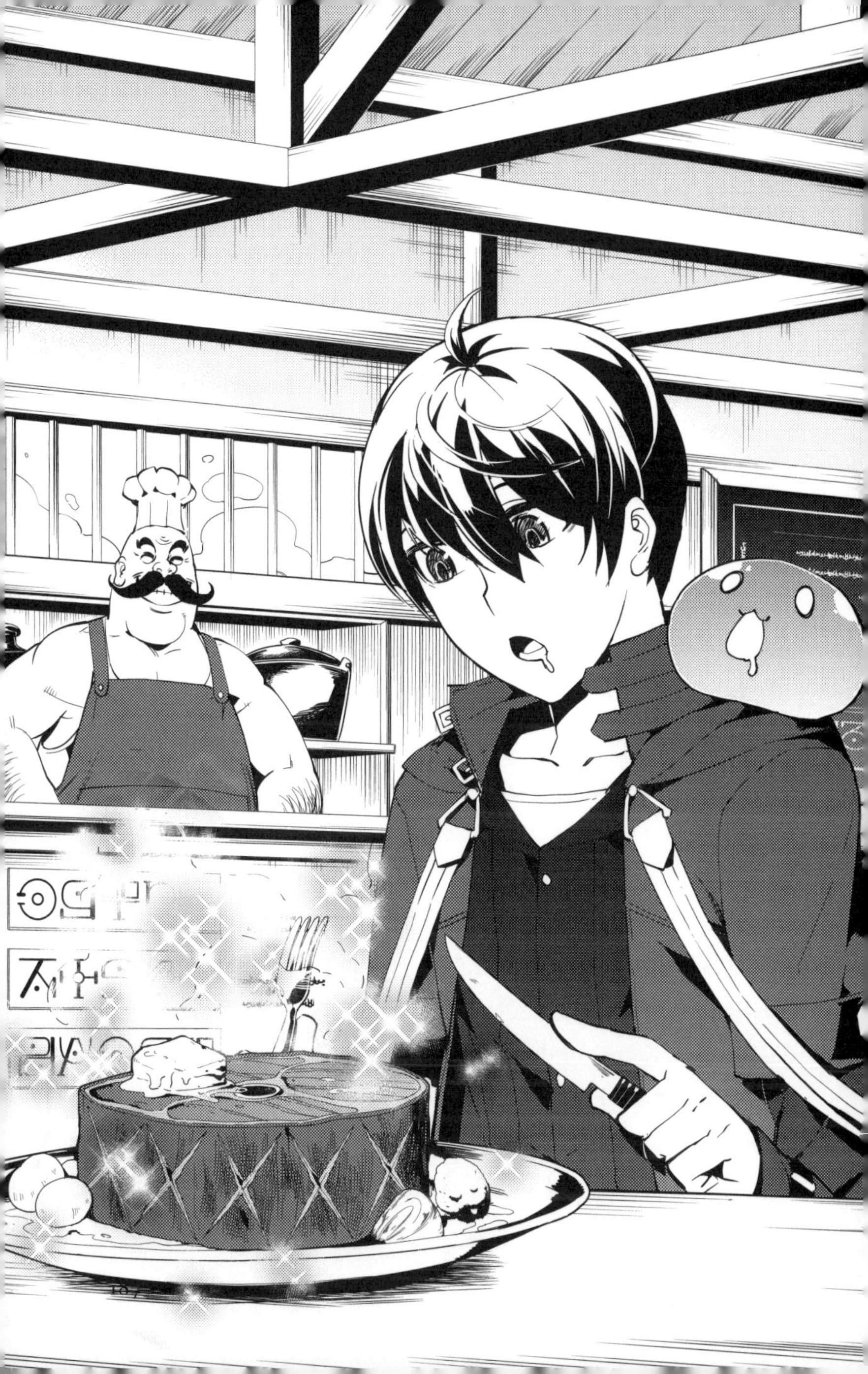

holen, nachdem ich gerade erst in dieser Welt gelandet war, war viel zu groß.

Sollten mir meine Schleime allerdings Entwarnung geben, dann hieß es für mich, Augen zu und durch.

»Klar kann man das essen.«

»Das schmeckt gut!«

Und damit war das Schleimurteil gefallen.

Für Schleime war diese Nacktschnecke anscheinend ein ganz gewöhnliches Nahrungsmittel. Mir blieb also keine andere Wahl …

»Gut, ich vertraue euch«, antwortete ich und machte mich zögerlich daran, das Steak zu probieren.

»Das ist ja wirklich lecker …«, sagte ich laut.

Das Fleisch der Marabizia schmeckte tatsächlich gut. Kaum zu glauben, dass es von einer Nacktschnecke stammte. Es kam mir ein wenig vor wie eine Mischung aus Huhn und Rind, saftig und deftig im Geschmack.

»Na? Ich habe dir mit meiner Empfehlung doch nicht zu viel versprochen, oder? Marabiziafleisch ist aufgrund seines Aussehens leider nicht sehr beliebt. Aber ich bin überzeugt, dass es eine Zutat von höchster Güte ist.«

Der Besitzer blickte zur Nacktschnecke. Es war also der Monsterschnecke geschuldet, dass dieses Lokal so leer war. Man ekelte sich anscheinend auch in dieser Welt vor Nacktschnecken.

Ich hatte jedenfalls nicht wirklich etwas gegen sie einzuwenden, solange ich meine Gesundheit damit nicht aufs Spiel setzte. Doch diese Sorge hinderte mich nicht daran, den Rest des Steaks zu verputzen.

»Das war wirklich gut!« Ich bedankte mich und bezahlte den Besitzer, nichts ahnend, dass er mir dabei den wahren Grund dafür offenbaren würde, weshalb das Lokal unbeliebt war:

»Jederzeit wieder«, sagte er. »Und übrigens, du solltest das hier innerhalb von 48 Stunden essen, nachdem du Marabiziafleisch verzehrt hast. Das neutralisiert ihr Gift.«

Er gab mir etwas, das aussah wie getrocknetes Gras.

Das Fleisch der Marabizia war giftig.

»Und das hilft wirklich?«

»Sicher. Das Gift ist kaum der Rede wert. Ich kenne niemanden, den diese Kräuter nicht vor einer Vergiftung bewahrt hätten. Mach dir also keine Sorgen.«

Der Besitzer verabschiedete mich und ich verließ das Lokal.

Heute hatte ich etwas Neues gelernt: In dieser Welt gab es kein Lebensmittelhygienegesetz.

Der Besitzer hat übrigens recht behalten. Dank der Kräuter blieb ich von einer Lebensmittelvergiftung verschont.

Auch wenn die Kräuter bitter waren …

Ende

STORY

Shinkoshoto

(GA Novel/SB Creative)

Ich hatte richtig Spaß beim Lesen meiner eigenen Story, weil sie sich in Mangaform noch einmal ganz anders anfühlt. Ich hoffe, euch gefällt der Manga auch!

ARTWORK

Ponjea

(Friendly Land)

Guten Tag allerseits. Ich heiße Ponjea. Schon seit meiner Kindheit begeistere ich mich für RPGs. Dem Isekai-Fantasy-Setting widme ich mich allerdings zum ersten Mal. Ich werde mein Bestes geben, um der fantastischen Welt und Atmosphäre der Geschichte Ausdruck zu verleihen.

Mein Isekai-Leben

Fantasy 13 +

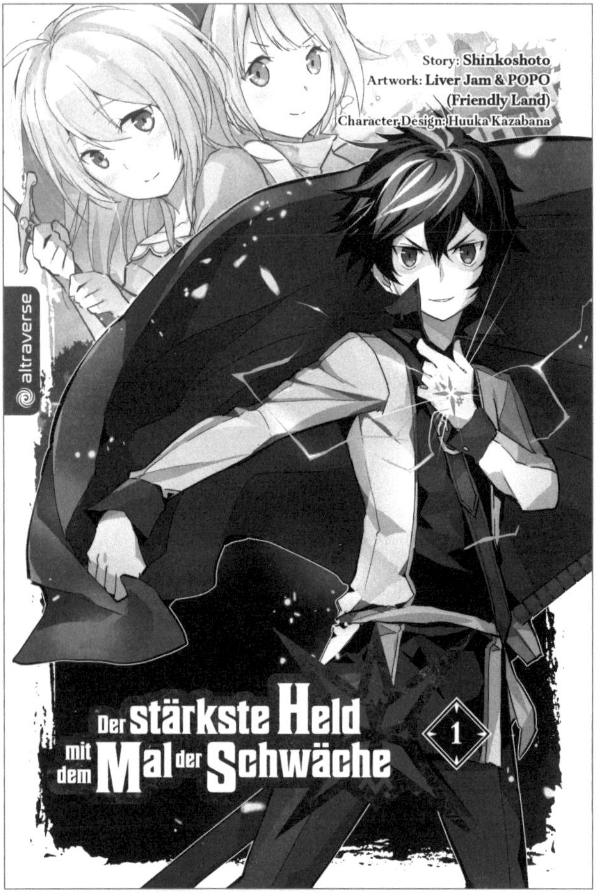

Der stärkste Held mit dem Mal der Schwäche

Shinkoshoto | Liver Jam & POPO (Friendly Land) | Huuka Kazabana

Einst gab es einen mächtigen Weisen, der sein Leben der Magie widmete. Er kam jedoch zu der Erkenntnis, dass sein Mal nicht für den Kampf geeignet war. Da ein Mensch bei seiner Geburt eines von vier Malen erhält, entschied er sich wiedergeboren zu werden. Es glückte ihm, jedoch muss er erkennen, dass die magischen Fähigkeiten der Menschen schwächer sind, als er erwartet hatte.

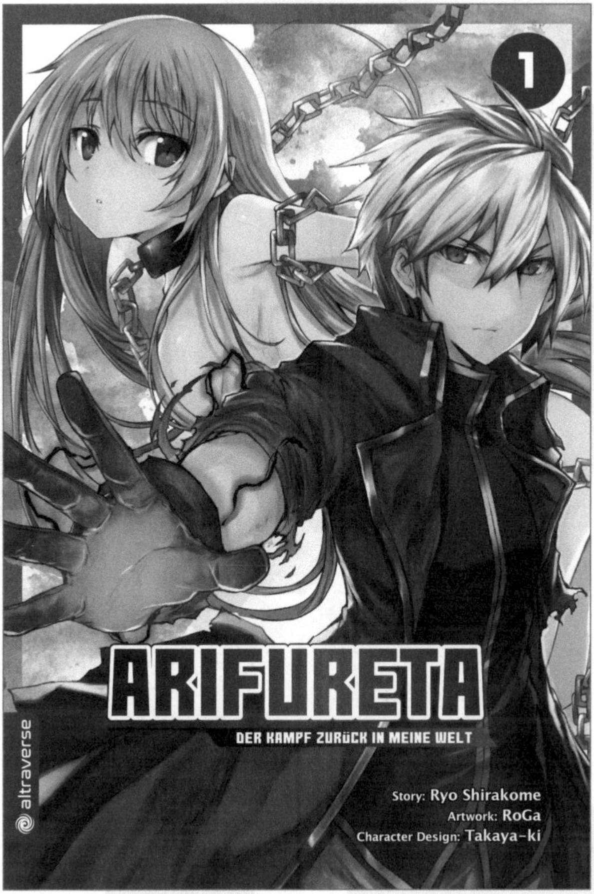

Arifureta – Der Kampf zurück in meine Welt

Ryo Shirakome | RoGa | Takaya-ki

Hajime führt ein wenig aufregendes Leben, doch plötzlich wird seine Klasse in eine andere Welt beschworen, um die Menschheit vor dem Untergang zu bewahren! Während seine Klassenkameraden mit außergewöhnlichen Fähigkeiten ausgestattet werden, wird Hajime nur ein magischer Schmied. Wird er in dieser gefährlichen neuen Welt überleben können?

Fantasy 13+

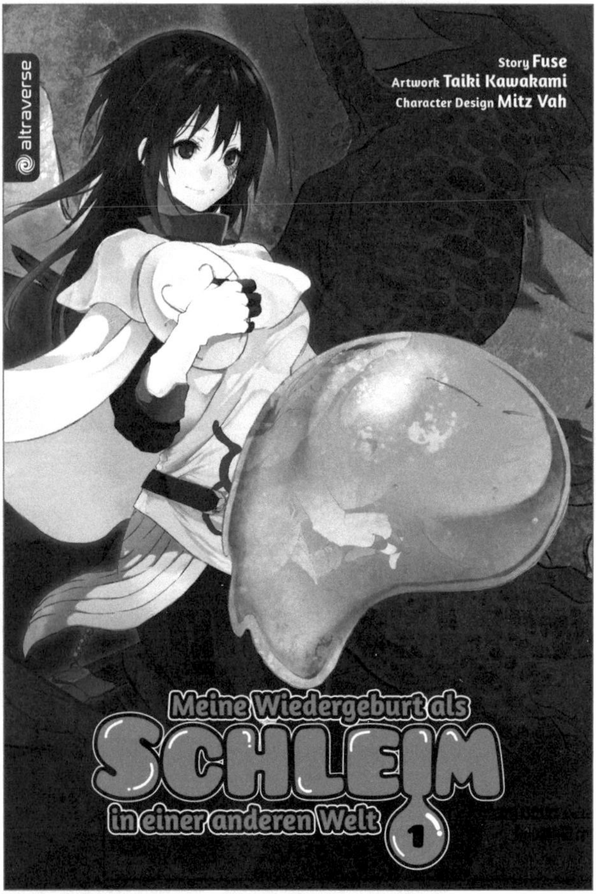

Meine Wiedergeburt als Schleim in einer anderen Welt

Fuse | Taiki Kawakami | Mitz Vah

Satoru Mikami wurde ermordet. Aber statt im Jenseits zu landen, wird er in einer anderen Welt als Schleim wiedergeboren. Verwirrt, aber mit mächtigen Skills ausgerüstet, begibt er sich auf ein wabbliges Abenteuer durch eine Welt voller Goblins, Drachen und Zwerge!